심경호 교수의
동양 고전
강의

논어 1

심경호 교수의
동양 고전
강의

논어 1

옛글을 읽으며 새로이 태어난다

민음사

동양 고전 강의를 시작하며

지혜를 어디서 어떻게 얻을 것인가? 이 물음은 우리에게 중요한 문제이자 해답을 쉽게 찾기 어려운 문제이다. 우리가 알아야 하는 지식의 대상은 너무도 많다. 교양과 지식의 세계가 이렇게 확장되기 이전, 그리 많지 않은 책만 읽어도 현명하다고 평가되던 시절에도 장자는 "사람이 살아간다는 것은 한계가 있건만, 앎의 대상은 무한하다."라고 탄식하고는 참된 지식을 얻으려면 세세한 대상들에 대한 앎을 끊으라고 했다. 확실히 큰 진리는 초월의 상상 속에서 얻어질지 모른다. 그러나 인문학의 고전들은 그것이 동양의 것이든 서양의 것이든 삶의 의미에 대해 성찰하는 방법을 분명하게 알려 준다. 그렇기에 근대 이후에 세계의 각 지역, 각 나라는 고전의 범위와 종류를 정해 제도적으로 고전 교육을 강조해 왔다. 우리나라는 역사적 이유 때문에 고전 교육의 방법에 대해 충분한 합의를 이루지 못했다. 하지만 근래에는 교육 기관, 학회, 저널, 세미나, 그리고 출판사 등이 이와 관련한 공통의 합의를 만들어 나가고 있다.

　동양 고전 가운데서도 한문 고전은 우리 자신에 의해 끊임없이 재해석되면서 우리의 지성을 성장시키고 감성을 심화시켜 주었다. 따라서 한문 고전의 세계는 현재의 우리 문화를 형성하는 데 크게 기여했다. 그 생성의 힘은 서양의 고전이 현대의 우리에게 끼치는 영향보다 훨씬 강하다. 더구나 한자 문화권에 속하는 우리는 한자의 쓰임과 한문 글쓰기의 관행에 익숙하므로 다른 언어권의 고전보다 한문 고전을 쉽게 익힐 수 있다. 언젠가 와 보았던 것 같은 골목, 무슨 일에선가 눈물을 떨구다가 매만졌던 듯한 풀잎, 아침의 단잠을 깨우던 아이들 떠드는 소리, 한밤 모여 앉아 두런두런하던 어른들의 말소리, 그 모든 것이 한문 고전의 표정이요 음성이다.

고전을 스스로 읽어 나가면서 삶에 대해 성찰할 수 있다는 것은 지복이라 하지 않을 수 없다. 그렇기에 이 책을 손에 든 순간, 고전의 범위와 독서의 필요성에 대해 물을 필요가 없다. 이미 지혜의 세계에 들어서서 사색의 오솔길로 걸음을 내디딘 것이기 때문이다. 간간이 소리 내어 글을 읽으면서 그 속에 담긴 뜻을 자기 자신의 마음으로 유추하고 생명의 맥을 짚어 보라. 그리하여 인간에 대한 따스한 이해의 방식을 스스로 발견해 나가면 되는 것이다.

2013년 11월
회기동 작은 마당 집에서
심경호

차례

옹야(雍也)

태백(泰伯)

2권에 수록된 편명

자한(子罕)·향당(鄕黨)·선진(先進)·안연(顔淵)·자로(子路)·헌문(憲問)

3권에 수록된 편명

위령공(衛靈公)·계씨(季氏)·양화(陽貨)·미자(微子)·자장(子張)·요왈(堯曰)

일러두기

1 《동아일보》'한자 이야기'에 2010년부터 2011년까지 연재한 내용을 중심으로 하고, 당시 사정상 소개하지 못한 장도 추가해 가능한 한 『논어』 전체의 내용과 사상을 이해할 수 있도록 구성했다.

2 『논어』 20편 498장 가운데 현대에도 특별히 의미가 있는 장을 선별해 해설했다. 장 구별은 주희의 『논어집주』를 기준으로 삼아 「향당」 편 1장 17절을 17장으로 산정했다. 그 가운데 400여 장을 한 강에서 한 장씩 다루되, 길이가 긴 장은 여러 강으로 나누었다. 각 편마다 관례대로 장 번호를 붙이고 편명과 장명을 밝혔다.

3 『논어』의 원문은 공자의 말인 경우 자왈(子曰)을 생략했다. 원문 가운데 길이가 긴 것은 경구로 널리 인용되는 부분만 실었다.

4 각 글은 '번역 및 해설'과 '원문 및 주석'의 부분으로 이루어져 있다. 번역 및 주석과 해설은 주희의 신주(新注), 즉 『논어집주』와 한나라·당나라 때 이루어진 주소(注疏), 즉 『논어주소』 그리고 정약용의 『논어고금주』와 현대 학자들의 연구를 근거로 했다. 주석은 원문의 이해를 위해 필요하다고 판단되는 한에서만 붙이되, 여러 주석들 간에 차이가 있을 때는 그 사실을 밝히고 본문에서 취한 주석이 무엇인지 명시했다. 해설에서는 중국이나 우리나라에서 원문의 정신이 어떻게 계승되었는지 밝혔다.

5 원문에는 독음을 붙이고 현토를 했다. 현토는 조선 선조 때 교정청 언해본을 바탕으로 하되, 현대인의 감각에 맞게 수정하기도 했다.

6 각 강의 주제를 제목으로 제시하고 주제와 관련 있는 한자를 표출해 두었다. 이 책을 읽을 때는 처음부터 차례대로 읽으면서 『논어』의 본래 맥락을 음미할 수도 있고, 내키는 대로 책을 펼쳐 그 부분의 주제와 한자의 뜻을 독자의 처지와 연관 지어 해석할 수도 있다. 후자는 이 책을 일종의 점서(占書)요 멘토로 활용하는 방법이 될 것이다.

심경호 교수의
동양 고전
강의

논어 1

배움이란 무엇인가

배우고 때때로 익힌다면 기쁘지 아니한가!

「학이(學而)」 제1장 학이시습(學而時習) 1

『논어』의 첫 편을 「학이」 편이라고 한다. 모두 16장인데, 제1장의 첫머리인 이 문장은 우리에게 매우 친근하다. 하지만 그 뜻은 녹록하지 않다. 대체 배울 학(學)과 익힐 습(習)은 어떻게 다르며 또 어떻게 서로 연관되는가? 두 글자를 합해 학습이라고 하는데, 과연 우리는 무엇을 배우고 익혀야 하는가? 이 구절이 『논어』 첫머리에 놓여 있는 의미를 곰곰 생각해 보아야 『논어』 전체를 제대로 읽을 수 있다.

'학'이 큰 선생의 지도를 받거나 이미 있는 지침에 따라 공부하는 일이라면, '습'은 공부한 바를 연마해 자신의 것으로 만드는 일이다. 곧 학습이란 기술, 지식, 사유, 가치 등에 관해 배우고 그 의미와 원리를 스스로 깨달을 때까지 반복해서 익혀 자기 것으로 삼는 체득(體得)을 뜻한다. 학습은 기술이나 지식만이 아니라 삶의 의미와 행동 양식을 배우는 일도 포괄한다.

공자는 열다섯 살 때 배움에 뜻을 두었다. 또한 배움에 싫증을 낸

적이 결코 없으며, 발분망식(發憤忘食, 애써 공부하느라 밥 먹는 것도 잊음)하다 늙음이 이르러 오는 것도 몰랐다. 실로 인생에서 가장 즐거운 일은 가치 있는 것을 배워 나가는 일일 것이다. 『논어』를 통해 고전 지식에서부터 인간의 내적 가치에 대한 사유까지 모두 학습의 대상으로 삼아 보기로 하자.

學而時習之면 不亦說乎아.
(학 이 시 습 지) (불 역 열 호)

學은 본받을 效(효)나 깨달을 覺(각)과 관계가 있다. 곧 배움이란 앞사람을 본받는 일과 스스로 깨닫는 일을 포괄한다. 而는 앞과 뒤를 이어 준다. 어떤 일을 하면서 동시에 다른 일을 하는 것, 또는 어떤 일을 하고 난 뒤 다른 일을 하는 것으로 풀이할 수 있다. 여기서는 둘 다 통한다. 時는 보통 '때때로'라고 풀이되지만 '가끔'이라는 뜻은 아니다. '그때그때 늘'이란 뜻에 가깝다. 習은 깃 羽(우) 자가 들어 있는 데서 알 수 있듯, 새가 나는 법을 익히는 것처럼 반복을 통해 체득하는 일을 가리킨다. 學習이란 말이 여기서 나왔다. 조선의 신동 金時習(김시습)의 이름도 이 구절에서 따왔다. 之는 앞에 나온 말을 받는다. 여기서는 學의 내용을 가리킨다. 不亦은 '또한 ~하지 않는가?'라고 반문하는 뜻이다. 이 문장에서 亦은 '다른 것이 있는데 이것도 또한'이라는 의미가 아니라 감탄을 나타내고 어조를 고르는 기능을 한다. 說은 기쁠 悅(열)과 같으며, 마음 깊이 느끼는 기쁨인 悅樂(열락)을 가리킨다. 乎는 의문으로 문장을 맺는다.

朋 벗과 함께하는 즐거움

**벗이 멀리서 찾아오니 즐겁지 않은가! 남이 알아주지
않아도 화내지 않는다면 군자가 아니겠는가!**

「학이」 제1장 학이시습 2

학문을 통해 쌓은 선(善)이 밖으로 미쳐 그를 믿고 따르는 사람이 많
아지면 멀리서도 같은 부류의 사람이 찾아오게 된다. 그때의 기쁨은
바깥으로 절로 드러난다. 그것이 즐거울 낙(樂)이다.

퇴계 이황의 도산서원은 건축물과 원림이 조화를 이루고 있다. 건
축물로는 도산서당과 농운정사 등이 있다. 이황은 도산서당의 완락
재(玩樂齋)에 거처하면서 독서를 즐겼다. 또한 농운정사의 동편 마루
는 시습재(時習齋)라는 이름을 붙여 학문하는 공간으로 삼았는데, 그
이름은 바로 앞에서 본 "배우고 때때로 익힌다면 기쁘지 아니한가!"
에서 따왔다. 그 후에 학도들이 농운정사의 서쪽에 선생을 추종하는
뜻에서 역락재(亦樂齋)를 만들었다. 역락이란 이름은 곧 이 장의 "벗
이 멀리서 찾아오니 즐겁지 않은가!"에서 뜻을 취한 것이다.

남에게 존경을 받고 뜻을 같이하는 벗이 멀리서 찾아와 즐거움을

느낀다 해도 학문의 옳음을 세간에 널리 인정받지 못하면 번민할 수 있다. 그러나 올바로 배우고 충분히 익혀 깊은 열락에 이르면 세간에 널리 인정받지 못하더라도 번민하지 않을 것이다. 학문은 자기 자신을 닦아 나가는 일이기에 군자는 남이 자신을 평가해 주지 않는다고 해서 노여움을 품지 않는다. 그런데 이러한 태도를 지니기란 쉬운 일이 아니다. 『중용』에도 "군자는 중용(中庸)에 의거하므로 은둔해서 알려지지 않는다 해도 후회하지 않는다. 오로지 성자(聖者)만이 이렇게 할 수 있다."라고 했다.

공부하는 사람은 고독하다. 다만 동류의 사람이 있어 교감한다면 그것으로 만족해야 하지, 자신의 학문이 쓰이느냐 그렇지 않느냐에 일희일비해서는 안 될 것이다.

유 붕 자 원 방 래　　불 역 락 호
有朋自遠方來면 不亦樂乎아.
인 부 지 이 불 온　　불 역 군 자 호
人不知而不慍이면 不亦君子乎아.

朋은 同類(동류)이다. 自遠方來란 먼 곳으로부터 온다는 말이다. 여기서의 自는 '~로부터'이다. 벗이 멀리서 온다고 했으니, 가까운 거리의 사람이 온다는 사실은 말하지 않아도 알 수 있다. 說(열)이 마음속의 기쁨이라면 樂은 바깥으로 발산되는 기쁨이다. 慍은 노여움을 품는다는 뜻이다. 이 구절에서 君子는 덕을 이룬 사람을 가리킨다.

務

근본에 힘써야

유자가 말했다. "군자는 근본에 힘쓰니, 근본이 확립 되면 인의 도가 발생한다. 효와 제는 인을 행하는 근본이라 하겠다." 「학이」 제2장 효제위인본(孝弟爲仁本)

근대 이전의 공동체에서는 개인이 실천해야 할 바른 도리를 인(仁)이라고 했다. 그런데 공동체의 근간은 가족이었으므로 인의 근본적인 요건은 효제(孝悌)였다. 공자와 그 제자 및 이후의 유학자들은 효제가 인간의 본성에서 우러나오는 것이자 인간이 실천해야 할 바른 도리라고 보았다. 위 구절에서는 유자(有子)의 말을 인용해 효제가 인을 행하는 근본임을 밝혔다. 공자의 제자 유자는 이름이 약(若)이므로 흔히 유약이라고 불렀다. 평소 공자가 했던 말을 유자가 인용한 것인지도 모른다.

'효'는 부모에게 순종하는 덕을 가리킨다. 유자는 사람 됨됨이가 효성스럽고 공손하면서 윗사람에게 덤벼들기를 좋아하는 사람은 드물다고 했다. 또 윗사람에게 덤벼들기를 좋아하지 않으면서 질서를 어지럽히기를 좋아하는 사람은 없다고 했다. 부모를 공경하는 사람이라면 함부로 윗사람에게 대들지 않으며 분란을 일으키지도 않으리라는 것이다. '제'는 가족 관계에서는 형, 친족 관계에서는 윗사람, 마을에서는 연장자에게 순종하는 덕을 말한다. 『맹자』「고자(告子) 하」에 보면 "천천히 어른 뒤에 가는 것을 제라 한다."라고 했고, 『서경』「강고(康誥)」 편에서는 무왕이 동생 강숙(康叔)에게 "아우가 천리를 생각하지 않고 형에게 공손하지 않으면 형 역시 부모가 길러 준 정을 생각하지 않고 우애하지 않을 것이다."라고 했다.

공부하는 사람이 효제에 힘을 쓰면 인의 도가 생기고 자라나게 된다. 그렇다고 효제가 인의 근본이라거나 효제를 통해 인에 이른다고 말할 수는 없다. 성리학의 관점에서 본성을 논하자면 인이 오히려 효제의 근본이다. 다만 효와 제는 인의 한 가지이므로 인의 실행은 효제로부터 시작해야 하는 것이다. 따라서 효제가 인을 행하는 근본이라고 하면 옳지만 효제가 인의 근본이라고 한다면 옳지 않다.

有子曰, 君子는 務本이니 本立而道生하나니
孝弟也者는 其爲仁之本與인저.

曰은 말한다는 뜻이다. 옛날에는 흔히 '가라사대'라고 옮겼다. 務는 온 힘을 쏟는다는 뜻이다. 本은 根(근)과 같다. 弟는 悌(제)와 같다. 정약용에 따르면 仁은 사람 人(인)과 두 二(이)로 이루어진 글자이니, 두 사람이 모이면 저절로 일어나는 친애의 덕을 말한다. 주희에 따르면 仁은 愛(애)의 이치이자 心(심)의 덕이다. 也者는 '~라고 하는 것은'이라고 새긴다. 爲仁은 인을 행한다는 뜻이다. 여기서 爲는 行과 같다. 與는 추정을 나타내는 말로, 감히 따져 묻지 않고 겸퇴하는 어조를 지닌다.

仁 위선을 경계한다

말 잘하고 얼굴빛 꾸미는 자 가운데 어진 사람이 드물다. 「학이」제3장 교언영색(巧言令色)

「학이」편에는 공부하는 법과 삶의 자세에 관해 일깨우는 말이 많다. 이 장에서 공자는 내실 없이 말만 잘하고 얼굴빛을 꾸미는 교언영색(巧言令色)을 경계했다. 번드르르한 말을 교언이라 하고, 번드르르한 낯빛을 영색이라 한다.

사실 살아가면서 말 잘하고 얼굴빛 꾸미는 일은 매우 중요하다. 말을 잘하지 못하면 누가 그 사람의 정신과 의지를 이해할 수 있겠는가? 얼굴빛을 꾸미지 않으면 누가 그 사람에게 호감을 갖겠는가? 말 잘하고 얼굴빛 잘 꾸미는 자 가운데 어진 사람이 '없다'고 하지 않고 '드물다'고 한 것은 그 자체가 잘못은 아니기 때문이다. 교언영색은 특히 정치나 외교의 장에서 중요하다. 다만 교언영색의 사람은 남에게 아첨하는 태도를 짓기 쉽기 때문에, 『서경』에서도 교언영색을 나쁘게 보았다. 속은 음침하면서 겉으로만 매끄럽게 처신한다면 그는 위선자이다. 공자도 『논어』의 다른 곳에서 "교언영색하고 지나치게 공손한 태도를 짓는 것을 좌구명(左丘明)이 부끄럽게 생각했는데, 나 또한 부끄럽게 여긴다."라고 했다.

공자나 맹자는 악인인 소인보다 향원(鄕愿)을 더 문제 삼았다. 누구나 소인이 악인이란 것은 알 수 있다. 반면 향원은 고을의 많은 사람들로부터 덕이 있다고 칭송받지만 실제의 행실이나 내면의 덕은 그렇지 못한 자이다. 이들은 스스로를 기만하고 남을 기만해 결국 인간에 대한 신뢰를 무너뜨리므로 소인보다 위험하다. 교언과 영색만 드러내고 내면이 추악한 사람은 양장음종(陽藏陰縱)의 습성을 지녔다고도 할 수 있다. 양장음종은 겉은 위선이고 안은 방종하다는 뜻이다.

巧言令色이 鮮矣仁이니라.
(교언영색) (선의인)

巧는 '아름답다, 꾸미다'라는 뜻이다. 巧言은 말을 교묘하게 꾸미는 일, 혹은 번드르르하게 꾸민 말을 가리킨다. 令도 이 구절에서는 명령의 뜻이 아니라 훌륭하다는 뜻이되, 令色이라고 하면 얼굴빛을 꾸미는 일, 혹은 겉으로만 잘 꾸민 얼굴빛을 가리킨다. 鮮은 '드물다, 거의 없다'라는 뜻이다. 新鮮(신선)이나 鮮明(선명)의 뜻과는 다르다. 鮮矣仁은 仁鮮矣를 뒤집어서 뜻을 강조하고 개탄의 어조를 드러냈다. 仁은 인간이 지녀야 할 최고의 덕목을 가리킨다. 공자는 맥락에 따라 仁을 다르게 정의했다. 이 구절에서는 남을 대하는 진실한 마음을 仁이라고 규정했다.

매일 반성하다

증자가 말했다. "나는 날마다 세 가지로 나의 몸을 살핀다. 남을 위해 일을 도모하면서 불충하지 않았나, 벗과 더불어 사귀면서 불성실하지 않았나, 전수받은 것을 못 익히지 않았나 하는 것이다."

「학이」 제4장 오일삼성오신(吾日三省吾身)

『논어』는 공자의 말뿐 아니라 제자들의 말도 수록해 두었다. 공자의 제자들 가운데 가장 먼저 등장하는 사람은 증자(曾子)이다. 증자는 이름이 참(參)이다. '삼'이라고 흔히 읽지만, 곁마 참(驂) 자의 부수를 줄인 것이므로 '참'으로 읽어야 옳다. 자는 자여(子輿)이다.

증자는 이 장에서 말했듯 날마다 삼성(三省)을 실천했다. 세 가지 가운데서는 충(忠)과 신(信)이 전습(傳習)의 근본이다. 증자는 스스로를 그토록 정성스럽고 절실하게 다스렸으므로 '학문하는 근본'을 얻었다고 할 수 있다. 증자의 실제 행실에 관해 전하는 이야기는 많지 않지만, 그가 공자에게 배운 학문 자세는 이처럼 후대에 길이 전하고 있다.

유학에서는 인격 주체의 자기 성찰을 중시한다. 이를 자반(自反),

내성(內省), 반성(反省)이라고 한다. 『맹자』「공손추(公孫丑) 상」에서는 '반구저기(反求諸己)'라는 말을 사용했다.

『대학』에 인용되어 있듯 탕(湯)임금은 세숫대야에 "진실로 어느 날 새로워졌거든 나날이 새롭게 하고 또 나날이 새롭게 하라."라고 써 두었다. 『맹자』「이루(離婁) 하」에서는 "군자에게는 자신이 아직 순(舜)과 같은 성인에 이르지 못했다는 종신(終身)의 근심은 있어도 하루아침에 돌연히 닥칠 외환(外患)은 없다."라고도 했다. 모두 이 장에서 증자가 한 말과 깊이 관련되어 있다.

증 자 왈   오 일 삼 성 오 신
曾子曰. 吾日三省吾身하노니
위 인 모 이 불 충 호   여 붕 우 교 이 불 신 호
爲人謀而不忠乎아 **與朋友交而不信乎**아
전 불 습 호
傳不習乎아.

吾는 증자가 자기 자신을 가리켜 쓴 일인칭이다. 三省에 대해서는 '세 가지로 반성하다', '세 번 반성하다', '자주 반성하다' 등 여러 해석이 있다. 여기에서는 주희의 설을 따라 '세 가지로 반성하다'라고 풀이했다. 爲人은 '사람을 위해서'이다. 謀는 자문에 응해 일을 처리하는 데 도움을 주는 것이다. 忠은 진심을 다함이다. 자신을 다하며 모두 드러내는 것을 忠이라 하며, 실질적인 것이 되도록 하는 것이 信이다. 『논어』에서는 진심을 뜻하는 말로 忠과 信을 썼으며 誠(성)은 쓰지 않았다. 傳不習乎에 대해서는 '아직 완숙하게 익히지 않은 것을 남에게 전한 것은 아닌가?' 혹은 '전수받은 것을 실천했는가?'로 풀이하기도 한다. 주희는 '전수받은 것을 복습하지 않았는가?'로 풀이했다. 이 설에 따르면 傳은 스승에게 받은 것이고 習은 스스로 익숙하게 하는 것이다. 여기서는 주희의 설을 따랐다.

節

나라 다스리는 길

**천승의 나라를 다스리려면 일을 삼가고 미덥게 하며,
재물 쓰기를 절도 있게 하고 사람을 사랑하며, 백성
부리기를 때에 맞춰 해야 한다.**

「학이」제5장 도천승지국(道千乘之國)

공자의 정치론을 알 수 있는 말이다. 공자는 천승의 나라, 즉 제후의
나라를 다스리는 기본 원칙으로 세 가지를 들었다. 일을 신중하게 할
것, 재물을 절도 있게 쓰며 사람을 사랑할 것, 백성을 때에 맞춰 부릴
것 이 세 가지를 3사(三事)라고 한다. 경(敬), 신(信), 절(節), 애(愛), 시
(時)로 더 세분해서 5요(五要)라고도 한다. 주자학자들은 이 중에서
'경'을 가장 중요한 요건으로 보았다.

조선 시대 정경세(鄭經世)는 상소문에서 '경'이 나머지의 근본이므
로 임금으로서 더욱 소홀히 여겨서는 안 된다고 말했다. 그리고 "일
을 시행하고 호령을 내릴 때 털끝만큼이라도 삼가지 않는다면, 이는
공경을 다하지 않는 것입니다."라고 덧붙였다.

한편 옛사람은 백성을 사랑하기 위해서는 위정자 자신이 먼저 쓰

임을 줄여야 한다고 여겨 절용애민(節用愛民)을 하나의 숙어처럼 썼다. 조선 현종 14년(1673년) 권대재(權大載)가 충주의 청사를 중창하고 이름을 '절애당(節愛堂)'이라 붙인 것도 이러한 뜻에서였다.

　"백성 부리기를 때에 맞춰 해야 한다."라는 사민(使民)에 대해 지나치게 계급주의적 시각에서 해석할 필요는 없다. 춘추 시대에는 위정자가 백성을 공적 부역에 동원하는 일이 많았으므로, 백성의 처지를 고려해 농사철은 피하라고 주의한 말로 풀이하면 좋을 것이다.

道千乘之國하되 敬事而信하며
節用而愛人하며 使民以時니라.

道는 다스릴 治(치)와 같다. 나라를 다스릴 때 禮敎(예교)로써 인도하므로 道라는 말을 쓴다고도 한다. 千乘之國이란 兵車(병거)를 1000승 동원할 수 있는 나라로, 제후의 나라를 가리킨다. 兵車 1승에는 甲士(갑사) 3인, 步卒(보졸) 72인, 輜重(치중), 즉 화물 운반자 25인 등 모두 100인이 딸려 있었다. 천자의 畿內(기내, 수도 근방)는 사방 1000리로, 수레 만 승을 징발할 수 있었으므로 萬乘之國이라 했다. 敬事는 政事(정사)를 행할 때 스스로 경계하는 것을 뜻한다. 주희는 敬이란 마음을 전일하게 해서 다른 잡념이 없는 것을 말한다고 했다. 信은 백성을 속이지 않아 백성들에게서 신임을 얻는 것을 뜻한다. 節用은 비용을 절도 있게 해서 국가의 재정을 합리적으로 관리하는 것을 말한다. 愛人은 사대부부터 일반 백성까지 모두 사랑함이다.

行

실천을 앞세워야

**제자들은 들어가서는 효도하고 나와서는 공손하며,
행실을 삼가고 말을 신실하게 하며, 널리 사람들을
사랑하되 어진 이를 가까이 해야 하니, 이것을 행하고
여력이 있으면 글을 배워야 한다.**

「학이」제6장 행유여력즉이학문(行有餘力則以學文)

인간으로서의 도리를 먼저 실천하고 여력이 있으면 글을 배워라. 공
자의 이 말은 공부의 목표가 무엇이어야 하는지를 명료하면서도 준
엄하게 가르쳐 준다. 공자는 효(孝)와 제(弟), 근이신(謹而信), 범애중
(汎愛衆), 친인(親仁) 등을 우선 실천하고 나서 그 존립 근거를 원리적
으로 공부하라고 했다. 실천만이 중요하고 배움은 뒷전으로 돌려도
된다는 말이 아니다.

　그런데 "이것을 행하고 여력이 있으면 글을 배워야 한다."라는 구
절에 대해서는 두 가지 풀이가 있다. 북송 때 정이(程頤)는 근본을 먼
저 하고 말단을 나중에 해야 한다는 뜻으로 보았다. 반면 주희는 "힘
써 행하기만 하고 글을 배우지 않으면 성현의 법에 담겨 있는 당연한

사리를 알 수가 없는 까닭에 행함이 혹 사사로운 뜻에서 나오기도 한다."라고 해서 실천과 배움 둘 다 중요하다고 강조했다.

조선 후기의 김창협(金昌協)도 주희의 설에 동조했다. 김창협은 '즉이(則以)' 두 자는 '연후(然後)'와 뜻이 전혀 다르며, 힘써 행하는 것이 제자들의 급선무이기는 하지만 글을 배우는 것 또한 뒤로 미뤄서는 안 된다는 가르침을 드러냈다고 파악했다.

공부는 단순히 지식만 쌓는 일이 아니라 인간 삶에 유효한 가치를 체득하는 일이다. 체득은 실천에서 형성되고 완성된다. 이로써 실천과 인식은 구분할 수 없게 될 것이다.

---

^{제 자 입 즉 효} ^{출 즉 제} ^{근 이 신}
弟子入則孝하고 出則弟하며 謹而信하며
^{범 애 중} ^{이 친 인}
汎愛衆하되 而親仁이니
^{행 유 여 력} ^{즉 이 학 문}
行有餘力이어든 則以學文이니라.

弟子는 젊은이라는 뜻이다. 공자 문하의 제자들을 우선 가리키고, 또 널리 젊은이 일반을 가리킨다. 入則孝는 집에 있을 때 부모에게 자식으로서의 도리를 다하라는 뜻이고, 出則弟는 바깥에 나가 활동할 때 연장자에게 공손하라는 뜻이다. 謹而信은 행동을 신중하게 하면서 거짓을 말하지 않는다는 뜻이다. 汎愛衆은 많은 사람을 사심 없이 두루 사랑하라는 말이다. 墨子(묵자)가 주장한 兼愛(겸애)와는 다르다. 親仁은 어진 이를 가까이하면서 존경하고 자신의 모범으로 삼으라는 말이다. 餘力은 시간적으로나 힘으로나 여유가 있음을 뜻한다. 주희는 餘暇(여가)라고 풀이했다. 學文은 道(도)의 원리와 존립 근거를 체득하는 것을 말한다. 여기서 文은 詩(시), 書(서), 禮(예), 樂(악) 등 유학의 교과 내용을 가리킨다.

배움의 진정한 뜻

**자하가 말했다. "어진 이를 어질게 여기되 여색을
좋아하는 마음을 바꿔서 하며, 부모를 섬기되 그 힘을
다할 줄 알며, 군주를 섬기되 그 몸을 바칠 줄 알며,
붕우와 더불어 사귀되 말할 때 성실하게 하면, 비록
배우지 않았다 하더라도 나는 반드시 그가 배웠다고
하겠다."** 「학이」 제7장 현현역색(賢賢易色)

자하(子夏)는 어진 이를 존중하는 일, 부모를 섬기는 일, 군주를 섬기
는 일, 붕우와 사귀는 일 네 가지는 인륜의 큰일이므로 반드시 정성을
다해 행해야 한다고 보았다. 그리고 이렇게 하는 사람은 학문의 참된
의미를 실현했다는 점에서 공부를 다했다고 인정할 만하다고 했다.

공자의 제자 가운데서도 문학, 즉 오늘날의 의미에서 박학으로 이
름난 자하가 인륜의 실천을 위와 같이 강조한 것을 보면 공자의 문하
에서 어떤 공부를 중시했는지 잘 알 수 있다. 다만 실천을 강조하느라
학문을 낮추는 억양법의 표현을 쓴 까닭에 자칫 학문을 폐기하는 폐
단이 생길 우려도 있다. 그러나 기본 정신은 앞서 7강에서 말한 도덕

을 실천하고 여력이 있을 때 원리를 공부하라는 가르침과 같다.

박지원은 황해도 봉산에 사는 어느 농민 부부가 『소학언해』를 읽고는 모든 언행을 그에 따라 실천하며 외출하고 귀가할 때 반드시 서로 절했다는 이야기를 듣고 「봉산학자전(鳳山學者傳)」을 지었다. 글은 전하지 않지만 『방경각외전(放璚閣外傳)』에 실린 「자서(自序)」를 통해 그 뜻을 짐작해 볼 수 있다. 박지원은 "집에서 효도하고 밖에서 공손하면 배우지 않았어도 배웠다 하리니, 이 말이 비록 지나치지만 거짓 군자를 경계할 만하다."라고 했고, "농부가 들에서 밭을 갈며 아내를 손님같이 공경했으므로, 글자를 읽을 줄 몰라도 참된 배움을 얻었다 할 만하다."라고 했다. 공부에 뜻을 두었다면 깊이 새겨 둘 말이다.

子夏曰, 賢賢하되 易色하며
事父母하되 能竭其力하며
事君하되 能致其身하며
與朋友交하되 言而有信이면
雖曰未學이라도 吾必謂之學矣라 하리라.

賢賢은 어진 이를 어질다고 여김을 말한다. 易色은 好色(호색)하는 마음을 바꾼다는 말이니, 선을 좋아하는 마음으로 정성을 다함을 뜻한다. 안색을 바꿈, 또는 여색을 가볍게 여김으로 보는 설도 있다. 여기서는 한나라 孔安國(공안국)의 "여색을 좋아하는 마음을 가지고 어진 이를 좋아한다."라는 풀이에 근거해 주희가 "여색을 좋아하는 마음을 바꾼다."라고 풀이한 설을 따랐다. 致는 맡길 委(위)와 같다. 몸을 맡긴다는 것은 자신의 몸이 있다는 사실조차 잊을 정도로 온몸을 바친다는 뜻이다.

중후해야 학문도 견고하다

군자는 중후하지 않으면 위엄이 없으니, 학문도 견고 하지 못하다. 「학이」제8장 군자부중즉불위(君子不重則不威) 1

자기 인격을 완성하기 위해 수양하는 군자는 경솔하게 행동하지 말고 항시 중후한 태도를 지녀야 한다. 중후하지 못하면 아무리 학문을 하더라도 그 성취가 견고할 수 없다. 공자는 군자의 태도를 중시했으며 또한 스스로 실천했다. 「학이」제10장에서 자공은 공자에 대해 "온후하고 어질며 공손하고 검소하며 겸양하신다."라고 평했고, 「술이」제37장에서 제자들은 공자에 대해 "온화하면서도 엄숙하고 위엄이 있으면서도 사납지 않으며 공손하면서도 자연스러우셨다."라고 말했다. 또한 「자장」제9장에서 자하는 군자의 외관이 세 번 변화한다고 하며 "멀리서 바라보면 엄숙하고 그 앞에 다가가면 온화하며 그 말을 들어 보면 명확하다."라고 했다.

조선 시대 장현광(張顯光)은 17세 때 이미 큰일에 뜻을 두어 한 가지 선행이나 재주로 이름을 세우려 하지 않았다. 말년에는 "중후하지 않으면 위엄이 없으니, 학문도 견고하지 못하다."라는 이 장의 구절을 책상에 써 붙여 두고는 눈으로 주시하고 마음으로 생각했다고 한다. 장현광이 『우주요괄첩(宇宙要括帖)』의 끝에서 "천하의 제일가는 일을 해야 비로소 천하의 제일가는 인물이 될 수 있다."라고 말했듯 우리도 스스로 공부하고 일하는 자세를 다잡아야 할 것이다.

君子는 不重則不威니 學則不固니라.

『논어』에서 君子는 여러 뜻을 지닌다. 인격 주체로서 자신을 완성한 사람을 가리키기도 하고, 정치권력을 장악한 군주를 가리키기도 한다. 때로는 넓은 의미에서 정치를 담당하는 사람을 가리키기도 한다. 여기서는 왕이나 侯(후), 卿(경), 大夫(대부) 등 정치를 담당하는 사람을 가리킨다. 하지만 인격 주체를 가리킨다고 보아도 좋다. 不重則不威는 태도가 중후하지 않으면 위엄이 없다는 말이니, 군자가 경솔하게 처신하면 위엄을 잃는다는 뜻이다. 學則不固에 대해서는 두 가지 설이 있다. 옛 주석과 주희의 주석은 군자가 중후하지 않으면 학문을 하더라도 견고하게 할 수 없다는 뜻으로 보았다. 그러나 固를 이치에 도달하지 못함을 가리키는 固陋(고루)나 蔽(폐)의 뜻으로 볼 수도 있다. 공안국은 蔽의 뜻으로 새겼다. 이 설에 따른다면 學則不固란 학문을 하면 固陋하지 않게 된다는 뜻이다. 여기서는 전자를 따랐다.

改

허물을 고치라

**충신(忠信)을 주로 하고, 자기만 못한 자를 벗하지
말며, 허물이 있으면 고치기를 꺼리지 말아야 한다.**

「학이」제8장 군자부중즉불위 2

공자는 자신을 견지할 때는 충(忠)의 태도를 지키고 남과의 교제에서
는 신(信)의 태도를 지키라고 했다. 또한 자기만 못한 자를 벗하려 하
지 말고, 허물을 발견하면 주저하지 말고 고치라고 했다.

　충과 신이란 『중용』에서 말하는 성(誠)을 구체적인 행동으로 옮기
는 방법이다. 주희는 "충은 마음을 진실하게 함이고 신은 일을 진실
하게 함이다."라 하고는, "사람이 충신하지 않으면 모든 일에 진실하
지 못하므로 악을 행하기는 쉽고 선을 행하기는 어렵게 된다. 그러므
로 배우는 자는 반드시 여기에 주안점을 두어야 한다."라고 덧붙였
다. 율곡 이이는 "사람에게 진실한 마음이 없으면 천리와 어그러지게
된다. 마음이 진실하지 못하면 만사가 모두 거짓되게 되고, 마음이 진
실하면 만사가 모두 진실하게 된다."라고 부연했다.

　자기만 못한 자를 벗으로 삼지 말라는 훈계는 다소 기이하게 들리

기도 한다. 하지만 자기보다 나은 사람하고만 교제를 하라거나 사회적 약자를 소외시켜도 좋다는 뜻은 아니다. 정이는 자기만 못한 사람이란 충과 신이 없는 사람을 가리킨다고 풀이했다. 충과 신이 없어서 내 뜻대로 좌지우지할 수 있는 사람과는 벗하지 말라는 뜻으로 이해하면 좋을 듯하다.

허물이 있으면 주저 말고 고치라는 것은 공자의 일관된 가르침이다. 「위령공」 제29장에서 공자는 잘못을 저지르고도 고치지 않는 것이야말로 허물이라고 했다.

主忠信하며 無友不如己者요
過則勿憚改니라.

主忠信은 忠과 信을 위주로 한다는 말이다. 자기 자신을 성실하게 지키는 것을 忠, 남과의 교제에서 성실을 다하는 것을 信이라 한다. 『논어』에서는 성실함을 뜻하는 말로 誠(성)을 쓰지 않고 忠과 信을 나누어 썼다. 한나라 때 鄭玄(정현)은 主忠信을 忠信의 사람과 親交(친교)를 맺는다는 뜻으로 보았다. 無友不如己者는 나만 못한 사람과는 벗하지 말라는 뜻으로, 여기에서 無는 금지를 나타내는 毋(무)와 같다. 過則勿憚改는 도리를 어기고 나면 고치기를 꺼리지 말라는 뜻으로, 勿 역시 금지를 나타낸다.

追 추모의 마음을 다하여

> **증자가 말했다. "어버이 상을 당했을 때 신중하게**
> **치르고 돌아가신 먼 조상님을 정성껏 추모하면 백성의**
> **덕이 한결 돈후해질 것이다."**
>
> 「학이」 제9장 신종추원(愼終追遠)

신종추원(愼終追遠)이라 하면 부모상을 당했을 때와 선조의 제사를 지낼 때 애통함과 경건함을 극진히 하며 올바른 예법을 지키는 것을 뜻한다. 바로 이 장에서 나온 말이다. 여기서 증자는 군주가 부모의 초상과 선조의 제사를 정성껏 치르면 백성들이 그것을 보고 감화되어 인정의 풍속이 두터워진다고 설파했다.

조선 시대 한양에는 관곽(棺槨)을 쌓아 두었다가 왕가의 상례에 사용하고 일부는 사대부들에게 공급해 주는 귀후서(歸厚署)가 있었다. 이 장에서 그 이름을 따온 것이다.

옛사람들은 어버이를 생전에 봉양하고 사후에 장사 지내는 양생송사(養生送死)를 인간의 큰 도리로 여겼다. 송사가 곧 신종에 해당한다. 『맹자』「이루 하」에서는 "살아 계실 때 봉양하는 것은 큰일에 해당한다고 할 수 없고, 오직 돌아가셨을 때 장례를 모시는 것이 큰일에 해당한다."라고 했다. 『예기』「예운(禮運)」에도 "양생송사하는 일이야말로 귀신을 섬기는 큰일에 해당한다."라는 말이 나온다. 그만큼 장례는 예로부터 인륜의 중대사였다. 그렇다고 성대한 예식을 거행해야 부모, 조상과 주변 사람들에게 떳떳한 것은 아니다. 분수에 맞게 하며 공경과 추모의 마음을 다해야 떳떳할 것이다.

曾子曰, 愼終追遠이면 民德이 歸厚矣리라.

終은 부모의 죽음을 뜻한다. 愼終은 부모가 돌아가시면 장례 등의 예법을 잘 따르는 것을 말한다. 3년 동안 상복을 입고 여막을 짓고 살면서 조석으로 무덤에 절하는 것 등을 가리킨다. 遠은 선조를 뜻한다. 追遠은 조상의 영을 추모하고 제사 때 정성을 다하는 것을 말한다. 民德이란 백성들이 道義(도의)를 체득하고 스스로 도덕적 격률로 삼아 풍속을 이루는 것을 말한다. 歸厚란 백성들이 교화되어 그 德이 두터워진다는 뜻이다.

정치 참여의 자세

> **자공이 말했다. "부자께서는 온후하고 어질며 공손**
> **하고 검소하며 겸양하므로 이것을 얻으시는 것이니,**
> **부자께서 벼슬을 구하시는 것은 다른 사람이 벼슬을**
> **구하는 것과 다르다."**
>
> 「학이」 제10장 부자온량공검(夫子溫良恭儉)

어느 날 자금(子禽)이 "부자(夫子, 공자를 높여 이르는 말)께서는 어느 나라에 가시더라도 반드시 정사에 참여하시니, 스스로 구한 것인가 아니면 맡긴 것인가?"라고 자공에게 물었다. 자공은 위와 같이 공자는 성품이 뛰어나기에 제후들이 정치를 자문하는 것이라고 대답했다. 자금은 이름이 진항(陳亢)이다. 공자의 제자라고도 하고 자공의 제자라고도 한다.

　자공은 공자의 성품을 "온후하고 어질며 공손하고 검소하며 겸양한다."라고 묘사했다. 이는 공자의 성대한 덕이 남과 접할 때 드러나는 다섯 가지 빛나는 측면이다. 사실 공자는 자신의 이상을 펴기 위해 정치에 참여하기를 희망했다. 뒤에 보듯 「자한」 제12장에서 공자는

"나는 제값 주고 살 사람을 기다리고 있다."라고 말한 바 있다.

그러나 공자는 결코 분경(奔競, 권세가의 집을 찾아다님)과 엽관(獵官, 관직을 얻으려고 온갖 방법으로 노력함)을 하지 않았다. 단지 그 덕과 용모가 훌륭했으므로 여러 군주들이 공경하고 신뢰해 그들 편에서 정치를 자문했다. 그렇더라도 공자는 냉큼 관직을 맡은 일이 없다. 공자는 겸양하다가 마지못해 국정 운영에 참여하고는 했다. 이는 과화존신(過化存神)의 오묘함이 드러난 것이라 할 수 있다. 과화존신은 성인의 가르침에 사람들이 감화되어 영원히 영향을 받는다는 말이다. 『맹자』「진심(盡心) 상」의 "성인이 지나가는 곳마다 감화를 받고, 머무는 곳마다 백성들이 신령스럽게 된다."라는 말에서 유래했다. 줄여서 과존이라고 한다.

공자는 노나라를 떠나 천하를 주유하면서 여러 나라에서 정치에 참여했다. 그러나 이상을 실천할 수는 없었다. 방해하는 세력도 있었으며 제후들은 공자의 이상을 실천할 준비가 되어 있지 않았다. 과화존신에 한계가 있었다고 해야 할까, 높은 이상이 실현되지 못한 것이 못내 가슴 아프다.

子貢曰, 夫子는 溫良恭儉讓以得之시니
夫子之求之也는 其諸異乎人之求之與인저.

溫은 和厚(화후), 良은 易直(이직), 恭은 莊敬(장경), 儉은 節制(절제)이다. 讓은 謙遜(겸손)이다. 夫子之求之也는 '부자가 정치 참여를 얻은 것은'이라고 풀이한다. '其諸~與'는 '아마도 ~인 듯하다'라는 뜻을 나타낸다. '異乎~'는 '~과 다르다'라는 뜻을 나타낸다. 人은 일반적인 사람들을 말한다.

觀

사람을 보면 안다

부모가 살아 계실 때는 그 뜻을 살피고 부모가 돌아가셨을 때는 그 행동을 살피되, 삼 년 동안 부모의 도를 고치지 않아야 효라 이를 수 있다.

「학이」 제11장 부재관기지(父在觀其志)

사람을 평가할 때는 그의 뜻을 살피고 그의 행동을 살펴야 한다. 이것을 관지관행(觀志觀行)이라고 한다. 그런데 과거에는 부모가 살아 계신 경우 자식이 스스로 일을 도맡아 할 수 없었으므로 그의 뜻을 보고 그를 판단했다. 그러다가 그 부모가 돌아가신 뒤에 그 사람의 행동을 살폈다. 특히 부모가 돌아가신 후 3년 동안 부모가 이룩한 일들을 함부로 고치지 않을 때 효성스럽다고 할 수 있으며, 이에 따라 그 사람을 훌륭하다고 평가할 수 있다고 했다.

『서경』「대고(大誥)」에 "만약 아버지가 집을 지으려 작정해 이미 그 규모를 정했다면, 그 아들이 기꺼이 집터를 마련하지 않거늘 하물며 기꺼이 집을 짓겠는가?"라고 했다. 아버지가 집을 지으려 작정했다면 자식은 집터를 우선 마련하고 집을 짓는다는 말이다. 이로부터 선대의 유업을 바르게 계승하는 일을 긍구긍당(肯構肯堂)이라고 하게 되었다. 유서 깊은 지역에 가 보면 선대의 제사를 준비하는 재실에 후손들이 선대의 뜻을 잘 잇겠다는 뜻에서 긍구라는 이름을 붙인 예가 많다.

자식으로서는 부모가 생전에 행한 훌륭한 일을 계승하는 것이 옳다. 그러나 송나라 때 윤돈(尹焞)이란 사람이 지적했듯 부모의 일이 도리에 맞는다면 종신토록 그 일을 바꾸지 않아야 하겠지만, 부모의 일이라고 해도 만약 도리에 어긋난다는 사실을 깨닫는다면 어찌 3년이나 기다리겠는가? 다만 후자의 경우라도 효자라면 부모의 일을 차마 고치지 못하므로 적어도 상중에 있는 3년 동안은 그대로 계승하는 것이 좋다고 본 것이다.

효는 그저 부모의 뜻을 따르고 부모의 명대로 실행하는 것이 아니다. 도리에 맞는 뜻을 따르고 도리에 맞는 명을 실행하는 것이 효이다.

부재　　관기지　　부몰　　관기행
父在에 觀其志오 父沒에 觀其行이나
삼년　무개어부지도　　가위효의
三年을 無改於父之道라야 可謂孝矣니라.

父在는 아버지만이 아니라 부모가 살아 계실 때라고 보는 것이 좋을 듯하다. 觀其志와 觀其行에 대해 주희는 자식의 뜻과 자식의 행동을 본다는 말로 풀이했다. 하지만 『예기』의 "효자는 부모가 의도하기 이전에 그 뜻을 받든다."라는 말을 근거로 해서 其가 부모를 가리킨다고 볼 수도 있다. 이 설에 따르면 '부모가 살아 계실 때는 부모의 뜻을 살피고, 부모가 돌아가신 뒤에는 부모가 생전에 하신 일을 살펴서 계승한다'라는 식으로 풀이할 수 있다. 여기서는 주희의 설을 따랐다.

和 조화가 귀하다

**유자가 말했다. "예의 쓰임에서는 조화를 귀하게
여기니, 선왕의 도는 이것을 아름답게 여겨 작은 일과
큰 일에서 모두 이것을 따랐다. 일이 제대로 행해지지
못할 수도 있으니, 화합할 줄 알고 화합을 위주로 하되
예로써 절제하지 않는다면 역시 행해질 수 없다."**

「학이」제12장 예지용화위귀(禮之用和爲貴)

유자는 공자와 용모가 비슷했다는 제자 유약이다. 그가 공자의 평소
가르침을 이어받아 예의 운용에 조화를 도입하는 문제에 대해 논한
것이 이 장이다.

예에 대해 주희는 "천리의 절문(節文)이자 인사의 의칙(儀則)"이라
고 정의했다. 예는 법제, 질서, 규범으로 귀천의 차이 및 친소의 차등
과 관련해 정연한 질서를 이룬 상태를 가리킨다. 하지만 예를 운용할
때는 그때그때 적절하게 조화를 이루게끔 해야 한다.

한편 예를 운용할 때 지나치게 조화를 중시해 예의 규범을 벗어나
면 일이 제대로 이루어지지 않는다. 조화에 치우치면 이념과 정의를

버리고 '남을 따르게' 된다. 『맹자』「진심 상」에서는 "천하에 도가 있을 때에는 자기 몸의 실천이 그대로 도에 부합하고, 천하에 도가 없을 때에는 도를 지켜 나가기 위해 자기 몸의 실천이 있어야 한다. 도를 지니고도 남을 따른다는 말은 듣지 못했다."라고 했다. 올바른 기준 없이 남을 따르는 행위를 크게 경계한 것이다. 고려 말 이색(李穡)도 「군자」라는 시 중 한 편에서 "군자는 화함을 귀하게 여기지만, 마음은 남에게 바치는 게 아니라네"라고 노래했다.

　이렇듯 예의 운용에서 조화의 문제는 간단치가 않다.

　　　유 자 왈　　　 예 지 용　　　 화 위 귀
有子曰, 禮之用이 和爲貴하니
　　선 왕 지 도　　　 사 위 미　　　 소 대 유 지
先王之道가 斯爲美라 小大由之니라.
　　유 소 불 행　　　　 지 화 이 화
有所不行하니 知和而和요
　　불 이 례 절 지　　　 역 불 가 행 야
不以禮節之면 亦不可行也니라.

禮之用, 和爲貴는 예의 운용에서 조화를 가장 귀하게 여긴다는 뜻이다. 用을 以로 보는 설도 있으나 여기서는 운용의 뜻으로 보는 설을 따랐다. 주희는 用을 體(체)와 구별되는 개념으로 보고 본문에 없는 體 자를 따다가 풀이했다. 취하지 않는다. 先王이란 堯(요), 舜(순), 禹(우), 湯(탕), 文王(문왕), 武王(무왕)에 周公(주공)을 포함한 유교 성인을 가리킨다. 斯爲美는 조화를 응용하는 것을 훌륭하다고 여겼다는 말이다. 주희는 小大由之와 有所不行 사이를 끊어 읽었다. 두 구를 '작은 일을 하든 큰 일을 하든 조화에만 의거한다면 도리어 잘되지 않는 경우가 있다'라고 풀이할 수도 있다. 여기서는 주희의 설을 따랐다. 不可行은 한나라 石經(석경)에 不行으로 되어 있는 것을 보면 '일이 제대로 행해지지 않는다'라는 뜻으로 보는 것이 옳다.

信 사귐의 태도

유자가 말했다. "약속이 의리에 가까우면 그 약속한 말을 실천할 수 있으며, 공손함이 예에 가까우면 치욕을 멀리할 수 있다. 주인을 정할 때 친할 만한 사람을 제대로 친하면 그 사람을 끝까지 주인으로 삼을 수 있다." 「학이」 제13장 신근어의(信近於義)

남과의 교제에서 약속의 이행, 공손한 태도, 그리고 윗사람에 대한 순종만큼 중요한 것도 없다. 그러나 무조건 약속을 지키거나 공손한 자세를 취하거나 힘 있는 사람을 따른다고 해서 온당한 것은 아니다. 공자의 제자 유자는 이와 관련해 유보 사항을 제시했다. 평소 공자에게서 배운 생활 지침을 자신의 언어로 반복한 것이리라.

흔히 약속은 반드시 지켜야 한다고 말한다. 초(楚)·한(漢)의 명장 계포(季布)는 섣불리 승낙을 하지 않았고 일단 언약했다면 반드시 신의를 지켰으므로 사람들이 "황금 100근을 얻기보다 계포의 승낙 하나를 얻는 것이 훨씬 낫다."라고 칭송했다고 한다. 계포일낙(季布一諾) 혹은 일낙이란 말이 여기서 나왔다. 더구나 군주의 말에는 희언

(戱言)이 없다고 했고, 군주가 한번 내린 명령은 번복하기 어렵다는 뜻에서 왕명의 취소를 반한(反汗, 나온 땀을 다시 들어가게 함)이라 했다. 하지만 유종원(柳宗元)은 「동엽봉제변(桐葉封弟辨)」에서 이렇게 짚어 말했다. "만일 도리에 합당치 않다면 비록 열 번을 바꿔 행한다 해도 결점이 되지 않을 것이고, 도리에 합당하다면 변경해서는 안 될 것이다." 약속은 의리에 가까운 것일 때에만 지켜야 한다는 것이다.

공손한 태도도 예에 가깝지 않다면 아첨이 되고 굴욕이 된다. 덕이 갖추어져 있어야 겸손할 수 있는 것이지, 내면의 덕은 닦지 않고서 그저 공손한 체한다면 교언영색의 혐의를 벗기 어렵다. 또한 가까이할 만큼 덕이 있는 사람을 윗사람으로 모셔야지, 그간 배운 바를 모두 버리고 제 요구만을 받아들이길 바라는 사람을 따라서는 안 된다.

주희가 말했듯, 사람은 언행과 교제에서 마땅히 처음을 근실하게 하고 마지막을 잘 헤아려야 한다. 그러지 않고 관행이라는 이유로 구차하게 행동하다가는 후회하게 될 것이다.

有子曰, 信近於義면 言可復也며
恭近於禮면 遠恥辱也며
因不失其親이면 亦可宗也니라.

信은 약속을 지켜 미덥다는 뜻이다. 義는 일의 마땅함을 말한다. 復은 말을 실천한다는 말이다. 미더우면서 도리에 마땅한 말은 실천할 수 있다는 뜻이다. 恭近於禮는 공손함을 다하되 절도에 맞는다는 뜻이다. 因은 依(의)와 같고, 宗은 主(주)와 같다. 마지막 구절은 의지할 사람 또는 가까이할 사람을 제대로 정했다면 宗主, 즉 몸을 의탁할 주인으로 삼을 수 있다는 뜻이다.

민첩히 행하라

군자가 먹을 적에 배부름을 구하지 않으며, 거처할 적에 편안함을 구하지 않으며, 일을 민첩히 하고 말을 삼가며, 도 있는 이에게 찾아가 질정한다면 배움을 좋아한다고 이를 만하다. 「학이」 제14장 식무구포(食無求飽)

이 장에서 공자는 학문하는 군자는 독지(篤志, 돈독한 뜻)를 지니고 역행(力行, 힘써 실행함)하되 바른 도리를 지켜야 한다고 역설했다.

주희는 이렇게 풀이했다. 군자의 뜻은 먹을 것과 편안한 거처에 있지 않기에 군자는 미처 그런 것을 돌아볼 겨를이 없다. 일을 민첩히 하는 것은 자신에게 부족한 바를 힘써 닦아 나가기 위한 것이고, 말을 삼가는 것은 자신이 지닌 넉넉한 지식을 감히 과시하지 않으려 하기 때문이다. 그러나 배우는 사람은 이에 만족하지 않고 정도를 지닌 사람에게 나아가 옳고 그름을 바로잡아야 할 것이다.

여기서 주목할 점은 먹을 적에 배부름을 구하지 말고 거처할 적에 편안함을 구하지 말라는 지적이다. 뒤의 「향당」 제8절에 나오듯 공자는 식사할 때 고기를 밥보다 많이 먹지 않았으며, 오직 술만은 양을 제한하지 않았으나 어지러운 지경에는 이르지 않았다. 술을 제외한 반찬 등속에는 반드시 일정한 한도가 있었고, 시중에서 사 온 육포와 술, 그리고 제철이 아닌 음식과 간이 맞지 않는 음식 따위를 모두 먹지 않았다. 배불리 먹고자 하지 않는다는 뜻에서 벗어나지 않았던 것이다. 조선 전기의 기대승(奇大升)은 어릴 때 향숙(鄕塾)에서 스승 김집(金緝)이 '식(食)' 자를 시제로 내자, "밥 먹을 때 배부름을 구하지 않는 것이 군자의 도이다."라고 했다. 어려서부터 뜻이 확고했던 것이다.

거처할 적에 편안함을 구하지 않는다는 것은 먹을 적에 배부름을 구하지 않는 것과 마찬가지로 안일(安逸)을 추구하지 않는다는 뜻이다. 『서경』에도 「무일(無逸)」 편이 있다. 의미 있는 일을 하기 위해서는 안일하지 않아야 한다는 것을 고전은 우리에게 가르치고 있다.

君子가 食無求飽하며 居無求安하며
敏於事而愼於言이오 就有道而正焉이면
可謂好學也已니라.

君子는 학문과 수양에 뜻을 둔 사람이다. 安은 安逸(안일)이나 安樂(안락)을 뜻한다. 敏於事는 해야 할 일을 민첩하게 처리하는 것을 말한다. 愼於言은 말을 함부로 하지 않고 신중히 함이다. 就는 가까이 나아감이다. 有道는 도가 있는 사람, 즉 학덕이 뛰어난 사람을 가리킨다. 正焉의 正은 質正(질정)의 뜻이다. 也已는 한정의 어조를 지닌 말을 둘 겹쳐 문장을 끝내는 표현이다. 黃侃(황간)의 판본에는 也已矣로 되어 있다.

빈부를 초월하여

자공이 "가난하면서도 비굴하지 않고 부유하면서도 교만하지 않는다면 어떻습니까?"라고 여쭈자, 공자께서는 "좋기는 하지만 가난하면서도 즐기며 부유하면서도 예를 좋아하는 것만 못하다."라고 말씀하셨다.

「학이」 제15장 빈이무첨(貧而無諂) 1

어느 날 자공은 "가난하면서도 비굴하지 않고 부유하면서도 교만하지 않는다면 어떻습니까?" 하고 공자에게 물었다. 자공은 화식(貨殖)에 뛰어나 경제적으로 윤택했다. 가난한 경우를 먼저 말하고 부유한 경우를 뒤에 말한 까닭은 스스로 언행을 삼가는 자수(自守)에 힘썼기 때문일 것이다. 실은 부유해도 교만하지 않는 태도를 지킨다면 통달했다고 일컬을 만한지 여쭌 것이다. 이에 공자는 "좋기는 하지만 가난하면서도 즐기며 부유하면서도 예를 좋아하는 것만은 못하다."라고 답했다. 자공이 부유하면서도 교만하지 않은 태도를 견지하는 것을 긍정하되, 아직 빈부의 문제를 초월해 선(善)에 편안히 처하지 못하는 것을 지적하고 권면하고자 한 것이다.

주희가 말했듯 보통 사람은 가난하거나 부유하면 스스로를 지킬 방도를 모르고 비굴해지거나 교만해지기 쉽다. 가난하면서도 비굴하지 않고 부유하면서도 교만하지 않으면 스스로를 지킬 줄 안다고 하겠지만 아직 가난과 부유함이라는 세속의 척도를 벗어났다고는 할 수 없다. 그렇기에 공자는 자공의 말을 부분적으로 긍정하되 미진한 점이 있다고 본 것이다. 가난하면서도 즐긴다면 『대학』에서 말했듯 '심광체반(心廣體胖, 마음이 넓고 몸이 풍성함)'의 상태가 되어 가난을 잊을 수 있다. 부자이면서도 예를 좋아한다면 편안히 선에 처해 즐겁게 순리를 따르며 자신이 부유하다는 것조차 잊을 수 있다.

이 장과 유사한 가르침이 「헌문」 제11장에도 나온다. 공자의 제자들이 이 가르침을 중시했기 때문에 거듭 수록했을 것이다. 안중근 의사는 여순 감옥에서 "빈이무첨, 부이무교(貧而無諂, 富而無驕)"라 휘호했다. '가난하면서도 즐기며 부유하면서도 예를 좋아한다'고 자부하지 않고, 자신의 처지에서 인간다움을 실천하고자 했기에 이 구절을 붓으로 적어 남긴 듯하다.

子貢曰, 貧而無諂하며
富而無驕하되 何如하니잇고.
子曰, 可也나 未若貧而樂하며
富而好禮者也니라.

諂은 卑屈(비굴), 驕는 矜肆(긍사)이다. 何如는 '어떠합니까?'라고 평가를 청하는 표현이다. 可는 가까스로 그렇다고는 할 수 있되 미진한 바가 있다는 말이다. '未若~'은 '~만 못하다'라는 뜻을 나타내는 구문이다.

갈고 닦으라

자공이 "시에 '골각은 용도에 맞게 자른 뒤 정밀하게 갈고 옥석은 용도에 맞게 쫀 뒤 정밀하게 간다.'라고 한 것은 아마도 이것을 이른 것이군요."라고 하자, 공자께서 말씀하셨다. "사(賜)와는 이제 시를 함께 말할 수 있겠다. 지나간 것을 말해 주니 아직 말하지 않은 것까지 아는구나!" 「학이」 제15장 빈이무첨 2

앞 강과 이어진다. 자공이 스승의 뜻을 얼른 알아차리고『시경』에 나오는 시를 끌어와 대답하자, 공자가 "지나간 것을 말해 주니 아직 말하지 않은 것까지 아는구나!"라고 칭찬했다. 공자는 자공이『시경』의 구절을 적절히 인용해 자신의 뜻을 밝히는 것을 듣고서 배운 바를 통해 시를 이해하는 능력이 있다고 평한 것이다.

자공이 인용한 시는『시경』「기욱(淇奧)」편의 일부이다. 골각을 다루는 자는 먼저 오린 다음에 다시 갈고 옥석을 다루는 자는 먼저 쫀 다음에 다시 연마한다고 했다. 이 말은 다스림이 이미 정묘한데도 더욱 정묘함을 추구한다는 뜻이다. 자공은 가난해도 아첨하지 않고 부유해도 교만하지 않는 태도가 지극한 경지라고 여겼으나 공자의 말을 듣고 의리의 무궁함을 깨달았다. 이에 터득한 바가 있다고 해도 자족해서는 안 된다는 깨달음을 시구를 인용해서 밝힌 것이다. 『서경』에 "아홉 길의 높은 산을 만드는 데 한 삼태기의 공이 부족해서 무너진다."라고 했고, 일시(逸詩)에 "백 리를 가는 자는 구십 리가 절반이다."라고 했다. 자신을 가꿔 나가려면 작은 성과에 만족하지 말고 유종의 미를 거둘 때까지 계속해야 하는 법이다.

子貢曰, 詩云如切如磋하며
如琢如磨라 하니 其斯之謂與인저.
子曰, 賜也는 始可與言詩已矣로다.
告諸往而知來者온여.

詩는 『시경』「衛風(위풍) 淇奧(기욱)」 편이다. 춘추 시대 衛(위)나라 武公(무공)을 칭송한 시라고 전해 온다. 무공은 95세의 나이에도 사람들에게 자신을 일깨우도록 좋은 말을 해 달라고 분부했다고 한다. 시의 첫머리에는 "저 기수 물굽이를 굽어보니, 푸른 대나무가 무성하도다. 아름답게 문채 나는 우리 님이여, 깎고 다듬고 쪼고 간 듯하네.(瞻彼淇奧, 綠竹猗猗. 有斐君子, 如切如磋, 如琢如磨.)"라는 구절이 나온다. 切은 골각을 다룰 때 먼저 그것을 오리는 일, 磋는 오린 골각을 다시 가는 일이다. 琢은 옥석을 다룰 때 먼저 그것을 쪼는 일, 磨는 쪼아 낸 옥석을 갈아 광택을 내는 일이다. 賜也는 '賜는', 즉 '자공은'이란 뜻이다. 자공은 성이 端木(단목), 이름이 賜였다. 往者는 과거의 것, 來者는 아직 말하지 않은 새로운 것을 가리킨다.

知

019강

남을 제대로 알라

**남이 자신을 알아주지 않음을 걱정하지 말고, 내가
남을 알지 못함을 걱정해야 한다.**

「학이」 제16장 불환인지불기지(不患人之不己知)

공자는 남이 자기를 알아주지 않는 것을 걱정하지 말라고 한다. 이 말
은 「학이」 제1장에서 "남이 알아주지 않아도 화내지 않는다면 군자
가 아니겠는가!"라고 했던 뜻과 통한다. 여기서 그치지 않고 공자는
내가 남을 제대로 알지 못하는 것을 걱정해야 한다고 했다.

　「이인」 제14장에서는 "자신을 알아주는 이가 없음을 걱정하지 말
고 알려질 만하게 되고자 해야 한다."라고 하고, 「위령공」 제18장에
서는 "군자는 자신의 무능함을 병으로 여기지, 남이 자신을 알아주지
않음을 병으로 여기지 않는다."라고 하며, 「헌문」 제32장에서는 "남
이 나를 알아주지 않음을 걱정하지 말고 자신이 능하지 못함을 걱정
해야 한다."라고 한다. 그런데 이 장에서는 "내가 남을 알지 못함을
걱정해야 한다."라고 한다. 나머지 셋이 자기 능력을 아는 것에 무게
를 둔 데 비해 여기서는 남을 아는 것에 무게를 둔 것이다.

군자는 학문에 임해 스스로 자세를 규율하고 가치를 부여해야 한다. 그렇기에 『대학』에서는 "무자기(毋自欺, 스스로를 속이지 않음)"를 가르쳤고, 『중용』에서는 "암연일장(闇然日章, 어둑하면서도 나날이 빛이 남)"을 말했으며, 『맹자』에서는 "반신이성(反身而誠, 자기 몸을 돌이켜 보고 성실히 함)"을 역설했다. 그런데 학문하는 사람은 직접적으로 혹은 간접적으로 정치에 간여하고 있기에 자기 반성으로 그칠 것이 아니라 남을 제대로 파악한 뒤 그를 추천하고 발탁해서 백성들이 편안히 생업에 안주할 수 있게 해야 한다. 「안연」 제22장에서 공자는 번지(樊遲)에게 인(仁)은 애인(愛人, 사람을 사랑함)이요 지(知)는 지인(知人, 사람을 앎)이라고 설명하고, 지인이 곧 안민(安民)을 통한 애인의 실현이라고 부연했다. 이 장에서 남을 알아주지 못함을 걱정하라고 한 것도 지인이 곧 안민애인의 실현 방법이기 때문이다. 남을 알지 못하면 시비(是非)와 사정(邪正)을 변별할 수 없기 때문에 그런 것이라고도 볼 수 있다.

불 환 인 지 불 기 지　　환 부 지 인 야
不患人之不己知오 患不知人也니라.

不患人之不己知에서 不은 금지의 뜻을 나타내는 無(무)나 毋(무)와 쓰임이 같다. 不己知는 짧은 부정문으로, 일인칭 대명사 己가 목적어로 쓰였기에 동사 앞으로 도치되었다. 이는 不知人에서 삼인칭 대명사 목적어를 동사 뒤에 그대로 둔 것과 구별된다.

德

덕으로 하는 정치

**정치를 덕으로 하는 것은 비유하면 북극성이 제자리에
머물러 있고 뭇별들이 그쪽으로 향하는 것과 같다.**

「위정(爲政)」 제1장 위정이덕(爲政以德)

「위정」편 24장 가운데 첫 장으로, 정치의 이념을 밝혔다. 정치의 '정
(政)' 자는 그것과 발음이 같은 '정(正)' 자와 뜻이 같다고 규정할 수
있다. 곧 세상의 부정을 바로잡는 것이 정치이다. 근세 이전에는 군주
가 덕으로 정치하는 것을 이상으로 여겼다. 덕으로 정치를 한다면 인
위적으로 정치를 집행하지 않아도 신하들이 제 직분을 다해 천하 사
람들이 모두 귀의하게 된다고 보았던 것이다. 인위적으로 집행하지
않고 덕으로 하는 정치를 무위(無爲)의 다스림이라고 한다. 임금이 무
위로 다스린다면 마치 천추(天樞, 하늘의 돌쩌귀)인 북극성이 북쪽에 머
물러 있고 뭇별들이 그 주변에서 선회하듯 신하가 임금을 공경하게
될 것이다. 북송의 정이는 "덕으로 정치를 한 이후에 무위가 있는 것
이다."라고 했다.

　조선 조정은 일본에 보내는 외교 문서인 서계(書契)에 '위정이덕

(爲政以德)'이라는 글자를 새긴 나무 도장을 찍었다. 아마도 성종 때부터 은 도장에 이 네 글자를 새겨 썼던 관습을 이은 듯하다. 선조 연간까지 사용하던 도장은 전란 중에 잃어버리고 광해군 때 다시 '위정이덕지보(爲政以德之寶)'를 만들어 정조 때까지 일본과의 외교 문서에 사용했다. 바로 『논어』의 이 장에서 정치를 덕으로 하라고 가르친 뜻을 실제 정치에 적용하겠다는 의지를 표명한 것이다. 근대 이전에는 정치를 덕으로 하는 방법과 형벌로 하는 방법을 병용했는데, 유학의 이념에서는 덕으로 하는 정치를 우위에 두었다. 현대 정치에서도 그 이념은 여전히 의미를 지닌다.

위 정 이 덕　비 여 북 신　거 기 소
爲政以德이 **譬如北辰**이 **居其所**이어든
이 중 성 공 지
而眾星共之니라.

政에 대해 주희는 正(정)으로 풀이해 사람들의 부정을 바로잡는 것이라고 규정했다. 또 德은 得(득)으로 새겨 도를 행함으로써 마음에 얻은 것이라고 규정했다. 하나의 글자를 그와 발음이 유사한 글자에 기대어 풀이하는 聲訓(성훈)의 방식으로 정의한 것이다. 北辰은 北極星(북극성)으로, 하늘의 돌쩌귀라고 간주되었다. 居其所는 움직이지 않음이다. 共은 向(향)이다.

생각에 사특함이 없어야

시 삼백 편의 뜻을 한마디로 총괄할 수 있으니,
"생각에 간사함이 없다."라는 말이다.

「위정」 제2장 사무사(思無邪)

공자는 시 삼백 편, 곧 『시경』의 종지를 '사무사(思無邪)'라고 정의했다. 사무사는 본래 『시경』 「노송(魯頌) 경(駉)」 편에 나오는 구절로, 생각에 간사함이 없다는 뜻이다. 이에 대해 정이는 "사무사라는 것은 성(誠)이다."라고 풀이했다. 그런데 『시경』은 풍(風), 아(雅), 송(頌)이라는 각기 다른 양식의 시들로 이루어져 있으며 각각의 기원도 다르다. 예컨대 풍은 민간 가요를 채집한 것인데, 그 가운데는 남녀의 사랑 노래가 들어 있기도 하다. 따라서 시 삼백 편을 일률적으로 평하기는 어려운 것이 사실이다.

한나라 때 학자들은 풍이 민간 가요가 아니라 군주에 대한 간언을 시적으로 표현한 것이라고 했고, 조선 후기의 정약용은 그 설을 확장해 시 삼백 편을 모두 간언의 시로 보았다. 하지만 주희는 풍을 민간 가요로 보고 그중 정풍(正風)이 교화가 이루어진 지역의 시라면 변풍은 난잡한 노래를 담고 있다고 구별했다. 덧붙여 "시의 말이 선한 것은 사람의 선한 마음을 감발(感發)시킬 수 있고 악한 것은 사람의 방탕한 마음을 징창(懲創)할 수 있으니, 그 효용은 사람들로 하여금 성정의 바름을 얻게 하는 데 있을 뿐이다."라고 했다.

공자는 「팔일」 제20장에서 『시경』의 풍 가운데 주남(周南)에 들어 있는 「관저(關雎)」 편을 두고 "즐거우면서도 지나치지 않고, 슬프면서도 화기를 해치지 않는다."라고 평했다. 이 논평은 「관저」 편만이 아니라 시 삼백 편이 담고 있는 정서와 표현 기법의 보편성을 가리키는 듯하다. 이를 참조한다면 사무사란 『시경』의 시들이 감정을 과도하게 자극하지 않고 평상의 상태로 유지하게 한다는 사실을 뜻한다고 볼 수도 있다.

사무사는 『시경』과 무관하게 생각에 간사함이 없다는 뜻의 성어로 쓰이기도 한다. 2000년대 초에 일본의 고이즈미 총리가 내한해 서대문 형무소 역사관을 둘러보고는 방명록에 '사무사'라고 적은 일이 있다. 이에 대해서는 당시도 해석이 분분했다. 지금도 그 뜻을 헤아리기 어렵다.

詩三百에 一言以蔽之하니 曰, 思無邪니라.

詩三百은 『시경』의 시를 말한다. 현전하는 『시경』의 시편은 모두 311편인데 그 대략의 수를 들어서 일컬은 것이다. 蔽는 덮을 蓋(개)와 같다. 思無邪는 생각에 간사함이 없다는 뜻이지만, 思를 허사로 보는 설도 있다.

耽 왕도 정치

**백성을 덕으로 인도하고 예로 가지런하게 하면 백성은
부끄러움을 알게 되고 또한 바르게 된다.**

「위정」 제3장 도지이덕(道之以德)

「위정」 편에는 정치의 원칙과 방법에 관한 내용이 많이 실려 있다. 공
자는 나라를 다스릴 때 정령(政令)이나 형벌이 아니라 덕과 예를 근본
으로 삼아야 한다고 주장했다. 덕으로 이끌고 예로 다스림으로써 백
성들의 마음에 있는 도덕률을 환기한다면 백성들은 부끄러움을 알아
서 스스로 선에 이르게 된다고 본 것이다. 이는 학식의 유무나 계층의
차이와 상관없이 누구나 마음속에 도덕률이 있다는 보편적 평등주의
에 근거한 사상이다. 이와 같은 공자의 사상을 이어서 유학자들은 정
치의 근본을 덕에 두는 덕치주의와 정치의 수단을 예에 두는 예치주
의를 중시했다. 그 둘을 결합한 것이 곧 왕도 정치이다.

그런데 조선 후기의 성호 이익이 말했듯, 사회가 혼란할 때 공자의
정치론은 효과를 보기 어렵다. 게다가 백성을 지배와 교화의 대상으
로 간주하는 관점은 현대 민주주의와 부합하지 않는다. 하지만 정령 ·

과 형벌보다 윤리적 덕목과 공공의 질서를 존중하는 정치 사상은 오늘날에도 일정한 의미가 있다고 할 수 있다.

_{도 지 이 덕}　　　_{제 지 이 례}　　_{유 치 차 격}
道之以德하고 **齊之以禮**면 **有恥且格**이니라.

道는 인도할 導(도)와 같다. 道가 더 오래된 글자이고 導는 상대적으로 새로운 글자인데, 같은 맥락에서 같은 의미로 사용할 수 있다. 한문에서는 흔히 古字(고자)와 今字(금자)를 혼용한다. 之가 가리키는 말은 글에 나타나 있지 않지만 다스림의 대상인 백성들이라고 볼 수 있다. 以는 수단이나 방법을 나타낸다. 德이란 인간으로서의 도리를 자기 내면에 體得(체득)한 것을 뜻하는데, 여기서는 특히 정치가의 윤리적 덕목을 가리킨다. 공자는 앞서 「위정」 제1장에서 '정치를 덕으로 한다'는 뜻의 '爲政以德(위정이덕)'을 강조한 바 있다. 齊는 가지런히 한다는 뜻으로, 누그러뜨려 화합시키며 정돈하고 통제하는 일이다. 禮는 각 사물이 마땅히 따라야 할 도리 또는 공동체를 위해 요구되는 질서를 뜻한다. 恥는 양심에 비춰 부끄럽게 여기는 일이다. 有恥란 羞恥心(수치심)을 품는 것을 말한다. 且는 '또한, 그리고'이다. 格은 이를 至(지)로 보아 善(선)에 이르는 것, 착한 상태가 되는 것으로 풀이한다.

덕을 완성하는 길

나는 열다섯 살에 학문에 뜻을 두었고, 서른 살에
자립했으며, 마흔 살에 사리를 의혹하지 않게 되었고,
쉰 살에 천명을 알았으며, 예순 살에 귀로 들으면
그대로 이해되었고, 일흔 살에 마음이 하고자 하는
바를 따라도 법도를 넘지 않았다.

「위정」 제4장 오십유오이지우학(吾十有五而志于學)

이 장은 공자가 스스로 일생을 돌아보면서 구술한 자서전이자 덕을
완성해 나가는 과정을 서술한 보고서이다.

주희에 따르면 공자는 15세 때 내면을 성숙시키며 정치에서 올바
른 이념을 실천하는 학문에 뜻을 둔 이후 매 순간 지칠 줄 모르고 정
진했다. 서른의 나이에는 자립해 특별히 지향을 일삼지 않아도 되었
다. 마흔의 나이에는 사물의 마땅한 이치에 대해 아무 의심도 품지 않
아서, 원리 원칙을 지키려 애쓰지 않아도 되었다. 쉰의 나이에는 세상
의 모든 것에 부여된 천명에 대해 환히 알았다. 예순의 나이에는 어떤
소리를 들어도 통달해 마음에 어긋나거나 거슬리는 것이 없었다. 사

려하지 않고도 체득할 수 있을 만큼 지혜가 완전한 경지에 이른 것이다. 일흔에는 마음의 욕망을 따라도 절로 법도를 넘지 않아서, 특별히 힘쓰지 않고 편안하게 행동하더라도 중용을 지킬 수 있었다.

정이가 말했듯 공자는 스스로의 삶을 이야기함으로써 초학자들로 하여금 "구덩이를 채운 후 앞으로 나아가고 문장을 이룬 후 통달하도록" 권면했다. 그런데 이 장은 무엇보다 공자 자신의 조도(造道) 과정을 회고한 것으로 보아야 할 듯하다. 공자의 일생은 덕으로 나아가는 순서를 따른 삶이었다. 지금 스스로를 완성하려는 장대한 뜻이 있는 이라면 공자가 스스로 밝힌 조도의 순서를 모범으로 삼아야 한다. 그 중에서도 뜻을 세우는 입지(立志)가 가장 중요함은 두말할 것 없다.

吾十有五而志于學하고 三十而立하고
四十而不惑하고 五十而知天命하고
六十而耳順하고 七十而從心所欲하야
不踰矩니라.

志란 志向(지향)함이다. 自立에 대해 정이는 斯道(사도, 유학의 도)에서 자립한 것이라고 풀이했으나, 전문적인 방면의 학문이나 기예를 뜻한다고 보아도 좋다. 知天命에 대해 정이는 窮理盡性(궁리진성)이라고 풀이했다. 천지자연의 운행 원리와 천명에 의해 존재하게 된 인간의 본성을 끝까지 밝혀 나가 환히 알았다는 뜻이다. 耳順에 대해 정이는 듣는 대로 모두 통했다는 뜻이라 보았으나, 주희는 남의 말소리를 들어 거슬리게 느끼지 않는 상태라고 풀이했다. 여기서는 전체적으로 주희의 해설을 따랐다. 從은 따를 隨(수)와 같다. 矩는 사각형을 재는 기구이다.

효란 무엇인가

**맹무백이 효에 대해서 여쭈자 공자께서는 "부모는
그저 병들까 걱정할 따름이네."라고 말씀하셨다.**

「위정」제6장 맹무백문효(孟武伯問孝)

공자는 묻는 사람의 처지와 수양의 정도를 헤아려 인과 효의 실제적
내용을 다르게 가르쳐 주고는 했다.

맹무백(孟武伯)은 노나라 대부의 맏아들이었는데 마음이 착했다.
그가 "효란 무엇입니까?"라고 묻자, 공자는 "부모는 그저 병들까 걱
정할 따름이네."라고 대답했다. 맹무백은 건강이 좋지 않았던 듯하
다. 그래서 공자는 "그대는 건강 때문에 혹 부모에게 걱정을 끼칠 우
려가 있으니 몸을 건강하게 하는 일이야말로 그대에게는 효일세."라
고 일러 준 듯하다.

또 이렇게 풀이할 수도 있다. "효자라 해도 병에 걸릴 수 있으므로
부모에게는 자식이 병에 걸릴까 염려하는 걱정만은 어쩔 수 없이 남
겨 두되 다른 걱정은 일절 끼쳐서는 안 되네."

부모에게 큰 걱정을 끼치지 않는 것이 효의 본질이다. 건강 때문에

부모에게 걱정을 끼치는 것은 불효라 할 수 있으니, 우리 모두 자신의 몸을 소중히 여기고 자기 몸은 자기가 돌봐야 할 것이다. 송나라 때 소옹(邵雍)은 몹시 춥거나 덥거나 심하게 바람이 불거나 비가 내리면 밖으로 나가지 않았다. 유달리 게으르거나 몸을 사린 것이 아니라 부모에게 걱정을 끼치지 않으려 자기 몸을 공경한 행동이었다. 이를 두고 사불출(四不出)이라 한다. 사불출은 자기 몸을 스스로 돌보며 자신을 공경함으로써 효를 이루는 한 가지 방법이었다.

孟武伯이 問孝한대
子曰. 父母는 唯其疾之憂시니라.

父母唯其疾之憂에서 唯는 '다만, 그저'이다. 惟(유)로 표기해도 통한다. 疾은 疾病(질병)이다. 고전 한문에서는 흔히 疾이 병에 해당하고 病은 병이 심해졌음을 나타낸다. 憂는 憂慮(우려)함이다. 唯其疾之憂는 唯憂其疾의 순서를 바꾸어 뜻을 강조한 것이다. 其疾은 자식의 疾病이 아니라 부모의 疾病을 가리킨다고 볼 수도 있다. 후자에 따르면 이 구절은 '부모에 대해서는 그저 병이 나시지나 않을까 염려해야 한다'로 풀이할 수 있다. 그렇다면 위의 대화에서 공자는 맹무백에게 자식으로서 부모가 병에 걸리지 않으시길 늘 염려하는 마음을 지니는 것이 효행의 시작이라고 가르친 것이 된다.

敬 공경해야 참된 효

> 자유가 효에 대해 여쭈자, 공자께서는 "지금의 효라는
> 것은 봉양을 잘함을 두고 말한다. 하지만 견마에게도
> 모두 길러 줌이 있으니 공경하지 않는다면 부모 봉양이
> 견마 기름과 무엇이 다르겠는가?"라고 말씀하셨다.

「위정」 제7장 자유문효(子游問孝)

자유(子游)는 공자의 제자로, 이름은 언언(言偃)이며 자유는 자(字)이
다. 효가 무엇인지 묻는 자유의 질문에 대해 공자는 효란 봉양할 때
공경의 마음을 수반하는 것이라고 했다. 공자 당시의 사람들은 물질
적으로 봉양을 잘하는 것을 효라고 여겼다. 하지만 공자는 어버이에
게 음식을 바쳐 봉양한다 해도 공경하는 마음이 지극하지 않다면 부
모 봉양이 개나 말의 양육과 다를 바 없게 된다고 경계했다. 불경의
죄를 심하게 말해 깊이 경계하고자 한 것이다.

　부모를 향한 공경심은 안색의 부드러움에서 우선 드러나야 한다.
「위정」 제8장에서 공자는 자하의 질문에 답해 효는 '색난(色難)'이라
고 했다. 안색 지니길 어렵게 여긴다는 뜻으로, 진정한 효성은 표정에

우선 드러나야 한다고 강조한 말이다. 효자로서 어버이를 깊이 사랑하는 자는 반드시 화기(和氣)를 지닐 것이고, 화기를 지닌 사람은 반드시 안색에 희색이 나타날 것이며, 희색이 있는 사람은 반드시 순순한 표정을 취할 것이다.

그런데 부모를 섬길 때는 부모가 살아계시든 돌아가신 이후든 도리에 어긋나지 말아야 한다. 역시 「위정」 제5장에서 맹의자(孟懿子)가 효에 대해 물었을 때 공자는 '무위(無違)'라고 일러 주었다. "도리에 어긋나지 말아야 한다."라는 뜻이다. 그 얼마 후 번지가 공자의 수레를 모는데 공자는 앞서 맹의자와 나눈 문답을 일러 주었다. 번지가 그 뜻을 묻자, 공자는 "어버이가 살아 계실 적에는 예를 지켜 섬기며, 돌아가셔도 예를 지켜 장사 지내며, 제사 지낼 적에도 예를 다해야 한다."라고 풀이했다. 예란 인간의 도리에 부합하는 예절이다. 효는 그저 부모의 뜻을 어기지 않는 것이 아니라 도리에 어긋나지 않는 것일 때 진정한 가치를 지닐 수 있다.

子游問孝한대 子曰, 今之孝者는 是謂能養이니
至於犬馬하여도 皆能有養이니
不敬이면 何以別乎리오.

能養의 養은 음식을 이바지하는 것이다. 至於犬馬, 皆能有養은 개와 말도 사람의 도움을 받아 먹으므로 사람에게 봉양하는 것이 개나 말에게 먹을 것을 주어 기르는 것과 마찬가지라는 뜻이다. 何以別乎는 '무엇으로 어떻게 구별하겠는가?'라는 말로, 공경하는 마음이 없다면 부모 봉양이 개, 말의 양육과 무슨 차이가 있겠느냐고 반문하는 표현이다.

發

말없이 밝히는 도

내가 회(回)와 더불어 온종일 이야기하는 동안 그는
내 말을 어기지 않아 어리석은 사람인 듯했으나, 물러
간 뒤에 그 생활을 살펴보니 충분히 내 가르침을 발명
했으니, 회는 어리석지 않구나!

「위정」 제9장 오여회언종일(吾與回言終日)

회(回)는 공자가 가장 아끼던 제자 안연(顔淵)의 이름이다. 「공야장」
제8장에 보면 자공이 "제가 하나를 듣고 둘을 안다면, 회는 하나를 듣
고 열을 압니다."라고 하자, 공자는 "그렇다. 나와 너는 그만 못하니
라."라고 했다. 안연을 문일지십(聞一知十)의 탁월한 인물로 평가한
것이다.

그런데 안연은 공자와 대면하고 있을 때 공자의 말을 잠자코 들으
며 기뻐하기만 했다. 「선진」 제3장에서 공자는 "회는 나를 도와주는
자가 아니구나. 내 말이라면 기뻐하지 않음이 없다."라고 했다. 사제
사이에서도 상대의 의견에 대해 문답을 나누어야 서로 학문을 돕게
될 터인데, 안연은 이렇다 할 대꾸 없이 듣고만 있었던 것이다.

주희는 『논어집주』에 스승 이통(李侗)에게 들은 해설을 적어 두었다. 그 대강의 뜻은 이러하다. "안연은 깊고 순수해 성인 공자와 비교해 체단(體段)을 이미 갖추었으므로 스승의 말씀을 들으면 묵묵히 이해하고 마음으로 융회해 닿는 곳마다 환하니 저절로 조리가 섰다. 그래서 종일 스승과 마주하고 있어도 하나도 이의를 달지 않았으며, 일상의 생활에서는 동(動)하고 정(靜)하며 말하고 침묵하는 일체가 스승의 도를 발명(發明, 스스로 깨달아 밝힘)해 그 도를 탄연(坦然)하게 실천해 나가 의심이 없었다."

안연은 말대답 잘하는 제자가 아니라 가르침을 실천하는 데 민첩했던 제자였다. 우리도 누군가를 스승으로 섬길 때 그러해야 하리라.

오 여 회　　언 종 일　　불 위 여 우
吾與回로 **言終日**에 **不違如愚**러니

퇴 이 성 기 사　　　역 족 이 발
退而省其私한대 **亦足以發**하나니

회 야 불 우
回也不愚로다.

與回의 與는 '~와 더불어'라는 뜻을 나타낸다. 不違란 어긋나지 않는다는 말인데, 여기서는 '듣고 받아들이기만 하고 묻고 따짐이 없다'는 뜻이다. 앞에 나온 回가 다음에 나오는 不違의 주어이므로 뒤에서는 주어를 생략했다. 退而省에서 退의 주어는 回, 省의 주어는 吾인데 둘 다 생략했다. 私는 스승을 뵙고 가르침을 청하는 때가 아니라 일상생활을 하거나 홀로 있는 때를 가리킨다. 足以의 以는 可以나 無以의 以와 마찬가지로 음조를 고르는 어조사이다. 發은 스승이 말해 준 내용의 이치를 發明(발명)함이다.

사람 알아보는 법

**그 하는 것을 보고 그 이유를 살피며 그 편안히 여김을
살펴본다면 사람이 어떻게 자신을 숨길 수 있겠는가!
사람이 어떻게 자신을 숨길 수 있겠는가!**

「위정」 제10장 시기소이(視其所以)

공자는 지인(知人)의 중요성을 거듭 이야기했고, 또 지인의 어려움도
거듭 말했다. 남을 제대로 아는 것은 시시비비를 분명히 가리기 위해
필요하며 올곧은 인물을 추천하고 발탁하는 데도 긴요하다.

이 장에서는 지인의 방법에 대해 상세하게 말했다. 지인은 3단계
로 이루어진다. 첫째는 행위 자체를 보는 단계이다. 선을 행하는 사람
은 군자이고 악을 행하는 사람은 소인이다. 다음은 행위의 의도를 살
피는 단계이다. 비록 선한 일이라 해도 그 의도가 선하지 않다면 군자
일 수 없다. 그다음은 마음속으로 진정 즐거워하는지의 여부를 자세
히 살피는 단계이다. 의도가 선하더라도 마음으로 즐거워하지 않는
다면 위선이므로 오래되면 변하지 않을 수 없기 때문이다. 각 단계마
다 살피는 행위를 시(視), 관(觀), 찰(察)로 달리 일컬어 그 뜻을 차츰차

츰 높여 갔다.

한편『맹자』는 사람을 관찰하는 방법으로 "그 사람의 말을 듣고" "그 사람의 눈동자를 보라."라고 했다. 방법은 다르지만 사람을 올바로 알아보는 일을 중시한 점은 공자와 같다.

북송의 정이는 자기 자신에 대해 지언(知言, 말의 논리를 제대로 앎)과 궁리(窮理, 사물의 이치를 끝까지 탐구함)를 제대로 할 수 있다면 같은 자세로 다른 사람도 잘 관찰할 수 있다고 말했다. 정녕 스스로를 올바로 살피는 것이 사람을 제대로 알아보기 위한 바탕인 것이다.

視其所以하며 觀其所由하며 察其所安이면
人焉廋哉리오 人焉廋哉리오.

以는 爲(위)이니, 여기서의 所以는 所爲와 같다. 觀은 비교해 보며 상세히 살피는 것이다. 由는 從(종) 혹은 行(행)이라고도 한다. 행으로 볼 경우 所由는 행위하는 바의 이유 및 근거를 뜻한다. 察은 더욱 자세히 살피는 것이다. 安은 즐거워하는 바이다. 焉은 어찌 何(하)와 같다. 廋는 숨길 匿(닉)이다.

溫 온고지신

옛것을 탐구하면서 새것을 알아 나가면 스승이 될 수 있다. 「위정」 제11장 온고이지신(溫故而知新)

옛것을 탐구하면서 새것을 알아 나간다는 뜻의 '온고이지신(溫故而知新)'은 『중용』 제27장에도 나오는 말로, 온고지신이란 성어로 널리 알려져 있다. 『중용』에서는 이 말을 자신이 체득한 것을 익히고 또 새로운 것을 배운다는 식으로 둘로 나누어 보았다. 반면 이 장에서 공자는 옛것을 탐구하는 과정에서 새로운 것을 알아 나간다고 해서 두 가지를 연결시켰다. 여기서 주의할 것은 온고와 지신이 연관되는 일이되 온고는 지신의 바탕이라는 점이다.

한편 온고는 다달이 배운 바를 잊지 않도록 익혀 나가는 것이고 지신은 나날이 새로운 지식을 알아 간다는 것이라고 볼 수도 있다. 「자장」 제5장에서 자하가 "날마다 모르는 것을 알아 가고 달마다 잘하는 것을 잊지 않는다면 학문을 좋아한다고 일컬을 만하다."라고 한 말을 대입한 풀이이다. 이것도 일설로 갖추어 둘 만하다.

온고지신은 '스승이 될 수 있는' 근거이다. 학문을 하며 앞서 들은 지식을 때때로 익혀 그때마다 새로 터득한다면 스스로 배운 바가 무궁히 현실에 대응할 것이므로 남의 스승이 될 수 있다. 거꾸로 온고지신을 하지 않는 사람은 스승이 될 자격이 없다. 『예기』「학기(學記)」에 "박식하고 잘 암기하는 학문만으로는 남의 스승이 되기에 부족하다."라고 했다. 옛사람은 함부로 남의 스승이 되길 꺼렸다. 김시습이 자신에게 글공부 하러 온 귀족 자제들에게 험한 일을 시켜 스스로 그만두게 한 것도 한 예다. 이처럼 남의 선생이 되는 일을 중하게 여겼던 태도를 지금 우리는 배워야 한다.

온 고 이 지 신　　　가 이 위 사 의
溫故而知新이면 可以爲師矣니라.

溫은 尋繹(심역, 진리를 찾아 나감)이다. 故란 옛날에 보고 들어 지식으로 삼은 사항이다. 新은 지금 터득한 사항이다. 可以爲師矣는 '스승이 될 수 있다'는 말로, 可以는 '할 수 있다'는 뜻을 나타낸다. 矣는 단정하는 어조로 문장을 맺는 말이다.

不
器

군자의 도량

군자는 그릇처럼 국한되지 않는다.

「위정」 제12장 군자불기(君子不器)

군자불기(君子不器)라 하면 군자는 한곳에 국한되지 않고 때에 맞추어 융통성을 발휘한다는 뜻이다. 바로 이 장에서 나온 성어이다. 주희는 주석에서 "덕을 이룬 선비는 본체가 갖추어지지 않음이 없고 작용이 두루 미치지 못함이 없기에, 단지 한 가지 재주, 한 가지 기예를 갖추는 데 그치지 않는다."라고 풀이했다.

그릇처럼 국한되지 않는다는 말은 『예기』 「학기」에서 '대도불기 (大道不器)'라 한 말과 관련지어 볼 수도 있다. 즉 하나의 용도에 국한되지 않고 어떤 용도에도 두루 쓰일 수 있는 완전한 자질의 소유자를 일컫는 말로 풀이할 수도 있다.

그런데 「공야장」 제3장에서 자공이 자신에 대한 평을 청하자 공자는 "너는 그릇이다."라고 했다. "무슨 그릇입니까?" 하자 "호련(瑚璉)이다."라고 답했다. 호련은 종묘에 제사 지낼 때 쓰는 옥그릇으로 매우 귀한 물건이다. 공자가 자공을 옥그릇에 비유한 뜻은 이 장에서

"군자는 그릇처럼 국한되지 않는다."라고 해서 '그릇'을 부정적인 의미로 사용한 것과는 다르다.

조선 후기의 최한기는 『인정(人政)』에서 사람을 다섯 부류로 나누었다. 선한 말을 받아들이지 않는 것이 질색(窒塞)이고, 선한 도를 스스로 깨닫는 것이 통달(通達)이며, 큰 말은 받아들이지 않고 작은 말에는 투철한 것은 소기(小器)이고, 작은 말은 버리고 큰 말을 기뻐하는 것이 대기(大器)이며, 큰 말을 들어 크게 쓰고 작은 말을 들어 작게 쓰는 것이 불기(不器)이다. 오직 불기의 사람만이 그 도덕과 재능이 천지 인물을 스승으로 삼아 천지 인물에게 도를 행할 만하다. 자기 한 몸을 기국(器局, 한정된 수단이자 범위)으로 삼지 말고 천하의 모든 사람을 기국으로 삼아 자신의 도덕과 재능의 혜택이 천하 사람들에게 돌아가게 할 수 있는 것이다.

군자 불기
君子는 不器니라.

器는 각각 그 용도에 적합할 뿐이어서 다른 것과 서로 통할 수 없는 것을 비유한다. 덕을 완성한 군자는 단지 一才(일재) 一藝(일예)에 편중되지 않으므로 體(체)를 두루 갖추며 그 用(용)이 어디에든 적용된다. 그것을 不器라고 표현했다.

行

먼저 실천한다

자공이 군자에 대해 여쭤자, 공자께서는 "말할 것을 먼저 실행하고 나서 말이 행동을 따르게 하는 자이다." 라고 말씀하셨다.

「위정」 제13장 자공문군자(子貢問君子)

군자란 어떤 사람인가? 『논어』에서 군자는 위정자를 뜻하기도 하고 도덕적으로 완성된 사람, 인격을 갖춘 사람을 뜻하기도 한다. 어느 쪽 이든 공자는 군자라면 실천을 우선시해야 한다고 강조했다.

본래 자공은 공자의 제자 가운데서도 언변이 뛰어났다. 따라서 공 자는 자공이 언변에는 어려움이 없으나 실천이 부족하다고 보고 이 와 같이 가르친 듯하다. 하지만 일반적인 견지에서 항시 공자는 아는 바와 행하는 바를 일치시킬 것을 강조했으며 말보다 실천을 앞세우 라고 했다. 「학이」 제14장에서 공자는 군자란 "일의 실천에서는 민 첩하고 말에서는 신중하다."라고 했고, 「이인」 제24장에서도 "군자 는 말을 신중하게 하고 행동에 민첩하고자 한다."라고 했다. 또한 「이 인」 제22장에서 "옛사람이 함부로 말하지 않은 것은 자신의 실행이

미치지 못할까 부끄러워했기 때문이다."라고 했다.

퇴계 이황은 「답김이정서(答金而精書)」에서 주희에 대해 다음과 같이 논평했다. "낮고 일상적이고 가깝고 실질적인 곳에서 뜻을 겸손히 하고 마음을 비워 학문을 순순(循循, 차례대로 단계를 따라감)하게 해 나갔다. 자임(自任)이 무거웠지만 허과(虛夸, 헛되고 과장됨)의 자취가 없었으니, 말할 것을 먼저 실행하고 나서 말이 행동을 따르게 했기 때문이다."

『논어』에서 공자와 그 제자들은 언행일치를 강조하되, 언행의 불일치를 초래하지 않도록 말보다 먼저 실행을 하라고 가르쳤다. 이 가르침은 자공에게만 대증(對症)의 침언(鍼言)인 것이 아니다. 우리도 말을 앞세우기보다 실천을 우선하라는 가르침을 잊지 말아야 한다.

子貢이 問君子한대
子曰, 先行其言이오 而後從之니라.

問君子는 군자란 무엇인가 묻는다는 뜻이다. 先行其言이란 말을 하기 전에 먼저 행동한다는 뜻이다. 後從之는 이미 실행한 뒤에 말이 따른다는 뜻이다.

두루 사랑한다

군자는 두루 사랑하되 편당하지 않으나, 소인은 편당하되 두루 사랑하지 않는다.

「위정」 제14장 군자주이불비(君子周而不比)

공자는 군자와 소인의 차이를 두루 사랑함과 편당함으로 구분했다. 군자와 소인은 마치 양과 음처럼 서로 다르다. 주희에 따르면 군자와 소인은 결국 공적이냐 사적이냐 하는 점에서 나뉜다. 그래서 공자는 '두루 사랑함'과 '편당함'을 대비하되 같은 말을 한 번은 긍정적인 의미로, 한 번은 부정적인 의미로 나란히 씀으로써 배우는 사람들로 하여금 그 차이를 잘 살피게 했다. 이러한 표현법을 호언(互言)이라 한다. 한편 조선 후기의 김창협은 '두루 사랑한다', '편당한다'고만 하지 않고 '편당하지 않는다', '두루 사랑하지 않는다'고 함께 말한 것이 호언이라고 보았다. 이 풀이도 통한다.

『논어』에는 군자와 소인을 논한 대목이 많다. "군자는 의리에 밝고 소인은 이익에 밝다."라거나 "군자는 자신에게서 원인을 찾고 소인은 남에게서 원인을 찾는다." 혹은 "군자는 평탄하여 느긋하고 소인은 늘 근심스러워한다." 따위는 군자와 소인이 판연히 다른 점이다. 반면 두루 사랑하는 것과 편당하는 것은 그 실상은 상반되나 겉으로 드러나는 모습은 상당히 비슷하므로 양자를 똑똑히 분별할 필요가 있다.

'두루 사랑한다'는 뜻의 주(周)는 「학이」 제6강에서 말한 범애중(汎愛衆)과 비슷하다. 주란 보편적인 사랑으로, 친하든 소원하든 어질든 어리석든 간에 각각 그 분수에 알맞게 사랑을 주는 것을 말한다. 이는 묵자(墨子)가 말한 사랑이 친소와 후박에 관계없이 차등을 두지 않고 사랑하는 것과는 다르다.

조선의 영조는 재위 18년인 1742년 3월, 탕평책을 실시하는 뜻을 널리 알리기 위해 "보편적이고 편당하지 않는 것은 군자의 공변된 마음이고, 편당하고 보편적이지 않은 것은 소인의 사사로운 뜻이다."라는 뜻의 한문을 친히 써서 비에 새겨 반수교(泮水橋)에 세우도록 명했다. 군자가 공변된 마음을 지니는 것이 「홍범구주(洪範九疇)」에 나오는 '무편무당(無偏無黨)'의 근본이다. 정치뿐 아니라 사회의 갖가지 조직 체계에서 제일 염두에 두어야 할 한 글자가 '주'일 것이다.

　　군 자　　　주 이 불 비
君子는 **周而不比**하고
　　소 인　　　비 이 부 주
小人은 **比而不周**니라.

周는 普遍(보편)이다. 而는 앞의 말과 뒤의 말을 나란히 이어 준다. 뒤의 而도 마찬가지다. 比는 偏黨(편당)이다. 주희는 둘 다 남과 親厚(친후)하다는 뜻이되, 周는 공변된 데 비해 比는 사적인 것이라고 구분 지었다. 周而不比에서 周는 不比와 짝을 이루고, 周而不比 전체는 다시 比而不周와 짝을 이룬다.

배움과 생각함

**배우기만 하고 생각하지 않으면 어둡고, 생각하기만
하고 배우지 않으면 위태롭다.**

「위정」 제15장 학이불사즉망(學而不思則罔)

공자는 지적 활동에서 배움과 생각의 합일을 강조했다. 곧 학이사(學
而思)를 이상으로 제시한 것이다. 배움은 남과 강론하고 경험을 통해
이해하는 것이되, 대체로 앞사람의 저술이나 가르침을 따라하면서
알아 나가는 것을 뜻한다. 생각함은 머릿속으로 사색해서 자신의 체
계를 세우는 것을 가리킨다. 그런데 배우기만 하고 스스로 체계를 세
워 제 것으로 만들지 않는다면 그 앎은 결코 뚜렷하지 못하다. 반대로
한 주제에 대해 생각하기만 할 뿐 그 주제에 대해 이미 논증한 글이나
경험한 사람의 조언을 참고하지 않는다면 그 생각은 위태롭거나 제
대로 시행할 수 없다.

조선 후기의 김창협이 분석했듯 『논어』에서 학(學) 자는 온전히 말
하면 지(知)와 행(行)을 겸하지만, 때때로 지를 위주로 하거나 행을 위
주로 하는 예가 있다. "배우고 익히다(學習)", "배움에 뜻을 두다(志

學)", "배우기를 좋아하다(好學)" 등은 지와 행을 겸해 말한 것이고, "어찌 굳이 글을 읽어야만 배우는 것이 되겠는가?(何必讀書然後爲學)"는 지를 위주로 말한 것이다. 이 장은 행을 위주로 말했다. 다만 이 장에서는 배움과 생각함을 구분했는데, 생각함은 오로지 지를 위주로 하지만 배움은 행을 위주로 하더라도 항상 지의 의미를 겸한다.

한편 명나라 왕수인은 「답우인문(答友人問)」에서 이 구절을 지행합일의 관점에서 풀이했다. "밝게 깨닫고 정밀하게 살피는 행이 곧 지이며, 참되고 간절하며 도탑게 성실한 지가 곧 행이다. 만약 행하면서 깨닫고 살피지 못하면 그것은 명행(冥行, 컴컴한 길을 감)이요, 지가 간절하고 성실하지 못하면 망상이다."

『중용』에서는 학문을 박학(博學, 널리 배움), 심문(審問, 자세히 살핌), 신사(愼思, 신중히 생각함), 명변(明辨, 분명히 판단함), 독행(篤行, 충실히 행함)의 다섯으로 나누어 보았는데, 정이가 말했듯 그중 하나라도 소홀히 한다면 올바른 학문일 수 없을 것이다.

학 이 불 사 즉 망　　　사 이 불 학 즉 태
學而不思則罔하고 思而不學則殆니라.

罔은 어둡다는 뜻이다. 마음속으로 돌이켜 보지 않으므로 어두워서 터득함이 없는 것이다. 殆는 위태하다는 뜻이다. 일을 연습하지 않으므로 위태해 편안치 못함이다. 學而不思則罔과 思而不學則殆는 같은 짜임의 문장을 나란히 둔 대구법의 표현이다. 學而不思와 思而不學은 互文(호문)의 표현이다.

033강

知

앎이란 무엇인가

유(由)야! 너에게 앎에 대해 가르쳐 주겠노라. 아는 것을 안다 하고 모르는 것을 모른다 하는 것, 이것이 앎이다. 「위정」제17장 회여지지호(誨女知之乎)

유(由)는 공자의 제자인 자로(子路)이다. 성이 중(仲)이므로 중유라고도 불렀다. 자인 자로로 부르는 경우가 많다.

자로는 용맹을 좋아하고 강변하는 면이 있었다. 「선진」제24장에 보면 자로가 "어찌 반드시 책을 읽은 뒤에야 학문을 하는 것이겠습니까? 실제 정치를 맡아보는 일이 더 중요하지 않겠습니까?"라고 강변하자 공자가 "이런 까닭에 내가 말재주 부리는 자를 미워하는 것이다."라고 질책한 말이 나온다. 주희는 자로가 자신이 모르는 것을 안다고 주장하는 면이 있기에 이 장에서 공자가 "너에게 앎에 대해 가르쳐 주겠노라."라고 말한 것이라 보았다.

주희는 또한 이렇게 풀이했다. 안다는 것을 안다고 하고 모르는 것을 모른다고 한다면, 비록 앎이 완전하지는 않다 해도 스스로를 기만하는 폐단은 없을 것이므로 앎에 해가 되지 않을 것이다. 또한 모르는 것에 대한 자각으로부터 앎을 추구한다면 앞으로 알아 나갈 방도가 생길 것이다.

조선의 성호 이익은 이렇게 말했다. 이른바 안다는 것은 아는 것을 분명하게 아는 것뿐 아니라 알지 못한다는 사실도 분명하게 아는 것이니, 이 두 가지를 분명히 아는 것일 따름이다. 모르는 것을 억지로 안다고 하는 자는 설령 아는 것이 있다고 해도 완전히 아는 것이 아니다.

『설부(說郛)』에 보면 북송의 왕안석은 이 구절의 음인 '지지위지지 부지위부지 시지야'가 제비의 지지배배 소리와 같다고 했다고 한다. 이후 이 구절을 제비 소리에 빗대는 일이 많았다. 박지원이 박남수(朴南壽)에게 보낸 서찰에 이런 대목이 있다. "발(簾) 곁에서 제비가 지저귀는데 '회여지지 지지위지지(誨汝知之 知之爲知之)' 하기에, 나도 모르게 웃음을 터뜨리며 '네가 글 읽기를 좋아하는구나! 하지만 공자께서도 쌍륙과 바둑이라는 것이 있으니, 아무것도 하지 않는 것보다는 낫다고 하시지 않았느냐.'라고 했네. 내 나이 사십도 되기 전에 머리가 하얗게 변하고 기력과 태도가 어느새 노인과 같아 제비 손님과 장난치며 웃으니, 이것이 노인이 소일하는 비결일세."

由아 誨女知之乎인저.

知之爲知之오 不知爲不知이 是知也니라.

誨는 敎誨(교회)의 뜻이다. 『논어』에서는 가르친다는 뜻의 동사로 敎보다는 誨를 더 많이 사용했다. 女는 이인칭의 汝(여)와 같다. 知之爲知之와 不知爲不知의 爲는 모두 '~라 하다'라는 뜻이다.

闕

난문은 제쳐 둔다

많이 듣고서 의심나는 것을 제쳐 놓고 그 나머지를
삼가서 말하면 허물이 적을 것이요, 많이 보고서
위태로운 것을 제쳐 놓고 그 나머지를 삼가서 행하면
후회가 적을 것이니, 말에 허물이 적고 행실에 후회할
일이 적으면 녹봉이 그 가운데 있다.

「위정」 제18장 다문궐의(多聞闕疑)

공자의 제자 자장(子張)이 어떻게 하면 벼슬 살아 봉급을 받게 될 수
있는지를 묻자 공자는 위와 같이 대답했다. 공자는 말과 행실의 수양
속에 녹봉이 있다고 말함으로써 자장이 녹봉을 먼저 생각하는 태도
를 바로잡아 진보하도록 이끈 것이다. 자장의 성은 전손(顓孫), 이름
은 사(師)이다. 공자의 제자 가운데 안연과 민자건은 결코 봉급 구하
는 방도를 묻지 않았다. 그런데 자장이 그 방도를 물어 오자 공자는
그의 마음을 안정시켜 이익이나 녹봉 때문에 흔들리지 않게 하고자
했던 것이다. 이 의도에 관해 의심하는 사람이 있을까 염려해 공자는
「위령공」 제31장에서 "농사지어도 주림이 그 가운데 있고 배우면 녹

봉이 그 가운데 있다."라고 말하기도 했다.

정이는 이 장에 대해 천작(天爵, 하늘의 벼슬)을 닦으면 인작(人爵, 사람의 벼슬)은 저절로 이르러 오기 마련이므로, 언행을 근신하는 것이 곧 봉록을 구하는 길이라고 해설했다. 『맹자』에서 "인의(仁義)와 충신(忠信)은 천작이요, 공경대부는 인작이다."라고 한 것을 근거로 삼아 군자가 언행을 근신하면 곧 인의와 충신의 덕을 지니게 된다고 강조한 것이다.

한편 주희는 견문이 많으면 학문이 넓어지는데, 의심나는 것과 위태로운 것을 제쳐 두면 선택을 정밀하게 할 수 있으며 나아가 말과 행동을 근신하면 자신의 뜻과 태도를 규율에 맞춰 나갈 수 있다고 했다. 이 장을 지행(知行)의 문제와 연관지어 풀이한 것이다. 자신의 뜻과 태도를 규율에 맞게 지키는 것을 수약(守約)이라고 한다. 말과 행동에서 의심스럽고 자신 없는 것을 잠시 보류하는 일이야말로 수약의 제일 큰 공부다.

多聞闕疑오 愼言其餘면 則寡尤며
多見闕殆오 愼行其餘면 則寡悔니
言寡尤하며 行寡悔면 祿在其中矣니라.

疑는 믿지 못하고 의심하는 것, 殆는 편안히 여기지 못하는 것이다. 尤는 바깥에서 오는 허물을 말한다. 悔는 안으로부터 나오는 후회를 말한다. 祿은 벼슬하는 사람의 봉급이다. 在其中은 구하지 않아도 저절로 옴을 뜻한다.

사람 쓰는 법

정직한 사람을 들어 쓰고 굽은 사람을 버려두면 백성
들이 복종하며, 굽은 사람을 들어 쓰고 정직한 사람을
버려두면 백성들이 복종하지 않습니다.

「위정」제19장 거직조제왕(擧直錯諸枉)

노나라 애공(哀公)이 "어떻게 하면 백성들이 복종하겠습니까?"라고
묻자 공자가 한 대답이다. 사람 쓰는 일을 의리에 합당하게 하면 백성
들은 마음으로 복종할 것이다. 인재를 등용하고 굽은 사람을 버리는
일을 거조(擧錯)라 한다. 이는 주희의 설을 따른 해석이다.

이 장의 '거직조제왕(擧直錯諸枉)'은 정직한 사람을 들어 써서 굽은
사람의 위에 두는 것이라고 풀이할 수도 있다. 곧은 판자를 굽은 판
자 위에 두면 굽은 판자가 바르게 펴지는 현상에서 인사의 원리를 떠
올렸을 가능성이 있기 때문이다. 뒤의 「안연」제22장에서 번지가 지
인(知人)에 대해 묻자, 공자는 "정직한 사람을 들어 쓰고 굽은 사람을
버려두면 굽은 사람을 곧게 만들 수 있다."라고 한 바 있다. 이 구절도
"정직한 사람을 들어 써서 굽은 사람의 위에 두면 굽은 사람을 곧게

만들 수 있다."라고 풀이할 수 있다.

노나라 애공의 이름은 장(蔣)이다. 애공은 공자와 그 제자들에게 정치에 대해 자주 물었다. 『예기』「유행(儒行)」에 보면, 애공이 공자의 말을 듣고 나서 "나는 세상 마치도록 감히 선비를 희롱하는 대상으로 삼지는 않으리라."라고 말한 대목이 나온다. 다만 애공은 공자의 제자들을 제대로 대우하지 못한 듯하다. 한나라 유향(劉向)의 『신서(新序)』에 보면, 공자의 제자 자장이 애공을 알현한 뒤 7일이 지났는데도 예우를 받지 못해 섭공호룡(葉公好龍)의 이야기를 남기고 떠났다고 한다. 섭공 자고(子高)가 용을 좋아해서 집 안 이곳저곳에 용을 새겨 장식해 놓았으나 진짜 용이 내려와 머리를 내밀고 꼬리를 서리자 대경실색해 달아났다. 자장은 섭공이 사이비 용을 좋아한 것에 빗대어 애공에게 진정한 뜻이 없다고 비판한 것이다.

공자는 노나라 애공 14년에 사냥터에서 기린이 잡히자 성스러운 군주가 존재하지 않는 시대에 상서로운 짐승인 기린이 잘못 나왔다가 죽은 것을 가슴 아프게 여겨 "애공 14년 봄 서쪽으로 사냥해서 기린을 잡다."라는 문장으로 『춘추(春秋)』의 집필을 끝냈다고 한다.

거 직 조 제 왕   즉 민 복
舉直錯諸枉하면 則民服하고
거 왕 조 제 직   즉 민 불 복
舉枉錯諸直하면 則民不服이니이다.

錯는 주희에 따르면 捨置(사치, 버려둠)이다. '두다'라는 뜻으로 보기도 한다. 諸는 주희의 따르면 衆(중)이다. 단 錯를 '두다'로 풀이할 때는 諸를 之(지)와 於(어)의 결합인 '저'로 읽으며, '그것을 ~에'의 뜻으로 본다.

036강

莊

지도자는 장중해야

백성을 대하길 장엄한 태도로 하면 백성이 공경하고, 어버이에게 효도하고 백성을 사랑하면 백성이 충성하며, 잘하는 자를 들어 쓰고 못하는 자를 가르치면 권면될 수 있을 것입니다.

「위정」 제20장 임지이장즉경(臨之以莊則敬)

노나라 대부 계강자(季康子)가 "백성이 경건하고 충성스럽게 되어 스스로 권면케 하기 위해서는 어떻게 해야 하겠습니까?"라고 물었을 때 공자는 위와 같이 대답했다. 계강자는 노나라에서 권세를 부리고 있었던 세 대부 집안의 하나인 계손씨(季孫氏)의 인물로 이름은 비(肥)이다.

계강자는 당시 정치를 올바르게 펴지 않았다. 「선진」 제16장에 보면 공자의 제자 염유가 그의 가신이 된 뒤에 무거운 세금을 부과해 그의 재산을 늘려 주자, 공자가 크게 노해 제자들에게 "그는 이제 우리 무리가 아니니, 자네들은 북을 울려 성토하며 그를 공격해도 좋다."라고 말한 바 있다.

공자는 위정자가 스스로 마땅히 해야 할 일에 힘쓰면 백성들이 그에 응해 저절로 심복하게 되는 것이지, 백성들을 억지로 공경하고 충성하며 권면하게 만들려고 해서는 안 된다고 경고했다. 위정자의 올바른 자세에 대한 계강자와 공자의 문답은 뒤에도 나온다. 「안연」 제18장에서 계강자가 도적이 많은 것을 근심해서 자문하자, 공자는 "진실로 그대가 욕심을 부리지 않는다면, 비록 상을 준다고 해도 도둑질을 하지 않을 것입니다."라고 대답했다. 또한 같은 「안연」 제19장에서 계강자가 정치에 대해 묻자 공자는 "군자의 덕은 바람과 같고 소인의 덕은 풀과 같습니다. 바람이 불어오면 반드시 눕게 됩니다."라고 비유를 들어 말했다. 이 장에서와 마찬가지로 백성은 위정자의 덕치에 감화된다는 사실을 강조한 것이다.

임 지 이 장 즉 경　　　　효 자 즉 충
臨之以莊則敬하고 **孝慈則忠**하고
거 선 이 교 불 능 즉 권
擧善而教不能則勸이니라.

莊은 용모가 端嚴(단엄)한 것을 말한다. 敬은 백성이 위정자를 공경한다는 말이다. 孝慈는 위정자가 어버이에게 효도를 다하고 백성에게 자애를 베푼다는 뜻이고, 忠은 백성이 위정자에게 충성을 다한다는 말이다. 擧善은 선한 자를 등용한다는 뜻, 教不能은 불능한 자를 가르친다는 뜻이다. 勸은 '권면하게 만든다'는 뜻을 나타낸다. 즉 백성들이 권면되어 즐거이 선을 행한다는 말이다.

효가 정치의 근본

『서경』에서 효에 대해 말하지 않았던가! "효도하며 형제간에 우애하여 정치에 베푼다."라고 했으니, 이 또한 정치를 하는 것이다. 어찌 지위에 있어야만 정치를 하는 것이겠는가? 「위정」 제21장 서운효호(書云孝乎)

노나라 정공(定公) 초에, 어떤 사람이 공자에게 "어찌하여 정치를 하지 않으십니까?"라고 물었다. 그러자 공자는 말했다. "『서경』에서 '오로지 효도하며 형제와 우애를 도탑게 해서 이로써 정치에 펼쳐 나간다.'라고 했다. 이것도 정치를 하는 것이니 어찌 꼭 정치에 참여하는 것만을 정치라 하겠는가?" 가정의 윤리를 확장하면 올바른 정치를 실현할 수 있다는 신념을 토로한 것이다.

『논어』에서 효를 언급한 장은 전체 498장 가운데 12장이다. 인(仁)이나 예(禮)에 대해 말한 장보다 적다. 또한 대개 효란 무엇이라고 규정하기보다는 어떠어떠한 행위라고 설명했다. 그 예로 「학이」 제2장에서는 유자의 말로 효성스러운 사람치고 윗사람을 거스르는 사람이 거의 없다고 했다. 제6장에서 공자는 학문을 하기에 앞서 들어와서는 효도하고 나가서는 공손하게 행동하라고 가르쳤다. 제11장에서는 "부모가 돌아가신 후 3년 동안 부모의 도를 고치지 않음이 효이다." 라고 했다. 「위정」 제7장에서는 자유의 물음에 대해 공자가 효는 물질적 부양에 그치는 것이 아니라 공경의 뜻이 담겨 있어야 한다고 대답했다. 제8장에서는 자하에게 '색난(色難)'을 강조했다.

한편 이 장에서처럼 효와 정치의 관계를 논한 예로, 「위정」 제20장에서 공자는 계강자에게 위정자 자신이 어버이에게 효도하고 백성들을 사랑하면 백성들이 충성스러워진다고 대답했다. 「태백」 제21장에서는 우왕이 제사에서 효도를 다했다는 사실을 언급했다.

사회 구조가 바뀌면 효의 해석도 바뀌지 않을 수 없다. 고령화 사회에서 효의 실현은 개개인의 윤리적 심성을 반영한 사회적 장치를 통해 이루어져야 할 것이다.

書云^{서운} 孝乎^{효호}인저 惟孝^{유효}하며 友于兄弟^{우우형제}하여
施於有政^{시어유정}이라 하니 是亦爲政^{시역위정}이니
奚其爲爲政^{해기위위정}이리오.

書는 『서경』 「周書(주서) 君陳(군진)」 편이다. 書云孝乎란 '『서경』에서 효를 말한 것이 이와 같았다'는 말이다. 友는 형제를 잘 대하는 것을 말한다. 「군진」 편은 주나라의 주공을 대신해 재상이 된 군진이 어버이에게 효도하고 형제에게 우애를 다하는 마음을 넓혀 한 나라의 정치 원리로 삼았다는 사실을 말한 것이다. 공자는 이 대목을 인용해 '이와 같다면 이것도 정치이니, 지위에 있어야만 정치를 하는 것이겠는가?'라고 반문했다.

의로운 일에 용감하라

제사 지내야 할 귀신이 아닌데 제사 지냄은 아첨하는 것이요, 의로운 일을 보고도 하지 않음은 용기가 없는 것이다. 「위정」 제24장 비귀이제지(非鬼而祭之)

「위정」편 마지막 장에서 공자는 제사와 의로운 행동에 대해 말했다. 두 사안이 직접 연결되는 것은 아니다.

공자는 우선 "제사 지내야 할 귀신이 아닌데 제사 지냄은 아첨하는 것이다."라고 해서 이른바 음사(淫祀)를 경고했다. 음사란 오늘날로 치면 이성에 반해 사람들을 현혹하는 사이비 종교를 말한다.

박지원은 「안의현 현사에서 곽후를 제사한 기」에서 안의 사람들이 임진왜란 때 황석산성(黃石山城)에서 순사한 곽준(郭越)을 제사 지내는 것은 온당하지만, 중앙 관청과 지방 고을에서 이청(吏廳) 옆에 부군당(府君堂)을 두고 고려 말 최영의 귀신에게 푸닥거리하는 것은 부당하다고 했다. 박지원은 "최영이 장수와 정승을 도맡고도 위태로운 상황을 버텨 나라를 보존하지 못했으며, 죽어서도 서리와 하천배에게 밥을 얻어먹으면서 그들의 무람없는 대접을 기꺼이 받고 있으니 신령하지 못한 어리석은 귀신이라 이를 만하다."라고 하고는, "꼭 모셔야 할 귀신이 아닌데 섬긴다면 군자는 이를 아첨이라고 이른다. 하물며 음탕하고 너절하며 예가 아닌 제사로 섬긴다면 이보다 큰 아첨이 어디 있겠는가?"라고 개탄했다. 최영의 공적을 폄하한 것은 수긍이 가지 않지만, 최영의 귀신을 비판한 것은 이해할 만하다.

다음으로 공자는 "의로운 일을 보고도 하지 않음은 용기가 없는 것이다."라고 말했다. 의로운 일을 해야 할 때인 줄 알면서도 하지 않는 지식인의 나약함을 비판한 것이다.

공자의 이 말은 얼핏 동어반복 같기도 하다. 아마도 공자는 뒷날 맹자가 말했듯 매 순간 어떤 일에서든 의로운 행동을 해서 집의(集義, 의를 쌓음)해 나가야 한다고 말하려 한 듯하다. 맹자는 집의의 결과 호연지기(浩然之氣)를 기를 수 있다고 했는데, 이것은 공자가 말하고자 했던 내용을 발명한 것이 아닌가 한다.

비 기 귀 이 제 지　　첨 야
非其鬼而祭之가 諂也요
견 의 불 위　　무 용 야
見義不爲가 無勇也니라.

非其鬼란 마땅히 제사 지내야 할 귀신이 아니란 뜻이다. 諂은 '아양을 부리다'라는 뜻이다. 見義는 의로운 일을 본다는 말인데, 바로 지금 무엇이 의로운 일인지 안다는 뜻이다. 不爲는 의리의 행동을 실천하지 않음이다.

正 명분을 바로잡는 일

**공자께서 계씨를 논평하여 말씀하셨다. "천자의 팔일
무를 뜰에서 추게 하다니, 이 일을 감히 한다면 무엇
을 감히 하지 못하겠는가?"**

「팔일(八佾)」 제1장 팔일무어정(八佾舞於庭)

「팔일」편 26장 가운데 첫 장으로 공자의 정명(正名) 사상이 잘 나타
나 있는 글이다. 공자 당시에 노나라에서는 맹손씨(孟孫氏), 숙손씨
(叔孫氏), 계손씨(季孫氏)의 세 대부 집안이 군주보다도 권세가 컸다.
이들은 모두 환공(桓公)의 후손이었으므로 삼환(三桓)이라고 부른다.
『예기』에서는 "대부가 제후를 시조로 삼은 것이 삼환으로부터 시작
되었다."라고 했다. 이들은 참람하게도 천자가 제사를 마칠 때 연주
하는 악장인 『시경』「주송(周頌)」의 「옹(雍)」 시를 자신들의 시조인
환공의 사당에서 사용했다. 계손씨는 노나라 군주만이 치를 수 있는
태산(泰山)의 여제(旅祭)를 행했으며, 이 장에서 보듯 조상을 제사 지
낼 때 천자의 악무인 팔일무를 사용하기까지 했다.

팔일무의 일(佾)은 춤추는 사람들의 열을 뜻한다. 천자는 8열, 제후

는 6열, 대부는 4열, 사(士)는 2열이다. 각 열마다 사람 수가 열의 수와 같았다고 하므로 천자는 64명, 제후는 36명, 대부는 16명, 사는 4명의 악생(樂生) 혹은 무동이나 무희를 쓴 것이다. 계씨는 대부이면서 분수에 넘치게 천자의 예악을 사용했으니, 이런 짓을 감히 한다면 무슨 일이든 감히 하지 못하겠느냐고 공자는 개탄했다.

공자는 정치에서 예악을 바로잡는 일을 우선시했다. 예악을 바로잡는 일은 곧 명분을 바로잡는 일이었다. 그런데 계씨가 예악을 어지럽히는 것을 보고, 그자가 군주를 시해하는 일도 거리낌 없이 할지 모른다고 우려하고 또 분개한 것이다.

孔子謂季氏하사대 八佾로 舞於庭하니
是可忍也인댄 孰不可忍也이리오.

謂는 논평한다는 뜻이다. 忍은 '차마 한다'는 뜻이다. 혹은 容忍(용인)의 뜻이라고도 한다. 다른 말로 하면 '해서는 안 될 일을 감히 한다'는 뜻이다. 是는 계씨가 팔일무를 자신의 뜰에서 추게 한 일을 가리킨다. 孰不可忍也는 '무엇을 감히 하지 못하겠는가?'란 뜻이니, 이때의 孰은 '누가, 누구를'이 아니라 '무엇을'이다.

仁

예악보다 마음

사람으로서 어질지 못하면 예(禮)를 어떻게 하며,

사람으로서 어질지 못하면 악(樂)을 어떻게 하겠는가?

「팔일」제3장 인이불인(人而不仁)

공자는 예악을 중시해 오직 어진 군주만이 예악을 정당하게 사용할 수 있다고 보았다. 여기서 '사람으로서'라고 말했을 때 '사람'은 군주를 가리킨다. 바로 앞 장에서 공자는 계손씨가 천자의 악무인 팔일무를 그 조상의 사당에서 쓴 것을 비판한 바 있다. 곧 군주가 어진 마음을 지니지 않은 채로 예악을 사용하는 것은 참람한 행위라고 본 것이다.

공자는 인(仁)에 대해 다각도로 정의했다. 세손 시절의 정조가 지적했듯 인의 전체를 두고 말한 것이 있고 일단을 두고 말한 것이 있으며, 마음에 관해 말한 것이 있고 사공(事功, 공로)에 관해 말한 것이 있다. '사람으로서 어질지 못하면'에서 인은 전체를 두고 말한 것이요 마음에 관해 말한 것이다. 이에 비해「헌문」제18장에서 제나라 환공을 도와 패업을 달성한 재상 관중(管仲)에 대해 "환공이 제후를 규합

했으되 전쟁으로 하지 않았던 것은 관중의 힘이었으니, 누가 그 인과 같으리오, 누가 그 인과 같으리오?"라고 평했을 때의 인은 일단을 두고 말한 것이요 사공에 관해 말한 것이다.

공자는 「이인」 제13장에서 "예와 겸양으로써 나라를 다스린다면 무슨 어려움이 있겠으며, 예와 겸양으로써 나라를 다스리지 못한다면 예를 어찌하겠는가!"라고 했다. 다시 말해 군주가 예의 실질적인 내용인 겸양을 갖추면 나라를 다스리는 데 아무 어려움도 없지만 예의 실질 내용이 없다면 아무리 예의 형식을 갖추었다고 해도 그 예가 의미 없을 뿐 아니라 나라를 다스리는 일에서도 곤란을 겪을 수밖에 없다고 경계했다. 이러한 맥락에서 보면 이 장은 어질지 못한 군주는 겸양할 줄도 모르므로 예의 형식을 갖춘들 그 예가 의미 없으며 결국 나라의 질서도 혼란스러워지리라고 경고한 것이다.

人而不仁이면 如禮에 何며
人而不仁이면 如樂에 何오.

'～而'는 '～이면서, ～으로서'의 뜻을 나타낸다. '如~何'는 '～을 어떻게 하겠는가?' 또는 '～을 무엇에 쓰겠는가?'로 해석한다. 따라서 如禮何는 '禮를 어떻게 하겠는가?'이고, 如樂何는 '樂을 어떻게 하겠는가?'이다.

禮

예의 근본

예는 외관상 성대하게 거행하기보다는 차라리 검소한 것이 낫고, 상례는 형식적으로 잘 치르기보다는 차라리 진정으로 슬퍼하는 것이 낫다.

「팔일」 제4장 예여기사야영검(禮與其奢也寧儉)

노나라의 임방(林放)이란 사람이 예의 근본에 대해 묻자 공자가 답한 내용이다.

정이는 예의 기원에 대해 "하늘이 높고 땅이 낮은 데서 예가 이미 성립되고, 부류대로 모이고 무리 지어 구분되는 데서 예가 이미 시행된다. 인간은 하늘과 땅 사이에 위치하고 만물의 위에 서 있으므로 천지와 몸을 같이하고 만물과 기운을 같이하니, 존귀하고 비천함의 구분은 베풀지 않아도 뚜렷하다."라고 말하고, "성인은 이 이치에 따라 관혼상제와 조빙연향(朝聘燕饗, 조회와 빙례 및 연향)의 예를 제정하여 군신, 부자, 형제, 부부, 붕우의 의리를 시행했다."라고 말했다. 예는 인간의 존재 조건과도 같다고 본 것이다.

전국 시대 유학자들은 상장(喪葬)의 예식을 지나치게 존중했다. 그러나 공자는 일찍이 허례를 배격했다. 「팔일」 제26장에서 공자는 "남들의 위에 있으며 관대하지 않고 예식을 거행하면서 공경하지 않으며 상례에 임해 슬퍼하지 않는다면, 무어 볼 만한 것이 있겠는가?"라고 했다. 이 장에서도 공자는 형식적인 측면에서 예를 잘 치르는 것도 중요하지만 검소한 태도와 슬퍼하는 마음이 더 중요하다고 역설했다. 단 검소함과 슬퍼함만이 예의 전부라는 것은 아니다.

---

^{예 여 기 사 야} ^{영 검}
禮與其奢也론 寧儉이오
^{상 여 기 이 야} ^{영 척}
喪與其易也론 寧戚이니라.

'與其 A, 寧 B'의 짜임은 A나 B 모두 충분하지는 않지만 A와 B를 비교한다면 B를 선택하는 것이 좋다는 뜻을 나타낸다. 寧은 '차라리'이다. 禮는 본래 醴酒(예주, 감주)를 이용해서 거행하는 의례를 의미했다. 奢는 誇大(과대)하다는 뜻이다. 奢侈(사치)라고 풀이해도 좋다. 奢의 옛 글자는 大 아래에 多를 썼고, 侈 자에도 多가 들어 있다. 즉 사치란 본래 남보다 많이 소유하고 있는 것을 뜻했다. 그러다가 지나치게 성대한 것을 뜻하게 된 것이다. 儉은 儉約(검약)이나 儉素(검소)의 뜻이다. 喪은 哭(곡)과 亡(망)으로 이루어져 있으며, 장례식에서 슬피 우는 것을 말한다. 여기서는 망자를 대하는 모든 예식을 가리킨다. 참고로 葬(장)은 茻(망)과 死(사)로 이루어져 있다. 시신을 풀덤불에 두었다가 풍화한 뒤 뼈를 수습해서 묻는 것을 뜻했다. 易는 여기서 '다스릴 이'로, 매끄럽게 처리하는 것을 말한다. 戚은 슬퍼한다는 뜻이다.

군자의 경쟁

> **군자는 경쟁하는 일이 없으나 만일 한다면 활쏘기에서는 경쟁할 것이다. 상대방에게 읍례하고 사양하며 당에 올라갔다가 활을 쏜 뒤 내려와 술을 마시니, 이러한 경쟁이 군자다운 경쟁이다.** 「팔일」 제7장 군자무소쟁(君子無所爭)

옛날의 사(射, 활쏘기)는 크게 향사(鄕射)와 무사(武射)로 나뉘었다. 향사는 예(禮)를 숭상했고 무사는 과녁을 꿰는 것을 위주로 했다.

향사에는 대사(大射)·빈사(賓射)·연사(燕射) 등이 있다. 대사례에서 천자의 과녁은 호후(虎侯)·웅후(熊侯)·표후(豹侯) 등 세 가지를 사용하고, 제후의 과녁은 웅후·표후 두 가지를 사용하며, 대부는 미후(麋侯)를, 사는 표후를 사용했다. 미후는 사슴을 그린 과녁이다. 과녁은 베로 만들되 네모나고 크게 하고 밝은 가죽으로 꾸몄다. 활을 쏠때는 읍양한 뒤 당으로 올라갔다. 승부는 반드시 겨루었지만 군자가 의리를 다투는 것이었지 힘을 겨루는 것이 아니었으므로 예를 숭상하고 덕을 보았다.

반면 무사의 활쏘기는 전쟁과 관련이 있다. 천자는 궁시(弓矢)를 만들어 조회에 오지 않는 자를 위압하고 뜻밖의 변에 대비했다. 활쏘기는 무(武)를 보기 위한 것이었으므로 전시에만 시행했다. 무왕이 은나라를 이긴 후 군사를 해산하고 교외에서 활쏘기를 하되 과녁을 꿰는 활쏘기는 그만두었던 것이 그 예다.

공자는 「팔일」 제16장에 보듯 향사에서는 과녁 꿰기를 주장삼지 않는다고 했다. 물론 과녁 꿰기 자체를 그르게 여긴 것은 아니다. 안으로는 뜻이 바르고 밖으로는 몸이 곧기를 바랐으므로 맞히는 것을 목표로 하되 힘을 중시하지는 않았다. 그런데 당시 여러 제후들이 전쟁을 하면서 무사를 중시하다 보니 향사에서도 과녁 꿰기를 위주로 하게 되었던 듯하다. 공자는 향사에서 과녁 꿰기를 위주로 하면 마음이 바르지 않게 되고 몸도 곧지 않게 된다고 우려했다.

활쏘기에서만 그런 것이 아니다. 날마다 쓰고 늘 행하는 예절에서 마음이 바르고 몸이 곧아야 모두 법도에 맞게 될 것이다.

君子無所爭이나 必也射乎인저.
揖讓而升하여 下而飮하나니 其爭也君子니라.

'必也～乎'는 '틀림없이 ~일 것이다'로, 유보적인 뜻을 나타낸다. 揖讓而升이란 大射禮(대사례)에서 나란히 나아가 서로 세 번 읍하고 당에 오르는 것을 말한다. 下而飮이란 활쏘기가 끝난 뒤 읍하고 당을 내려가 다른 짝들도 모두 내려오길 기다려서 승자는 패자에게 읍하고 당에 올라가 뿔잔을 들고 서서 마시는 것을 말한다. 其爭也君子는 군자는 남과 경쟁하지 않지만 사례에서는 경쟁을 하되, 그때도 온화하고 겸손한 태도를 지으므로 그 경쟁은 소인의 경쟁과는 다르다는 뜻이다.

바탕이 중요하다

그림 그리는 일은 흰 비단 마련하는 일보다 뒤에 하는 것이다. 「팔일」 제8장 회사후소(繪事後素)

자하가 지금은 전하지 않는 시의 구절을 들어 무슨 뜻이냐고 공자에게 물었다. "고운 웃음에 보조개가 예쁘며 아름다운 눈에 눈동자가 선명하네. 흰 비단으로 채색을 한다."라는 구절이었다. 자하는 흰 비단의 흰색이 장식적인 채색인지 의심해서 물은 듯하다. 이에 공자는 '회사후소(繪事後素)'라고 답했다. "그림 그리는 일은 흰 바탕의 비단을 마련하는 일보다 뒤에 한다."라는 뜻이다. 그러자 자하는 "예(禮)가 충신(忠信)보다 뒤라는 뜻이군요."라 말했다. 자하의 말을 듣고 공자는 "나의 뜻을 일깨워 주는 자는 자하로구나. 비로소 함께 시를 말할 만하다."라고 칭찬했다.

회사후소는 사람에게 아름다운 자질이 있어야만 문식(文飾)을 가해 아름답게 꾸밀 수 있다는 가르침이다. 흰 비단은 문채가 없는 바탕이다. 그것은 다섯 가지 채색을 모두 받아들인다는 점에서 인간의 본래 마음을 비유한다고 볼 수 있다. 『예기』에서는 "단맛은 맛의 근

본으로 온갖 맛을 조화시키고, 흰색은 색의 근본으로 모든 색깔을
받아들인다. 충신의 마음을 가진 사람이라야 예를 배울 수가 있다."
라고 했다. 이러한 의미에서 자하는 '예가 충신보다 뒤라는 뜻'이라
고 말했을 것이다. 주자학자들은 흰 비단이 곧 그림의 바탕인 분(粉)
으로, 본성을 비유한 것이라고 보았다. 그 설에 따르면 본성은 동요
되는 바 없이 담연하고 잡스러운 것 없이 순일해서 오상(五常, 인·의·
예·지·신)의 전체가 되므로, 회사후소는 결국 본성을 먼저 길러야 한
다고 말한 것이 된다.

한편 공자의 이 말은 '그림 그리는 일은 흰 비단 마련하는 일보다
뒤에 하는 것이지만, 흰 비단이 지극하다 할지라도 그림을 가하지 않
아서는 안 되며 이렇게 해야 문질빈빈(文質彬彬)의 경지에 이른다.'라
는 뜻으로 풀이할 수도 있다. 그렇다면 자하의 말은 '충신의 바탕 위
에 예를 갖춰야 한다'는 뜻으로 해석해야 할 것이다.

예의범절의 형식보다 충직하고 신실한 마음이 먼저 있어야 한다.
하지만 충직하고 신실한 사람이라 해도 남과의 관계에서 예의범절을
차릴 수 있어야 할 것이다.

회 사 후 소
繪事後素니라.

繪事는 繪畵(회화)의 일이다. 素는 흰 비단이다. 주희는 그림의 바탕인 粉
(분)을 말한다고 보았다. 後素는 素보다 뒤의 일이라는 뜻이다. 『周禮(주례)』
「考工記(고공기)」에서 "회화의 일은 素의 공보다 뒤에 한다."라고 했으니, 먼
저 粉地(분지)를 바탕으로 삼은 뒤에 오색을 베푼다는 말이다.

제사의 태도

조상신을 제사 지낼 적에는 선조가 계신 듯이 하셨고,

신을 제사 지낼 적에는 신이 계신 듯이 하셨다.

「팔일」 제12장 제여재(祭如在)

이 장은 공자의 문인(門人, 제자)이 공자가 제사 지낼 때 정성을 다했다는 사실을 기록한 것이다. 공자는 조상신을 제사 지낼 때 선조가 그 자리에 있는 것처럼 효성을 다했고, 집안 바깥의 신을 제사 지낼 때 역시 그 신이 자리에 있는 것처럼 공경을 다했다. 이 기록에 이어 『논어』에는 공자가 "내가 제사에 참여하지 못하면 제사 지내지 않는 것과 같다."라고 한 말이 인용되어 있다. 공자는 자신이 마땅히 제사 지내야 할 때에 무슨 일이 있어 다른 사람을 시켜 대행하게 하면 선조나 신이 와 있는 듯이 여기는 정성을 다하지 못하므로 마음이 결연(缺然)하여 제사를 지내지 않은 것과 같이 여겼다는 뜻이다.

옛날에는 제사를 지낼 때 7일 동안 계(戒)를 하고 3일 동안 재(齋)를 함으로써 제사 지내는 대상인 신을 보는 듯이 했다. 정성을 다하면 신을 보고 그러지 않으면 신을 보지 못한다고 여겼던 것이다.

『중용』제16장에서는 귀신의 덕에 대해 다음과 같이 설명했다. "천하 사람들로 하여금 깨끗이 재계하고 의복을 성대히 입고서 제사를 받들게 하면, 신명이 충만하여 마치 위에 있는 듯하기도 하고 좌우에 있는 듯하기도 하느니라." 사람이 제사하는 이유와 신명이 흠향하는 이유는 다만 성(誠)에 있을 뿐인데, 성은 형체가 없으므로 물건에 그 의미를 담는다. 옛사람들은 몸가짐과 상차림이 정결하다면 귀신이 반드시 강림할 것이라는 믿음으로 제사를 지냈던 것이다.

옛사람들은 신의 존재를 증명하려 하지 않았다. 단 제사 지낼 때는 조상신이나 집안 바깥의 신이 강림해 실재하는 듯이 여기며 정성을 다했다. 오늘날의 종교 활동에서도 기복이나 주술보다 정성을 우선해야 한다고 보는 사람들이 많다.

제 여 재　　　　제 신 여 신 재
祭如在 하시며 祭神如神在 러시다.

祭는 선조를 제사함이다. 祭神은 집안 바깥의 신을 제사함이다. 如在는 조상신이 와서 계신 듯 여겼다는 뜻이다. 祭如在 祭神如神在는 조상 제사에는 효성을 다하고 바깥 신의 제사에는 공경을 다했다는 말이다.

分

명분의 중요성

집 안 서남쪽 구석의 신에게 아첨하기보다는 차라리

부뚜막신에게 아첨하는 것이 낫다는 말이 있는데,

무슨 뜻입니까? 「팔일」 제13장 여기미어오(與其媚於奧)

위나라 대부 왕손가(王孫賈)가 '성주신보다 부뚜막신'이라는 속담을 들어 자신의 권력을 과시하고 공자더러 자신에게 의탁하라는 뜻을 넌지시 비쳤다. 부뚜막신을 조왕신이라고도 한다.

왕손가는 위나라 영공(靈公)을 성주신에 빗대고 자기를 부뚜막신에 빗대 실세인 자신의 도움을 받지 않겠느냐고 에둘러 말했다. 그러자 공자는 "그렇지 않습니다. 하늘에 대해 죄를 얻으면 더 기도할 곳이 없기 때문입니다."라고 대답했다. 왕손가가 분수를 잊고 함부로 구는 것을 꾸짖고, 자신은 천명을 존중하기에 누구에게도 아첨하지 않는다는 신념을 밝힌 것이다.

앞서 「팔일」 제1장에서 봤듯 이 장의 제목인 '팔일'은 여덟 명의 무희가 여덟 줄로 늘어서서 추는 춤으로, 천자의 여러 행사에 쓰였다. 그런데 노나라 대부 계손씨가 악인(樂人)들을 시켜 자기 집 뜰에서 팔일의 춤을 추게 했다. 그 소식을 듣고 공자는 "이 일을 감히 한다면 무엇을 감히 하지 못하겠는가!"라고 탄식했다. 대부들이 제후보다 큰 권력을 쥐고 명분을 어기는 것을 우려했기 때문이다. 이 장에서도 공자는 왕손가가 상하 질서를 어지럽히고 있다고 여겨 그를 지지하지 않았다.

공자는 명분을 중시했다. 확실히 보수적이다. 그러나 관념적으로 명분만 내세운 것은 아니다. 춘추 시대에는 하극상 때문에 정치가 혼란하고 내란이 빈번해 백성들이 큰 고통을 겪었으므로 공자는 군신 사이의 명분이 지켜져서 정치 질서가 안정되길 바랐던 것이다.

與其媚於奧론 寧媚於竈라 하니
何謂잇고.

媚는 본래 눈썹을 칠한 무녀인데, '아첨한다'라는 뜻으로 쓰인다. 於는 뒤에 장소나 대상을 가리키는 말을 이끈다. 奧는 집 안 서남쪽 귀퉁이에 성주신을 모시던 곳이다. 竈는 구멍 穴(혈)과 맹꽁이 黽(맹)을 합친 글자이다. 부뚜막의 생김새가 마치 맹꽁이가 버티고 선 모습 같았으므로 이렇게 썼다고 한다. 何는 '무엇'이라는 뜻의 의문사, 謂는 '말하다, 가리키다'라는 뜻의 동사이다. 한문에서는 동사 뒤에 목적어가 오지만, 의문사가 목적어인 경우에는 순서가 뒤바뀐다.

科

차이를 인정해야

**활쏘기에서 과녁 뚫는 것을 위주로 하지 않음은
힘이 동등하지 않기 때문이다. 옛날의 활 쏘는 도는
이러했다.** 「팔일」 제16장 사불주피(射不主皮)

이 장은 같은 「팔일」 편의 제7장과 연결된다. 앞서 말했듯 옛날 활쏘
기에는 크게 보아 향사와 무사 두 가지가 있었다. 향사는 예를 숭상
했고 무사는 과녁을 꿰는 것을 주장삼았다. 향례에서도 승부는 반드
시 겨루었지만 군자가 의리를 다투는 것이었지 힘을 겨루는 것이 아
니었으므로 예를 숭상해서 덕을 보았다. 이것이 군자다운 경쟁이다.

이 장의 활쏘기도 향사를 가리킨다. 과녁을 꿰는 것을 위주로 하지
않는다는 것은 과녁을 맞히도록 노력하되 과녁을 뚫는 힘을 중시하
지는 않았다는 말이다. 공자는 향사에서 과녁 꿰는 것을 위주로 하다
보면 마음이 바르지 않게 되고 몸도 곧지 않게 된다고 우려했다.

『중용』에서는 "활쏘기는 군자와 닮은 점이 있으니, 정곡을 맞추지
못하면 돌이켜 자신에게서 문제점을 찾는다."라고 했다. 『맹자』「공
손추 상」에도 "인(仁)은 활쏘기와 같으니 활을 쏘는 사람은 자기를

바로잡은 뒤에 화살을 쏜다. 쏘아서 과녁에 맞지 않더라도 자기를 이긴 사람을 원망하지 않고 자기에게 돌이켜 문제점을 찾을 따름이다." 라고 했다.

　인간은 조직을 이루어 살아가야 하며 조직은 협동의 원리만이 아니라 경쟁의 원리 위에 성립한다. 그렇기에 경쟁은 불가피하다. 그러나 각자의 능력과 경력이 같지 않다면 과도한 경쟁보다는 각각의 사람들이 자기에게 걸맞은 임무를 부담하는 것이 바람직하다. 곧 누구나 자기 자리를 얻는 각득기소(各得基所)를 이상으로 삼아야 할 것이다. 옛날의 활쏘기에서 그러했듯 힘이 동등하지 않음을 인정하고 각자의 자리를 안배하는 것이 옛 정치 이념이자 현대의 열린 사회 이념이리라.

射不主皮는 爲力不同科니
古之道也니라.

射不主皮는 「鄕射禮(향사례)」의 글귀로, '과녁 뚫는 것을 위주로 하지 않는다'는 뜻이다. 皮는 과녁이다. 베로 侯(후, 과녁)를 만들고 그 가운데 革(혁)을 두어 표적으로 삼으니, 이것을 鵠(곡)이라고도 한다. 爲力不同科는 공자가 앞의 「향사례」 어구를 해석한 말이다. 爲는 '〜이기 때문이다'라는 뜻을 나타낸다. 科는 '등급'이란 말이다.

君臣

군주와 신하

군주는 신하 부리기를 예로써 하고, 신하는 군주 섬기 기를 충으로써 해야 합니다.

「팔일」 제19장 군사신이례(君使臣以禮)

노나라 정공이 임금이 신하를 부리고 신하가 임금을 섬기는 도리를 묻자 공자는 위와 같이 대답했다. 노나라 말에는 정치가 어지러워 군 신의 예가 흐려졌으므로 이것을 물었을 것이다.

군주와 신하의 관계는 나면서부터 맺어진 것이 아니라 의리로 맺 은 것이다. 그렇기에 군주는 신하를 예법에 맞게 부려야 하고 신하는 군주를 충성으로 섬겨야 한다. 군주와 신하는 단지 언사로만 서로 대 하는 것이 아니라 정(情)과 지(志)를 서로 믿어 신하가 간하면 군주가 행하고 군주가 명을 내리면 신하가 들어야 한다는 것이다.

신하는 군주를 섬길 때 군주를 공경하고 자신을 뒤로하며, 나라가 있음을 알고 자신이 있는 줄 모르며, 평시에는 직무에 성실하고 일이 있으면 심신을 노고해 나랏일에 힘을 다해야 한다. 그렇지만 신하가 군주를 무조건 섬기라는 것은 아니다. 『시경』의 「녹명(鹿鳴)」 편에서 노래했듯, 군주는 신하에게 음식을 대접하고 또 광주리에 폐백을 담아 후의를 전해야 한다.『중용』에서도 군주는 대신을 공경하고 신하들을 예우해야 한다고 했다.

예전에는 세 번 간해서 군주가 듣지 않으면 신하는 조정을 떠났다. 단 반드시 경내에 머무르면서 3년 동안 떠나지 않고 하교를 기다리다가 임금이 환(環)을 내리면 돌아오고 결(玦)을 내리면 떠났다. 환과 결은 옥으로 만든 장신구의 일종인데, 이때 환은 '돌아오다'라는 뜻의 환(還)을 의미했고 결은 '끊다'라는 뜻의 절(絶)을 의미했다. 이로써 군주와 신하는 서로 믿는 의(義)를 새겼던 것이다.

근대 이전의 국가에서는 혹 군주가 예로 대하지 않더라도 신하는 충성하지 않으면 안 된다고 여겼다. 이는 혹 아버지가 자애를 베풀지 않더라도 아들이 불효하면 안 되는 것과 같다. 다만 군주가 반드시 예우하고 신하가 반드시 충성한다면 현명한 군주와 순량한 신하가 만나는 명량제우(明亮際遇)의 성대를 이룰 수 있다고 여겼다. 현대의 조직 사회나 정치권에 시사하는 바가 적지 않다.

군 사 신 이 례　　　　신 사 군 이 충
君使臣以禮하며 **臣事君以忠**이니이다.

使臣은 '신하를 부리다' 혹은 '신하를 대하다'라는 뜻이다. 以禮는 '예법에 따라', 以忠은 '충성의 태도로'라는 뜻이다. 두 구절은 짜임이 같은 구절을 나란히 놓은 對仗(대장)의 표현이다.

節

감정을 조절해야

**시 삼백의 「관저」는 즐거우면서도 지나치지 않고,
슬프면서도 화평한 기운을 해치지 않는다.**

「팔일」 제20장 관저낙이불음(關雎樂而不淫)

시 삼백은 오늘날 말하는 『시경』을 가리킨다. 그 첫머리에 놓여 있는 「관저」 편은 주나라 문왕이 어진 후비를 얻어 집안과 나라를 화평하게 다스리게 되자 궁인이 기뻐하면서 지은 시로 알려져 있다. 제목의 '저(雎)'는 물새를 가리키는 말로, 물새는 암수 간에 정이 지극하며 또한 분별이 있다고 한다. 시인은 물새의 화락한 모습을 보고 흥(興)을 일으켜 성스러운 덕을 지닌 문왕과 어진 후비의 화합을 노래했다. 문왕이 군자의 배필로 적합한 후비를 구할 때 처음에는 얻지 못해서 오매반측(寤寐反側, 잠을 제대로 자지 못하고 뒤척임)하는 근심이 있었지만, 어진 후비를 얻은 뒤에는 금슬종고(琴瑟鐘鼓)를 연주하며 즐기는 즐거움이 있게 되었다. 위 구절에서 즐거우면서도 지나치지 않다는 말은 문왕이 후비를 얻은 뒤의 일과 관계가 있고, 슬프면서도 화평한 기운을 해치지 않는다는 말은 문왕이 후비를 얻으려 해도 얻지 못했던 처음의 일을 가리킨다.

한편 공자가 여기서 말한 '관저'는 「관저」 편만을 가리키는 것이 아니라 음악을 연주할 때 세 장을 이어서 연주하던 관습에서 볼 때 「관저」·「갈담(葛覃)」·「권이(卷耳)」 세 장을 가리킨다는 설이 있다. 또한 공자의 논평도 이 세 장을 반주하는 악곡을 두고 말한 것이지 그 주제나 내용을 두고 말한 것이 아니라는 설도 있다. 여기서는 주희의 설을 따랐다.

공자는 보통 감정의 과잉을 경계했으므로 「관저」 편에서 감정을 절도 있게 조절한 것을 높이 평가한 듯하다. 이렇게 풀이하면 앞서 「위정」 제2장에서 『시경』 전체를 두고 '사무사(思無邪)'라고 개괄한 것과도 통한다. 다만 이 구절의 해석에 대해서는 이설이 분분하다.

그런데 공자가 '즐거우면서도 지나치지 않음'과 '슬프면서도 화기를 해치지 않음'을 강조한 것은 『시경』 해석의 문제를 넘어서 일상의 삶에서 감정의 과잉을 경계한 것으로도 일정한 의미를 띤다. 평정의 마음은 가족 관계에서나 사회 활동에서나 원만함과 평온함을 유지하는 데 큰 기능을 하기 때문이다.

關雎는 樂而不淫하고 哀而不傷이니라.

關雎는 『시경』 「國風(국풍) 周南(주남)」의 맨 처음에 나오는 시이다. 여기서 淫이란 즐거움이 지나쳐서 정도를 잃은 상태를 가리킨다. 傷이란 슬픔이 지나쳐서 화평한 기운을 해친 상태를 가리킨다.

기왕지사는 기왕지사

벌써 이루어진 일은 말하지 않고, 다 된 일은 간하지 않으며, 이미 지나간 일은 탓하지 않는다.

「팔일」제21장 성사불설(成事不說)

노나라 애공이 공자의 제자 재아(宰我)에게 사주(社主)에 쓰는 목재에 대해 물었을 때 재아는 "하나라 때는 소나무를, 은나라에서는 측백나무를, 주나라 사람들은 밤나무를 썼습니다. 밤나무를 쓴 것은 백성들이 두려움에 전율하도록 하기 위함입니다."라고 대답했다. 사(社)는 토신(土神)을 말한다. 고대에는 토신에게 제사 지낼 때 나무로 만든 위패를 사용했는데 이를 사주라 한다. 세 나라의 사주가 달랐던 것은 각 나라의 토양에 적합한 나무로 위패를 만들었기 때문일 것이다. 그런데 재아는 밤나무 율(栗)과 전율할 율(慄)의 발음이 같다는 점에 착안해 주나라에서 밤나무를 사주로 쓴 이유가 백성들을 두려움에 떨게 하기 위함이라고 자의적으로 해석했다.

이후에 공자는 그 사실을 알고서 위와 같이 말해 언짢은 심경을 드러냈다. 재아가 대답한 말은 각 시대마다 사를 세운 본의를 제대로 밝히지 못했을 뿐 아니라 당시 군주의 살벌한 마음을 더욱 부추겼다. 그렇지만 말이란 발설된 뒤에는 되돌릴 수 없기 때문에 공자는 재아를 깊이 꾸짖고 뒷날을 위해 근신케 한 것이다.

공자가 "이미 지나간 일은 탓하지 않는다."라고 한 것은 특정한 경우의 훈계일 뿐이다. 『예기』「사의(射儀)」에서 공자는 확상(矍相)에서 활쏘기를 할 때 자로에게 활 쏠 사람들을 맞이해 오도록 지시하면서 "패전한 장수와 망국의 대부, 남의 후계자로 들어간 자는 제외하고 나머지는 모두 들어오도록 해라."라고 했다. 망국과 패전의 일은 과거지사이지만 기왕지사라고 덮어 두지 않고 오히려 그 책임을 물어 참여시키지 않은 것이다.

조선 후기의 성대중이 말했듯, 지난 일을 탓하지 않고서야 앞으로 올 일을 어떻게 경계할 수 있겠는가. 일을 그르쳤는데도 문책하지 않고 직무를 제대로 수행하지 못했는데도 처벌하지 않는 것이 옳겠는가. 상벌을 분명히 함으로써 나라가 흥기하며 선인을 표창하고 악인을 징계함으로써 세속이 바르게 될 것이니, 지난 일이라 해서 제쳐 둘 수 있겠는가.

成事라 不說하며 遂事라 不諫하며
既往이라 不咎로다.

遂事는 형세상 일을 그만둘 수 없는 경우를 가리킨다. 현토를 '成事는 不說하며 遂事는 不諫이니 既往이라 不咎로다.'라고 하는 것이 옳다는 설도 있다. 成事, 遂事, 既往은 결국 서로 같은 말이고, 不說, 不諫, 不咎도 서로 같은 말이다.

050강

목탁 같은 존재

의봉인이 공자를 뵙고 나와서 말했다. "그대들은 어찌
선생님께서 벼슬 잃으신 것을 걱정하는가. 천하에
도가 없은 지 오래되었으니, 하늘이 장차 선생님을
목탁으로 삼을 것이다."

「팔일」 제24장 천장이부자위목탁(天將以夫子爲木鐸)

이 장은 위나라 고을 의(儀) 땅을 지키는 봉인(封人)이 공자를 알현하
고 나서 한 말을 기록한 것으로, 당시 사람들이 공자를 어떻게 평가했
는지를 알려 준다. 의봉인은 아마 현자인데 낮은 지위를 맡아 숨어 지
낸 인물인 듯하다. 그는 "현자들이 여기에 오면 모두 만나 뵈었다."라
하고는 스스로 공자를 만나기를 청했다.

　의봉인은 공자를 만나고 나와 공자의 제자들에게 "천하에 도가
없은 지 오래되었으므로, 하늘이 장차 선생님을 목탁으로 삼을 것이
다."라고 말했다. 목탁은 도로에서 순찰할 때 사용하는 도구이다. 즉
혼란이 극도에 달하면 마땅히 안정의 시대가 도래할 것이니, 하늘이
장차 공자를 시켜 교화를 베풀게 함으로써 공자는 지위를 잃은 상태

로 오래 머물지 않으리라고 예견한 것이다. 혹은 하늘이 공자로 하여
금 목탁이 도로 순찰에서 쓰이듯이 지위를 잃고 사방을 두루 떠돌며
교화를 행하도록 했다는 뜻으로 풀이하기도 한다.

　공자는 지위를 얻지 못했지만 오히려 목탁이 되어 천하를 돌아다
니면서 가르친 결과 도(道)가 다 없어진 것은 아니라는 희망을 가졌
다. 그렇기에 천하를 떠돌다가 광(匡) 땅에서 죽을 고비를 맞았을 때
도 "문왕이 만든 문화가 여기에 있지 않느냐?"라고 자부했다. 다만
그 음성에는 역시 슬프고 간절한 느낌이 담겨 있다.

出曰, 二三子는 何患於喪乎리오.
天下之無道也久矣라 天將以夫子로
爲木鐸이시리라.

出의 주어는 儀封人(의봉인)이다. 二三子는 '그대들'이라는 뜻이다. 喪은 지
위를 잃어버리고 고국을 떠났음을 가리킨다. 이때의 喪은 『예기』「단궁 상」
에서 '喪欲速貧(상욕속빈)'이라 했을 때의 喪과 같다. 춘추 시대 南宮敬叔(남
궁경숙)이 벼슬을 잃고서 복위를 위해 보화를 싸들고 와 뇌물을 상납하자, 공
자가 이를 보고 '벼슬을 잃으면 재물이 없어야 부정한 일을 하지 않으므로
차라리 빨리 가난해져야 한다'는 뜻으로 한 말이다. 木鐸은 金口木舌(금구목
설)의 방울이다. 여기서는 政敎(정교)를 베풀 때 흔들어서 대중을 경고하는
기구라는 뜻으로 사용했다.

盡
善

진선진미

공자께서 소악(韶樂)을 평하여 "극진히 아름답고 또
극진히 좋다." 하셨고, 무악(武樂)을 평하여 "극진히
아름답지만 극진히 좋지는 못하다." 하셨다.

「팔일」 제25장 자위소(子謂韶)

이 장은 공자가 순임금의 음악과 무왕의 음악을 대비해 논평한 말을
실었다. 공자는 순임금 때의 음악에 대해 극진히 아름답고 또 극진
히 좋다고 보았다. 즉 진선진미(盡善盡美)라고 예찬했다. 이에 비해
무왕의 음악에 대해서는 극진히 아름답기는 하지만 극진히 좋지는
못하다고 보았다.

공자가 두 음악을 달리 평가한 이유에 대해 주희는 이렇게 해설했
다. 순임금은 요임금의 정치를 계승했고 무왕은 은나라 주왕(紂王)을
정벌해 백성들을 구했으므로 두 분의 공적은 같다. 따라서 두 분의 음
악은 모두 극진히 아름답다. 하지만 순임금은 읍양하고 겸손하여 천
하를 차지한 반면 무왕은 정벌과 주살로 천하를 얻었다. 그러므로 그
실질에는 서로 다른 면이 있다는 것이다.

「태백」 제18장에서 공자는 "높고 높도다. 순과 우는 천하를 소유하고도 관여치 않았다."라고 했으며, 요임금에 대해서는 "넓고 넓도다. 백성이 뭐라 이름을 붙일 수도 없네."라고 했다. 요임금에 대해서는 탕탕(蕩蕩)이라 하고 순임금에 대해서는 외외(巍巍)라 해서 칭송한 것이다. 그런데 『중용』에서는 무왕의 공에 대해 "한번 융의(戎衣)를 입고 천하를 소유했는데 몸은 천하의 훌륭한 이름을 잃지 않았다."라고 했다. 훌륭한 이름을 잃지 않았다는 말은 조금 의례적인 표현인 듯하다.

무왕이 주왕을 치려고 할 즈음에 약속을 하지 않고도 맹진(孟津)에 모인 제후가 800명이나 되었다고 하는 '불기이회(不期而會)' 고사가 있다. 하지만 성탕(成湯)이 하나라 폭군 걸(桀)을 추방한 참덕(慙德, 온전한 덕에 부끄러움이 있게 함)의 일이 있었듯, 무왕도 폭군 주왕을 정벌해서 덕에 손상을 입은 것이다. 이에 따라 그 음악에도 모종의 결함이 있다고 보는 것이 과거 지식인들의 통념이었다.

子謂韶하사되 盡美矣오 又盡善也라 하시고
謂武하사대 盡美矣오 未盡善也라 하시다.

謂는 '평하다'라는 뜻을 지닌다. 韶는 순임금의 음악이다. 美란 聲容(성용)의 성대함이다. 善이란 美의 실질이다. 武는 무왕의 음악이다. 未盡은 '완전히 ~하지는 않다'라고 부분적으로 부정하는 말이다.

윗사람의 도리

남의 위에 있으며 관대하지 않고, 예식을 거행하며
공경하지 않으며, 상례에 임해 슬퍼하지 않는다면
무어 볼 만한 것이 있겠는가? 「팔일」 제26장 거상불관(居上不寬)

「팔일」 편의 마지막인 제26장은 공자가 '남들 위에 있으며 관대함', '예식을 거행하며 공경함', '상례에 임해 슬퍼함'의 셋을 윗사람의 태도로서 거론한 말을 실어 두었다. 맨 처음에 "남의 위에 있으며"라고 말한 것으로 보아 이 구절은 지위에 있으면서 정치하는 사람들을 두고 말한 것으로 보면 좋을 듯하다.

군주나 대신 등 윗자리에서 정치하는 사람들에게는 위엄도 중요하지만 관대함 역시 중요하다. 「양화」 제6장에서 자장이 인(仁)에 대해 물었을 때 공자는 공(恭)·관(寬)·신(信)·민(敏)·혜(惠)의 다섯 가지를 천하에 실행하는 것이라고 대답하고, 그중 '관'을 설명하며 "너그러우면 많은 사람들을 얻게 된다."라고 부연했다. 「요왈」 제1장에서도 "너그러우면 민중을 얻고 신의가 있으면 백성들이 신임하며 민첩하면 공적을 이루고 공정하면 기뻐한다."라고 했다.

한편 '예식을 거행하며 공경하지 않음'은 인의 다섯 가지 요소 가운데 첫 번째인 '공'을 결여하고 있음을 뜻한다. '상례에 임해 슬퍼하지 않음'은 지성측달(至誠惻怛, 지극한 정성으로 측은하게 여김)을 결여하고 있음을 뜻한다.

관대함, 공경함, 슬퍼함은 각각 윗자리에 있으며 정치를 할 때, 예식을 치를 때, 상례를 지닐 때 지녀야 할 근본 태도이다. 정조는 이 세 가지가 중정(中正)이라고 할 수는 없지 않은가 하고 의문을 표했다. 하지만 어느 신하가 대답했듯, 이는 결코 너그럽기만 해서 풀어지고 경건하기만 해서 한갓 위엄만 갖추며 슬퍼하기만 해서 감정대로 행동하는 것이 아니다. 오히려 각각의 경우에 마음속에서 우러나는 가장 적절한 감정을 과도하지 않게 가장 적절한 방식으로 드러내는 태도를 의미한다.

거 상 불 관　　　 위 례 불 경
居上不寬하며 爲禮不敬하며
임 상 불 애　　 오 하 이 관 지 재
臨喪不哀면 吾何以觀之哉리오.

居上은 '윗자리에 있음'이니, 남들의 위에 있으면서 정치를 하는 것을 뜻한다. 爲禮는 예식을 거행하는 것을 말한다. 臨喪은 초상에 임함이다. 吾何以觀之哉에 대해 주희는 '내가 무엇으로 그를 관찰하겠는가?' 또는 '무엇으로 그 행하는 바의 잘잘못을 관찰하겠는가?'로 풀이했다. 그러나 '무어 볼 만한 것이 있겠는가?'로 보는 것이 좋을 듯하다.

仁

인에 거처한다

**인(仁)에 처하는 것이 훌륭하니, 이럴까 저럴까
고르면서 인에 처하지 않는다면 어찌 지혜롭다고
하겠는가?** 「이인(里仁)」 제1장 이인위미(里仁爲美)

「이인」 편 26장 가운데 첫 장이다. '이인(里仁)'은 흔히 '마을은 어진 곳이 좋다'는 뜻으로 풀이한다. 조선 후기의 이중환(李重煥)도 『택리지(擇里志)』를 엮으면서 이 장으로부터 그러한 뜻으로 제목을 따왔다. 이 책은 거주지의 자연환경과 인문 환경을 중요시하여 각지의 입지 조건을 분석한 인문 지리서로서 가치가 매우 높다. 다만 이 책을 잘못 읽으면 어진 마을과 그렇지 못한 마을이 애초부터 확연히 구분되어 있다고 오해할 수가 있다.

실은 '이인'이란 '마을은 어진 곳이 좋다'는 말이 아니라 '인(仁)에 거처한다'는 말로 보는 것이 옳다. 맹자는 "인은 사람의 안택(安宅)이다."라고 규정했으므로, 이를 참고한다면 '이인'의 '이(里)'는 동사로 보는 것이 좋을 것이다. 공자는 『논어』의 다른 곳에서 "군자가 산다면 어찌 누추함이 있겠는가?"라고 해서, 덕 있는 군자가 있는 곳이라면 그곳은 더는 누추하다 할 수 없다고 했다. 거주하는 사람들의 도덕적 실천을 중시한 것이다. 정약용도 "만일 어진 사람들이 사는 마을만 골라서 산다면 이것은 자신을 꾸짖기에 앞서 남을 먼저 꾸짖는 일이 되므로 올바른 가르침이 아니다."라고 한 바 있다.

공자가 인에 처하라는 뜻에서 한 말을 지역 차별을 합리화하는 논리에 사용한다면, 그것은 공자에게 미안한 일이다.

里仁^이 爲美^니 擇不處仁^{이면} 焉得知^{리오.}

첫 구절 里仁爲美는 종래 두 가지로 풀이되었다. 근대 이전의 유학자들에게 가장 큰 영향력이 있었던 주희는 里를 '마을'로 보았다. 그에 따르면 이 구절은 '마을은 어진 곳이 좋다'는 뜻이 된다. 하지만 그보다 앞서 맹자는 里를 '처하다'라는 뜻의 동사로 보았다. 정약용도 이 설을 따랐다. 그렇다면 이 구절은 '仁에 처하는 것이 훌륭하다'로 풀이되고, 결국 '仁을 행동의 근거로 삼는다'는 뜻이 된다. 爲는 쓰임이 복잡한 글자이다. 여기서는 '~이다'라는 뜻이다. 擇은 選擇(선택)함이다. 仁에 맞는 행동을 할 것인가, 하지 않을 것인가를 고르는 일을 말한다. 處는 처한다는 뜻이니, 處仁이란 '仁의 입장에 있음'이다. 焉은 글 끝에서 주로 종결의 의미를 지니지만 글 처음에 오면 의문의 뜻을 지닌다. 焉得은 '어찌 ~일 수 있을까?'로, '~일 수 없다'라는 뜻의 반어적 표현이다. 知는 智(지)와 통용되며, 知慧(지혜)를 말한다.

인을 편안히 여긴다는 것

어질지 못한 사람은 오랫동안 곤궁함에 처할 수 없으며 장구히 즐거움에 처할 수 없으니, 어진 사람이어야 인을 편안히 여기며 지혜로운 사람이어야 인을 이롭게 여긴다. 「이인」 제2장 인자안인(仁者安仁)

이 장에서는 어진 사람과 지혜로운 사람의 삶의 태도를 칭송했다. 어진 사람은 인을 편안히 여기고 지혜로운 사람은 인을 이롭게 여기므로 양쪽 모두 인에 부합하는 삶을 살려고 한다. 이에 비해 어질지 못한 사람은 인을 추구하는 본심을 잃어버렸기 때문에 곤궁함에 오래 처하면 정도를 넘어서고 즐거움에 오래 처하면 법도를 벗어나게 된다.

주희는 이렇게 설명했다. 어진 사람은 인을 편안히 여겨 어디를 가든 어질지 않은 경우가 없다. 지혜로운 사람은 인을 이롭게 여겨 인을 탐하는 본심을 바꾸지 않는다. 양자는 깊이에서 차이가 있지만 대개 외물에 의해 뜻을 빼앗기지 않는다는 점에서는 같다.

인을 편안히 여긴다는 것은 덕이 순수하고 온전해서 외물과 만나는 대로 일절 거스르지 않고 순응하는 것을 말한다. 인을 이롭게 여긴다는 것은 일단 인을 보면 상인이 이익을 추구하듯 탐을 내고 인이 아님을 알면 농부가 가라지를 뽑아 버리듯 제거하는 것을 말한다. 인을 편안히 여기는 자는 인과 하나가 된 자이고, 인을 이롭게 여기는 자는 인을 행함으로써 인과 하나가 되기를 구하는 자이다.

인을 편안히 여김과 인을 이롭게 여김은 확실히 차이가 있다. 사양좌(謝良佐)는 인을 편안히 여긴 사람으로 안연과 민자건 정도를 들 수 있으며, 성인에서 그다지 멀리 떨어지지 않은 인물이 아니고서는 여기에 미치기 어렵다고 했다. 그 외의 사람들은 탁월한 재주가 있다고 해도 대개 도를 보아 헷갈리지 않을 뿐이므로, 인을 편안히 여긴 것이 아니라 인을 이롭게 여긴 것이라 보아야 한다고 했다.

우리는 공부를 해서 자기 자신의 본래 모습을 찾아 나가는 사람이니, 인을 편안히 여긴다고는 할 수 없다. 하지만 인이 이롭다는 것은 잘 알고 있지 않은가.

불 인 자　　불 가 이 구 처 약
不仁者는 不可以久處約이며
불 가 이 장 처 락
不可以長處樂이니
인 자　안 인　　　지 자　　이 인
仁者는 安仁하고 知者는 利仁이니라.

'不可以~'는 '~할 수 없다'라는 뜻을 나타낸다. 約은 窮困(궁곤)이다. 利는 貪(탐)함이다. 깊이 알고 돈독하게 좋아해 반드시 얻으려 한다는 뜻이다.

남을 제대로 미워하라

**오직 어진 사람이어야 남을 제대로 좋아하고 남을
제대로 미워할 수 있다.**

「이인」 제3장 유인자능호인(惟仁者能好人)

이 장에서는 사람을 좋아하고 미워하는 일은 도리에 합당하게 해야
하는데, 오직 어진 자만이 그렇게 할 수 있다고 강조했다. 송나라 때
유초(游酢)는 선을 좋아하고 악을 미워하는 것은 천하의 공변된 마음
이라 하겠지만, 사람들은 마음에 매인 것이 있으므로 스스로 사욕을
이기지 못해 호오(好惡)에서 정도를 잃어버리기 마련이라고 했다. 따
라서 어진 자만이 사사로운 마음 없이 호오에서 정도를 지킨다는 것
이다.

　사람을 제대로 좋아하고 제대로 미워하는 것은 결국 선을 좋아하
고 악을 미워하는 마음을 공정하게 지니는 것을 말한다. 선을 좋아하
고 악을 미워하는 것을 선선오악(善善惡惡)이라고 한다. 그런데 위정
자라면 선선오악에 그쳐서는 안 된다. 선을 좋아하며 선인을 등용해
야 하고 악을 미워하며 악인을 제거해야 하는 것이다.

한나라 유향의 『신서』에 이런 이야기가 있다. 옛날 제나라 환공이 놀이를 나갔다가 폐허가 된 성곽을 보고서 이것이 누구의 성곽이며 어째서 망했느냐고 묻자, 한 시골 사람이 "이는 곽씨의 성곽인데 선을 좋아하고 악을 미워했기 때문에 망했습니다."라고 대답했다. 환공이 "선을 좋아하고 악을 미워하는 것은 훌륭한 행실인데, 이곳이 폐허가 된 것은 어째서이냐?"라고 묻자, 농부는 "선을 좋아할 줄만 알고 행할 줄 몰랐으며 악을 미워할 줄만 알고 제거할 줄 몰랐기 때문에 폐허가 된 것입니다."라고 대답했다고 한다.

지각 있는 사람이라면 대부분 악을 싫어하고 선을 좋아한다. 그렇지만 조직의 논리라거나 관행이라는 부정한 이유에서 악인을 받아들이고 선인을 배척하는 일이 적지 않다. 하지만 선선오악하지 않는 태도는 자신과 남을 모두 파멸시키기 마련이다. 참된 지도자라면 선한 사람을 알아보고 좋아하며 그를 등용하는 자질을 갖추어야 한다.

惟仁者라야 能好人하며 能惡人이니라.

惟는 '오로지'라는 뜻이다. 好人은 '남을 좋아함'이고, 惡人은 '남을 미워함'이다. 好人의 人은 善人(선인)이란 뜻을, 惡人의 人은 惡人(악인)이란 뜻을 내포하고 있다.

志

인에 뜻을 둔다

진실로 인에 뜻을 두면 악함이 없다.

「이인」 제4장 구지어인의(苟志於仁矣)

매 순간 마음이 정말로 인(仁)에 있다면 과실은 있을지언정 필시 악을 저지르는 일은 없을 것이다. 인을 행한다는 것은 불인한 일을 단연코 끊어 버려 조금이라도 자신의 몸에 미치지 않게 하는 것을 일컫는다. 「이인」 제6장에서도 공자는 "인을 좋아하는 자는 더할 것이 없으며, 불인을 미워하는 자는 인을 행하거니와 이에 불인한 것이 그 몸에 더해지지 못하게 한다."라고 했다.

옛사람이 학문을 하는 뜻은 개인의 욕구를 제거하고 의리에 입각한 공도(公道)를 따르고자 하는 것이었다. 그런데 개인의 욕구를 제거한다고 해서 입을 닫아 버리고 배를 굶주리라는 것은 아니었다. 『맹자』「등문공 하」에 보면 전국 시대 제나라의 진중자(陳仲子)는 청렴한 인물이었지만 그의 지나친 청렴함에 대해 맹자는 "진중자의 절조를 충족하려면 지렁이가 된 뒤에야 가능할 것이다. 지렁이는 위로 메마른 흙이나 먹고 아래로는 흐린 물이나 마시니까 말이다."라고 했다.

인간이 지렁이가 될 수는 없는 법이다. 입과 배를 채워서 육신을 기르는 데에는 본시 일정한 한도가 있고 또 당부당이 있게 마련이니, 당연한 것을 따르면서 적정한 선에 그치기만 한다면 자연히 의리를 해치지 않게 될 것이다.

그렇기에 조선 후기의 조익(趙翼)은 이렇게 말했다. "오로지 한 몸의 사욕을 위주로 하고 의리상 옳고 그름은 돌아보지 않은 채 자기만 이롭게 하려고 도모하는 자들이 있다. 그런 자들이 바로 소인이다. 반면에 자기의 사욕을 제거하고 의리를 따르겠다고 마음을 먹는다면, 그런 사람은 바로 인에 뜻을 둔 사람이라 할 것이다."

매 순간 인을 지향하며 사사로운 욕심을 제거하고 공도를 따를 때, 우리는 삶의 진정한 가치를 깨달을 수 있을 것이다.

구 지 어 인 의   무 악 야
苟志於仁矣면 無惡也니라.

苟는 '진실로 만일'이라는 뜻을 지닌 접속사이다. 志於仁은 '仁에 뜻을 둔다'는 뜻으로, 志는 동사이다. 矣는 기정사실화하는 어조를 지닌다. 無惡은 '악함이 없다'는 뜻이다.

인에서 떠나지 말라

> 부(富)와 귀(貴)는 사람들이 바라는 것이지만 정상적인 방법으로 얻지 않으면 처하지 않으며, 빈(貧)과 천(賤)은 사람들이 싫어하는 것이지만 정상적인 이유로 얻지 않았다 하더라도 버리지 말아야 한다. 군자가 인(仁)에서 떠난다면 어찌 군자로서의 이름을 이룰 수 있겠는가? 「이인」 제5장 부여귀(富與貴) 1

일반적으로 사람들이 어찌할 수 없기에 가장 두려워하는 대상은 죽음이다. 그리고 그다음으로 두려운 것은 아마도 가난일 것이다. 공자자신은 어려서 지독한 가난을 경험했고, 성인이 되어서도 벼슬을 살기 전까지는 미천한 지위에 만족해야 했다. 공자는 곤궁한 처지에 있으면서 인을 추구하는 마음을 바꾸지 않기란 그리 쉽지 않다는 사실을 남의 사례에서 목도했을 뿐 아니라 그 자신도 경험했을 것이다.

앞서 「이인」 제2장에서 공자는 "어질지 못한 자는 오랫동안 곤궁함에 처할 수 없으며 장구하게 즐거움에 처할 수 없으니, 어진 사람이어야 인을 편안히 여기고 지혜로운 사람이어야 인을 이롭게 여긴다."

라고 했다. 가난한 상황과 인의 실천이 모순 관계일 수 있음을 명료하게 지적한 말이다. 뒤의 「이인」 제9장에서는 "선비가 도에 뜻을 두고서 나쁜 옷과 나쁜 음식을 부끄러워한다면 더불어 도를 논할 수 없다."라고 말한다.

이 장에서 공자는 정상적인 방법으로 얻지 않은 부귀는 차지하지 말되 정상적인 이유로 얻지 않은 빈천이라도 버리지 말라고 했다. 앞의 가르침은 누구나 이해하기 쉽지만, 뒤의 가르침은 천명의 존재를 믿는 사람이 아니라면 쉽게 받아들이기 어렵다.

富^부與^여貴^귀가 是^시人^인之^지所^소欲^욕也^야나
不^불以^이其^기道^도로 得^득之^지어든 不^불處^처也^야하며
貧^빈與^여賤^천은 是^시人^인之^지所^소惡^오也^야나
不^불以^이其^기道^도로 得^득之^지라도 不^불去^거也^야니라.
君^군子^자가 去^거仁^인이면 惡^오乎^호成^성名^명이리오.

不以其道得之는 마땅히 얻어서는 안 되는 것인데 얻은 것을 말한다. 其道는 '올바른 도리'란 뜻이다. 부귀에 대해서는 거처하지 말고 빈천의 경우에는 떠나지 말라고 했으니, 군자는 부귀를 자세히 살피고 빈천은 편안히 여겨야 한다고 가르친 것이다. 군자가 부귀를 탐하고 빈천을 싫어한다면 저절로 인에서 멀어지게 되어 군자로서 실질이 없어지게 됨을 경계한 것이기도 하다. 惡乎成名은 '어찌 군자로서의 이름을 이룰 수가 있겠는가?'라는 말로, 惡乎는 '어찌'의 뜻을 나타낸다.

인을 어기지 말라

**군자는 밥을 먹는 동안에도 인을 떠나는 일이 없다.
경황이 없을 때에도 반드시 여기에 입각하고 위급한
때에도 반드시 여기에 입각해서 행동한다.**

「이인」 제5장 부여귀 2

앞 강에서 이어진다. 공자는 자신의 본질을 잃지 않고 주체적인 삶을 살아 나가는 사람이라면 어떤 순간이라도 인에서 떠나지 않는다는 사실을 강조했다.

매 순간 인에서 떠나지 않는다는 것은 경(敬)의 자세를 지키는 것과 관련이 있을 듯하다. 정이는 "경의 자세를 유지하면 바로 예가 되어, 극복해야 할 사욕 자체가 없어질 것이다."라고 했다. 주희도 학문에서는 지경(持敬, 경을 유지함)보다 더 중요한 것이 없다고 강조하고, "정신을 못 차릴 정도로 급한 상황에서도 반드시 이에 입각해 잠시라도 중단해서는 안 될 것이다. 그리고 이렇게 해야만 비로소 공효가 있게 될 것이다."라고 했다.

「위정」 제4장에서 공자는 스스로에 대해 "일흔 살에 마음이 하고

자 하는 바를 따라가도 법도를 넘지 않았다."라고 했다. 또 공자는 안연에게 극기복례(克己復禮)가 곧 인이라고 가르쳐 주면서 사물(四勿)을 구체적인 조목으로 제시했다. 사물이란 "예가 아니면 보지 말고, 예가 아니면 듣지 말고, 예가 아니면 말하지 말고, 예가 아니면 행동하지 말라."라고 한 말을 가리킨다. 안연은 "제가 비록 어리석고 둔하긴 합니다만, 이 말씀대로 실천하도록 노력하겠습니다."라고 해서 일생 경건하게 실천할 것을 다짐했다. 또 「양화」 제6장에서 공자는 자장에게 인을 행하는 다섯 가지 방법을 가르쳐 주면서 "중단 없이 행하면 공효가 있게 된다."라고 말했다.

인의 실천은 편의적이고 일시적인 것이 아니라 중단 없이 행하는 일이어야 한다. 단 주희가 말했듯 선악의 취사를 분명히 해야 존양(存養, 양심을 잃지 않도록 성품을 기름)이 정밀해질 것이고, 존양의 공이 정밀해야 다시 취사가 더욱 분명해질 것이다.

_{군 자 무 종 식 지 간　위 인}
君子無終食之間을 **違仁**이니
_{조 차　필 어 시　전 패　필 어 시}
造次에 **必於是**하며 **顚沛**에 **必於是**니라.

終食이란 한 끼 밥을 다 먹는 동안의 짧은 시간을 가리킨다. 造次는 급작스럽고 빠듯한 때를 말한다. 顚沛는 뒤집어지고 엎어지며 헤어져 떠도는 때를 말한다. 必於是는 '반드시 여기에 입각한다'는 뜻이니, 是는 앞에 나온 仁을 가리킨다.

허물을 보면 안다

**사람의 과실은 각기 그 부류에 따르니, 그 사람의
과실을 보면 어진지 어질지 않은지 알 수 있다.**

「이인」제7장 인지과야각어기당(**人之過也各於其黨**)

사람은 누구나 과실을 저지를 수 있다. 그런데 군자와 소인의 과실은
각기 다르다. 남과의 관계에서 군자는 지나치게 후하게 하려는 잘못
을 저지르고 소인은 야박하게 하려는 잘못을 저지른다. 또 군자는 지
나치게 사랑하는 잘못을 저지르고 소인은 잔인하게 하는 잘못을 저
지른다. 이러한 과실의 실상을 보면 그 사람이 어진지 어질지 않은지
를 구별할 수가 있다는 것이다.

　후한 순제(順帝) 때 교동(膠東) 지역의 승(丞)이 된 오우(吳祐)의 휘
하에는 손성(孫性)이라는 하급 관리가 있었다. 가난했던 손성은 아버
지에게 좋은 옷 한 벌 못해 드린 것이 한이 되어, 백성에게 세금을 조
금 더 추징해 아버지에게 옷을 해 드렸다. 그러자 손성의 아버지는
"네가 이런 옷을 해 올 처지가 못 되니 틀림없이 부정한 짓을 했을 것
이다. 되돌려 주고 네 죄를 스스로 고해 벌을 받도록 해라."라고 했다.

이에 손성은 오우에게 가서 자신의 죄를 고백했다. 오우는 그가 효도를 하느라 죄를 지은 것을 알고 손성을 사면한 뒤 손성의 아버지에게 다시 옷을 갖다 주도록 했다. 오우는 손성을 두고 "어버이로 인해 그 이름을 더럽혔다."라고 했다. 이 일화에 대해 북송 때 오역(吳棫)은 손성의 과실을 보면 그가 어진 인물이었음을 알 수 있다고 평했다.

조선의 광해군은 즉위 후 생모를 추숭하려 했으나 홍문관의 반대에 부딪혔다. 그러자 광해군은 이렇게 말했다. "여염의 서민도 성공해 명성을 얻으면 모두 어버이를 현창하려는 생각을 갖는 것이니, 이는 참으로 자식된 자의 지극한 정인 것이다. 어쩌다 중도를 벗어나는 일이 있더라도 '허물을 보면 인을 알 수 있는' 경우라 할 것이다. 내가 비록 매우 못났지만 대임(大任)을 맡았으므로, 낳아 주신 어머니를 추숭하는 것이 예에 있어서도 참으로 불가할 것이 없다." 광해군은 「이인」편의 이 장을 근거 삼아 자신의 생모 추숭은 어진 마음에서 나온 것이므로 잘못이 아니라고 주장한 것이다.

다만 이 장의 가르침은 과실을 보아도 사람이 어진지 어질지 않은지를 알 수 있다는 뜻이지, 과실을 보고 나서야 어진지 어질지 않은지를 판단하라는 말이 아님을 주의해야 한다.

───────────

人之過也가 各於其黨이니

觀過에 斯知仁矣니라.

人之過也는 '사람의 과실로 말하면'이라는 뜻을 나타낸다. 黨은 부류라는 뜻이다. 觀過의 다음에 '에'라고 토를 달았으나, 실제 의미는 '허물을 보면'이라는 조건의 뜻을 지닌다. 斯는 '이에, 그러면'이라는 뜻을 지닌다.

도를 듣는다면

아침에 도를 들으면 저녁에 죽어도 좋다.

「이인」제8장 조문도(朝聞道)

이 장은 공자의 구도 정신을 나타낸 말로 유명하다. 공자는 아침에 도를 들으면 당장 죽음을 맞는다고 해도 여한이 없다고 했다.

사실 삶과 죽음은 큰 문제이다. 정말로 도를 터득했다고 하더라도 어찌 저녁에 죽는 것이 옳겠는가? 공자의 이 말은 도를 듣지 못한다면 사람다운 사람이 되지 못하는데 인생이 무슨 의미가 있겠느냐는 뜻이다. 주희도 이 말은 도를 들으면 죽어도 좋다는 의미가 결코 아니며, 다만 인간으로서 도를 듣지 않으면 안 된다는 것을 강조한 것이라고 부연했다. 또 주희는 사람이 도를 들으면 인생이 허망하지 않기에 죽음을 두려워하지 않을 것이라고 했다.

원나라 때 호병문(胡炳文)은 도라는 것이 거창한 무엇이 아니라 사람으로서 지녀야 할 당연한 이치라고 규정하고, 사람이 도의 당연한 이치를 깨닫지 못한다면 짐승과 무엇이 다르겠느냐고 반문했다. 덧붙여 공자의 이 말은 항상 두려운 듯 깊이 성찰하는 자세를 갖도록 당부한 것이라고 풀이했다.

생전에 자신이 훗날 들어갈 무덤을 만드는 풍습은 후한 때부터 시작되었다. 이런 무덤을 수장(壽藏)이라 하고, 그 무덤에 묻을 묘지명을 살아서 작성해 둔 것을 생지(生誌)라고 한다. 우리나라 선인들의 학문과 정신 활동에 지대한 영향을 끼친 주희도 수장의 암자를 만들고 그 이름을 순녕(順寧)이라 했다. 그 명칭은 장재가 「서명(西銘)」에서 "존오순사, 몰오녕야(存吾順事, 沒吾寧也)"라고 한 뜻을 취한 것이다. 곧 살아 있을 때는 천리에 순응해 일을 행하고 죽을 때는 마음이 편안해 부끄러움이 없다는 뜻이다. 장재는 군자라면 올바른 도리를 늘 추구하여 마음에 부끄러움이 없고 죽어서도 역시 편안하리라고 말한 것이니, 대개 "아침에 도를 들으면 저녁에 죽어도 좋다."라는 말을 부연했다고 보아도 좋다.

한편 이 장의 말은 도를 들을 때까지는 죽을 수 없다는 뜻이라고 볼 수도 있다. 중도에 쓰러지는 한이 있어도 '금을 그어 두지 말고' 도로 나아가는 것이 인간의 운명이라 할 것이다.

朝聞道면 夕死라도 可矣니라.

道에 대해 주희는 사물의 당연한 이치라고 규정했다. 夕死可矣란 진실로 도를 들으면 삶의 이치에 순종하고 죽음을 편안히 여기게 되어 다시는 여한이 없다는 뜻이다. 朝夕은 그 시간이 매우 가까움을 두고 한 말이다.

먹고 입는 일에 괘념치 말라

**선비가 도에 뜻을 두고서 나쁜 옷과 나쁜 음식을
부끄러워한다면 더불어 도를 의논할 수 없다.**

「이인」 제9장 치악의악식(恥惡衣惡食)

공자는 선비들은 위민 정치에 뜻을 두고 공부해야 하며, 가난에 처해서
도 뜻을 바꾸지 말아야 한다고 역설했다. 만일 선비가 녹봉을 많이 받
는 위정자와 자신을 비교해서 나쁜 옷과 나쁜 음식을 부끄러워한다면
이런 사람은 등용해서 함께 정치를 의논할 가치가 없다고 꾸짖었다.

박지원은 「양반전(兩班傳)」에 붙인 시에서 이렇게 말했다. "선비란
바로 천작이요, 선비의 마음은 곧 뜻이라네. 그 뜻은 어떠한가? 권세
와 잇속을 멀리하여, 영달해도 선비 본색 안 떠나고 곤궁해도 선비 본
색 잃지 않네. 이름과 절개 닦지 않고 가문과 지벌을 기화 삼아 조상
의 덕을 판다면 장사치와 뭐가 다르랴?"

도연명(陶淵明)은 가난한 선비들을 소재로 「영빈사(詠貧士)」 7수
를 지었다. 첫 수는 서시이며 둘째 수에서는 자기 자신을 노래하고 셋
째 수 이하에서는 영기(榮期)·원헌(原憲)·검루(黔婁), 원안(袁安)·완

수(阮修)·장중울(張仲蔚)·황자렴(黃子廉) 등을 읊었다. 곤궁한 처지를 비관하지 않고 스스로의 이념을 지킨 사람들을 칭송하고, 그로써 자신의 정신 태도를 다잡은 것이다. 이를 보고 조선 후기의 임희성(任希聲)은 우리나라의 빈사로 자기 자신 이외에 백결(百結)·임춘(林椿)·서경덕(徐敬德)·최영경(崔永慶)·임숙영(任叔英)·이식(李栻)을 꼽아 「화도영빈사(和陶詠貧士)」 7수를 지었다. 그리고 병서(竝序, 글을 쓴 동기를 밝히는 글)에서 다음과 같이 말했다. "나의 집은 애당초 가난해서 매년 묵은 곡식이 떨어지고 햇곡식 나지 않은 보릿고개만 되면 온 집안사람이 끼니를 잇지 못해 부황이 드는데, 금년은 더욱 심하다. 우연히 시렁 위에서 도연명 시집을 뽑아 「영빈사」를 읊다가 느낌이 있어 그 시에 전부 차운했다. 도연명처럼 현명한 사람도 먹고 입는 것의 군색함을 면하지 못했거늘, 하물며 나야 더 말해 무엇하겠는가!"

주희가 말했듯, 올바른 도리를 추구하겠다고 하면서 먹는 것과 입는 것이 다른 사람과 같지 못하다고 부끄러워한다면 식견과 취향이 비루하기만 하다. 그런 사람과 어찌 자리를 같이하여 삶의 가치에 대해 이야기 나눌 수 있겠는가?

士志於道而恥惡衣惡食者는
未足與議也니라.

志는 志向(지향)의 뜻이다. 惡衣惡食은 남루한 옷과 거친 밥이다. 恥惡衣惡食은 입으로 먹고 몸에 입는 것이 다른 사람만 못함을 부끄럽게 여기는 것으로, 결국 마음이 외물에 부림을 당하는 상태를 말한다. 未足與議는 '더불어 함께 도에 대해 논의할 만하지 못하다.'라는 뜻이다.

義 의를 따른다

**군자는 천하의 일에서 오로지 주장하는 것도 없고
그렇게 하지 않는다는 것도 없으니, 의를 따를 뿐이다.**

「이인」 제10장 무적무막(無適無莫)

군자는 늘 인(仁)에 의거하고 의(義)를 따른다. 그렇기에 특정한 사람
만을 추종하거나 하나의 설을 맹신하지 않으며 오로지 대의에 입각
해서 생각하고 행동한다. 이렇게 대의에 입각해서 생각하고 행동하
는 것을 이 장에 근거해 무적무막(無適無莫)이라 한다.

북송 때 사양좌는 무적무막을 무가무불가(無可無不可, 가한 것도 없고
불가한 것도 없음)로 해석했다. 군자는 융통성을 지녀야 한다는 뜻에서
그렇게 해석한 것이다. 다만 만일 도란 존재하지 않는다는 관점에서
무가무불가라고 여긴다면 미쳐 날뛰어 방탕하게 될 우려가 있으므로
공자가 '의를 따라야 한다'고 가르쳤다고 사양좌는 주장했다.

한편 무적무막을 생각과 행동에 관한 지침으로 본다면, 이는 「미
자」 제8장에서 공자가 스스로의 태도에 대해 말한 무가무불가와 통
한다. 공자는 학문과 덕행이 높지만 벼슬을 하지 않고 세상을 벗어나

있는 일민(逸民)들에 대해 논평하며 자신은 그들과 달라서 가한 것도 없고 불가한 것도 없다고 겸손하게 말했다. 그런데 그 말은 주희가 해석했듯 "벼슬할 만하면 벼슬하고, 그만둘 만하면 그만두고, 오래 머물 만하면 오래 머물고, 속히 떠날 만하면 속히 떠난" 공자의 행동과 관련이 있다. 다시 말해 무적무막이란 이 세상에서 꼭 어떤 일을 해야 된다거나 어떤 일을 해서는 안 된다고 고집하지 않고 오직 대의에 입각해서 행동하는 것을 가리킨다.

더 나아가 무적무막은 정치 참여에 관계된 언급으로 보아도 좋다. 즉 특정 세력을 오로지 따르거나 완전히 배척하지 않는다는 뜻으로 풀이할 수 있다. 정치에서는 『중용』이 순임금을 칭송하며 말했듯 "양쪽을 잡아 그 중도를 사용하는" 방도를 지킬 것이 요구된다. 이는 양극단을 절충하는 중용의 도리이며, 공자가 말한 '의를 따른다'는 뜻과 통한다고 볼 수 있다.

나만이 옳다고 고집하지 않고 진리를 따를 것, 기호에 따라 남을 배척하지 말고 대의에 입각해서 행동할 것, 이것이 공자의 가르침인 듯하다.

군자지어천하야　무적야
君子之於天下也에 無適也하며
무막야　의지여비
無莫也하여 義之與比니라.

適은 주희에 따르면 전적으로 주장함이다. 반면 사양좌는 '가하다고 한다'는 뜻으로 보았다. 莫에 대해 주희는 '선뜻 긍정하지 않는다'는 뜻으로 보았고, 사양좌는 '불가하다고 한다'는 뜻으로 보았다. 義之與比는 '義, 그것을 따른다'는 뜻으로, 여기서 比는 從(종)이다.

덕을 생각한다

군자는 덕을 생각하고 소인은 처한 곳의 편안함을 생각하며, 군자는 형법을 생각하고 소인은 은혜를 생각한다. 「이인」 제11장 군자회덕(君子懷德)

이 장의 뜻에 대해 주희는 군자와 소인은 취향이 달라 공리를 추구하느냐 사익을 추구하느냐의 차이가 있다고 풀이했다. 그보다 앞서 북송 때 윤돈은 군자가 선을 즐거워하고 악을 미워하는 데 비해 소인은 구차하게 편안하려 하고 얻으려 힘쓴다고 해설했다.

군자는 여러 가지로 정의할 수 있으나 대개 홍의(弘毅, 도량이 넓고 뜻이 굳셈)의 선비를 뜻한다. 「태백」 제7장에서 공자가 말했듯, 선비는 인을 스스로의 책임으로 삼아 죽은 뒤에나 그 책임을 면할 수 있기에 언제까지고 도량이 넓고 뜻이 굳세지 않으면 안 된다. 그런 까닭에 「헌문」 제3장에서는 "선비이면서 편안한 처지에 연연한다면 선비일 수 없다."라고 했다. 선비는 덕을 이룰 것을 생각하며 혹시라도 강상과 윤리에 어긋나는 죄를 저지르지나 않을까 전전긍긍한다.

소인은 군자와 반대이다. 소인은 인을 자기 책임으로 여기지 않으므로 덕을 이루려 생각하지 않고 단지 거처의 편안함을 생각하며, 법률을 따르기보다 온정주의에 따라 모면하기만을 바란다. 주희는 '은혜를 생각한다'는 말을 사사로운 이익을 탐한다는 뜻으로 풀이했으나, 법률의 엄격한 적용보다 온정에 따른 처리를 바란다는 뜻으로 풀이하는 편이 좋을 듯하다.

윤돈과 주희는 모두 송나라 때 학자로, 당시에는 개인의 도덕과 수양을 강조하는 사조가 풍미했다. 그래서 군자와 소인을 도덕의 유무, 선악의 변별에 따라 해석한 것이다. 하지만 군자와 소인은 사대부 출신 위정자들 가운데 상부와 하부의 관료를 구분해서 말한 것이라고 볼 수도 있다. 그렇다면 이 장의 의미를 고위층은 하급 관료나 백성들에게 덕을 베풀되 범법자에게 형법을 엄격하게 적용할 것을 생각하는 반면, 하위층은 대개 맡은 일에 안주하고 은혜 받을 것을 바란다는 뜻으로 풀이할 수도 있다.

참고로 충청도 회덕현의 이름은 이 장에서 따온 것이다.

君子는 懷德하고 小人은 懷土하며
君子는 懷刑하고 小人은 懷惠니라.

懷는 思念(사념), 즉 생각함이다. 주희는 懷德을 '본래 있는 선을 보존함'이라 풀이하고, 懷土는 '처한 바의 편안함에 빠짐'이라 풀이했다. 懷刑은 '법을 두려워 함', 懷惠는 '이익을 탐함'이라고 풀이했다.

義

이익만 좇지 말라

이익에 따라 행동하면 원망이 많다.

「이인」 제12장 방어리이행(放於利而行)

누구든 일을 처리할 때 이익에 의거한다면 많은 원망을 사게 된다. 자신을 이롭게 하다 보면 반드시 남을 해롭게 만들 것이기 때문이다. 공자는 이 보편적인 사실을 지적하면서 위정자의 정치 행위에 대해 조언했다.

　유학에서는 이(利)를 인(仁)과 의(義)에 대립하는 것으로 파악한다. 『맹자』의 맨 처음에 '하필왈리(何必曰利)' 장이 실려 있는 것을 환기하면 이 점을 잘 알 수 있다.

　양혜왕이 맹자에게 물었다. "노인께서 천리를 멀다 않고 오셨는데 우리 나라를 이롭게 할 방도가 있으시겠지요?" 이에 맹자는 "왕께서 어찌하면 내 나라를 이롭게 할까 생각하신다면, 경대부나 선비나 백성들 역시 어찌하면 내 집안과 내 몸을 이롭게 할까 생각하게 됩니다. 이렇게 위아래가 서로 이로움을 취하려 한다면 나라가 위태로워질 것입니다."라고 대답했다. 그리고 "어질면서 어버이를 버릴 자 없으며, 의로우면서 군주를 뒤로 돌릴 자 없습니다. 왕께서는 어찌 인의를 말하지 않고 이(利)를 말하십니까?"라고 덧붙였다. 맹자는 위정자가 이익만을 추구하다 보면 만인이 서로 이익을 쟁탈하려는 다툼과 하극상의 혼란이 일어날 것이라 경계한 것이다.

「이인」 제16장에서 공자는 "군자는 도의에 밝고 소인은 이익에 밝다."라고 말한다. 도의를 버리고 이익에 따라 행위하는 자는 이미 소인이다. 그런데 공자 당시에는 대부분의 사람들이 이익만 추구하는 소인의 행태를 보였다. 그렇기에 공자는 현실을 비판하는 뜻에서 이익에 따라 행동하면 원망이 많아질 것이라고 경고한 듯하다. 하지만 그 비판은 오늘날에도 해당하는 것 같다.

放_방於_어利_리而_이行_행이면 多_다怨_원이니라.

放은 여기서 依(의)와 같으니, 의지하고 따른다는 뜻이다. 多怨은 '원망이 많다'는 말이니, 남으로부터 원망을 많이 얻는다는 뜻이다.

065강

知

알려질 만한 사람이 되라

**지위가 없음을 걱정하지 말고 지위에 설 자격을 걱정
하며, 자신을 알아주는 이가 없음을 걱정하지 말고
알려질 만한 사람이 되고자 해야 한다.**

「이인」 제14장 불환무위(不患無位)

뜻과 현실의 괴리는 오늘만의 일이 아니다. 아무리 덕성을 쌓고 훌륭
한 이념을 지녔더라도 천거하고 등용해 주는 사람이 없으면 암혈 속
에서 늙어 가거나 낮은 지위에 만족해야 한다. 그럴 경우 대부분의 사
람들은 분노하지 않을 수 없다. 그런데 공자는 「학이」 제1장에서 "남
이 알아주지 않아도 화내지 않는다면 군자가 아니겠는가!"라고 한
바 있다. 그리고 이 장에서도 남이 알아주지 않아 지위가 없음을 걱정
하지 말고 지위에 설 자격을 충분히 갖추었는지 걱정하고 알려질 만
한 사람이 되기를 추구하라고 가르쳤다. 곧 반신수덕(反身修德, 자신을
돌아보고 덕을 닦음)하고 진덕수업(進德修業, 덕에 나아가며 학업을 닦음)하
라고 말한 것이다.

정이가 말했듯, "군자는 자기에게 있는 것을 추구할 따름이다." 누

구나 자기가 마땅한 지위를 얻지 못했다고 걱정할 것이 아니라 그 지위에 올라서 책임을 다할 만한 자격을 갖추었는지를 스스로 걱정해야 할 것이요, 사람들이 알아주지 않는다고 걱정할 것이 아니라 사람들에게 알려질 수 있는 길을 스스로 찾아서 행해야 할 것이다.

사람들에게 알려질 수 있는 길이란 자신의 덕을 닦아 나가는 일, 항시 의롭게 행동하며 집의(集義)하는 일을 말한다. 물론 그러한 일을 통해 남에게 알려지려 한다는 것이 아니다. 사회나 단체가 요구하는 자질을 자신도 의식하지 않는 사이에 갖출 뿐이다.

불 환 무 위　　환 소 이 립
不患無位오 **患所以立**하며
불 환 막 기 지　　구 위 가 지 야
不患莫己知오 **求爲可知也**니라.

患은 '걱정하다'라는 뜻이다. 無位는 '지위가 없다' 혹은 '적절한 지위에 있지 않다'라는 뜻이다. 所以立은 '그 지위에 설 근거나 이유'를 말한다. 莫己知는 '남이 나를 알아주지 못함'이다. 짧은 부정문에서 타동사의 목적어로 사용된 대명사가 타동사 앞으로 도치되었다. 可知는 '알려질 만한 실질'을 가리킨다.

恕

진정한 배려

증자가 말했다. "선생님의 도는 충서일 따름이다."

「이인」 제15장 오도일이관지(吾道一以貫之)

『논어』 전체에서 가장 중요한 장 가운데 하나이다. 증자는 공자의 고제(高弟, 뛰어난 제자)로, 이름은 참(參)이다. 어느 날 공자는 제자들을 접견하다가 증자를 향해 "참아, 나의 도는 하나로 전체를 꿴다."라고 말했다. "오도(吾道)는 일이관지(一以貫之)"라는 공자의 이 말은 일관(一貫)이라는 성어의 유래이기도 하다.

공자의 말에 대해 증자는 그저 "네."라고 공손하게 대답했을 뿐, 다른 말이 없었다. 공자가 방을 나간 뒤 다른 제자들이 증자에게 "조금 전 이야기는 무엇을 말한 것인가?"라고 물었다. 그러자 증자는 "선생님의 도는 충서일 따름이다."라고 일러 주었다.

『맹자』에 따르면, 공자의 사후 여러 제자들이 공자와 용모가 비슷한 유자를 스승으로 모시려 했다. 이에 증자는 반대하며 공자의 인격에 대해 다음과 같이 찬양했다. "장강과 한수의 맑은 물로 씻고 강렬한 가을볕으로 쪼인 것과 같이 너무도 결백해 이보다 더할 수 없다."

공자의 결백한 도는 누군들 엇비슷하게라도 닮을 수 없다고 해서 유자를 추대하는 것을 거부한 것이다. 이렇듯 증자는 공자의 인품을 분명하게 알았으므로 공자가 말한 '나의 도'가 무엇인지 곧바로 이해할 수 있었다.

종래의 많은 학자들은 충서를 인(仁)이라 보았다. 단 어떤 학자들은 『중용』에서의 성(誠)이나 중(中)에 연계시키기도 했다. 인은 타인과의 관계에서 드러나는 덕목이고, 성과 중은 외물과 접하기 이전에 내면에 갖춘 덕목이다. 충서는 그 어느 쪽에 연결시켜도 무방하다. 공자는 인간이라면 행위의 준거를 자기의 양심에 두고서 배려와 관용을 실천해야 한다고 가르쳤기 때문이다.

증자왈 부자지도 충서이이의
曾子曰, 夫子之道는 忠恕而已矣니라.

忠恕는 성실과 배려를 말한다. 忠은 봉건 군주에 대한 충성을 뜻하는 것이 아니다. 주희는 忠을 자기 마음의 정성을 다하는 것이라고 풀이했다. 또 주희는 恕를 자기 마음을 기준으로 다른 사람의 마음을 헤아려 자기가 싫어하는 일은 다른 사람에게도 시키지 않는 것이라고 풀이했다. 공자가 말한 一貫(일관)의 道를 忠과 恕로 나누어 설명한 것이다. 그런데 정약용은 一貫의 道란 恕를 가리키며, 恕의 바탕이 忠이라고 보았다. 「위령공」 제23장에서 공자가 일생토록 실행해야 하는 하나를 든다면 恕일 것이라고 말하고 "내가 바라지 않는 바는 남에게 하지 말라."라고 덧붙인 것을 고려한다면 정약용의 해설이 옳다. 而已矣는 어조사를 셋이나 겹친 것이다. 而已만으로도 '~일 따름이다'라는 단정의 어조를 지니는데, 거기에 矣를 더해 더욱 강조했다.

군자인가 소인인가

義

군자는 도의에 밝고 소인은 이익에 밝다.

「이인」 제16장 군자유어의(君子喩於義)

유학자들은 행동의 준거로써 의(義)와 이(利)를 변별하는 것을 가장 중요하게 생각했다. 그 둘의 변별을 의리지변(義利之辨)이라고 하며, 「이인」편의 이 장이 가장 대표적인 예이다. 의에 밝아서 하는 일마다 의를 표준으로 삼는 사람은 군자, 이에 밝아서 하는 일마다 이를 표준으로 삼는 사람을 소인이라 규정한 것이다.

한문 고전에서 군자와 소인이 각각 어떤 부류의 사람을 가리키는지는 문맥에 따라 다르다. 여기서는 덕이 있는 사람을 군자, 그렇지 못한 사람을 소인이라 했다.

남송의 육구연은 이 장을 근거로 해서 사람이 의에 뜻을 두면 의를 깨치게 되고 이에 뜻을 두면 이를 깨치게 된다고 보았다. 육구연이 주희의 청으로 백록동서원에서 강석에 올라 이러한 내용을 강의하자, 주희는 그 강의가 배우는 사람의 은미하면서도 심각한 병통을 절실하게 지적했다고 평가했다. 그러나 정약용은 사람이 의를 깨친 뒤에 의에 뜻을 두게 되고 이를 깨친 뒤에 이에 뜻을 두게 되는 것이라고 반박했다. 다만 육구연이든 정약용이든 의는 공변된 천리이며 이는 사사로운 인욕이라고 간주하고는 양자를 빙탄(氷炭, 얼음과 숯)의 관계로 본 점에서는 뜻이 같다.

천리와 인욕의 사이는 애당초 머리카락 하나 끼울 수도 없을 만큼 가깝지만 추구하는 과정에서 양극으로 멀리 떨어지게 된다. 그렇기에 유학자들은 인욕을 뿌리째 뽑고 그 근원을 막는 발본색원(拔本塞源)의 공부를 강조했다. 발본색원은 일견 현실과 동떨어진 원칙론으로 여겨지기도 한다. 실제 생활에서는 관행이나 온정주의 등이 흔히 더 근사하게 여겨지기 때문이다. 그러나 바로 그 사실 때문에 발본색원은 매우 절실한 요청인 것이다.

군자 유어의   소인 유어리
君子는 **喩於義**하고 **小人**은 **喩於利**니라.

喩는 신속하게 깨우친다는 뜻으로 曉(효)와 뜻이 같다. 於는 '~에서, ~에 대해서'의 뜻을 나타낸다. 義는 옳을 宜(의)와 통하며 本然(본연)의 理法(이법)에 부합함을 말한다. 도의나 의리라는 복합어로 쓰인다. 이에 비해 利는 자기를 이롭게 함을 말하며, 이익이라는 복합어로 쓰인다. 본래 利는 禾(화)와 刀(도)로 이루어진 글자로, 곡식 따위를 칼로 벤다는 뜻으로부터 곡식을 거두어 이익으로 삼는다는 뜻을 나타내게 되었다. 한편 후한 때 『설문해자』는 곡식 베는 칼날의 날카로움에서 '날카롭다, 재빠르다'의 뜻이 나왔다고 보았다. 모두 통한다. 여기서는 이익의 뜻이다.

어진 이를 본받아

**어진 이의 행실을 보면 그와 같기를 생각하고, 어질지
못한 이의 행실을 보면 안으로 스스로 반성해야 한다.**

「이인」 제17장 견현사제언(見賢思齊焉)

견현사제(見賢思齊)라 하면 '남의 현명함을 보고 그와 같아지길 생각
한다'는 뜻으로, 반성과 진덕(進德)의 방법으로서 중시되어 왔다. 이
에 비해 '어질지 못한 이의 행실을 보면 안으로 스스로 반성해야 한
다'는 것은 남을 반면교사(反面教師)로 삼으라는 뜻이다. 이 구절은
「술이」 제21장에서 "세 사람이 길을 가면 반드시 그중에 나의 스승이
있으니, 선한 것을 가려서 따르고 선하지 못한 것은 가려서 고친다."
라고 한 것과 뜻이 통한다.

　송나라의 호인(胡寅)은 말했다. "남과 나의 선악이 다른 것을 보고
늘 자신을 반성하는 사람은 남을 부러워하기만 하면서 쉽게 스스로
를 버리는 법이 없고, 남을 꾸짖기만 하면서 스스로를 꾸짖는 일을 잊
는 법이 없다."

　어진 이를 보면 그를 모범으로 삼아 그와 같아지길 바란다는 것은

공부하는 사람으로서 입지를 확고히 해야 한다는 의미이기도 하다. 『맹자』「등문공 상」에 보면, 공자의 제자 안연은 "순임금은 어떤 분이었고 나는 어떤 사람인가? 훌륭한 일을 하는 사람은 또한 이와 같을 것이다."라고 했고, 노나라의 공명의(公明儀)는 "문왕은 나의 스승이라 했으니, 주공(周公)이 어찌 나를 속였으리오!"라고 했다. 맹자는 요순의 도나 평범한 사람의 도나 한가지로 보았기 때문에 안연과 공명의의 말을 특별히 거론한 것이다. 그런데 안연과 공명의가 그렇게 말한 것은 그들 자신이 위대한 인물과 같아지길 바라는 뜻이 확고했기 때문이기도 하다.

오늘날에는 각종 매체를 통해 역사에 족적을 남긴 위인들이나 장애를 극복해 낸 인물들을 만날 수 있다. 그러나 그들을 닮고자 하는 의지가 없다면 그 모든 이야기가 무슨 의미가 있겠는가.

견 현 사 제 언　　　　　견 불 현 이 내 자 성 야
見賢思齊焉하며 見不賢而內自省也니라.

思齊는 주희에 따르면 자기에게도 그러한 선이 있기를 바라는 것이다. 焉은 '~에(게) 대해 ~하다'라는 뜻을 지닌다. 여기서는 '어진 이에 대해 같아지려고 생각한다'는 뜻을 나타낸다. 內自省은 '안으로 스스로를 성찰한다'로, 자기에게도 그런 악이 있지 않나 염려하는 것을 말한다.

069강

諫 완곡히 간하라

부모를 섬길 때는 완곡하게 간하며, 내 뜻을 따라 주지 않을지라도 다시 공경하고 어기지 말고, 수고로워도 원망하지 마라. 「이인」 제18장 사부모기간(事父母幾諫)

이 장에서 공자는 자식이 부모를 섬기는 태도에 대해 말했다. 부모에게 과실이 있을 때는 바로잡고자 하되 겉으로 드러나지 않게 은밀히 하며, 부모가 내 말을 듣지 않더라도 더욱 공경하며 어기지 않는 것이 부모를 섬기는 도리이다. 그리고 이와 같이 하기가 괴롭더라도 원망해서는 안 된다는 것이다.

　『예기』 「내칙(內則)」에 보면, "부모에게 허물이 있으면 기운을 가라앉히고 얼굴빛을 온화하게 하며 목소리를 부드럽게 해서 간한다. 간해도 받아들여 주지 않을 경우에는 다시금 더한층 공경하고 더한층 효도해서 부모가 기뻐하면 다시 간한다."라고 했고, "기뻐하지 않더라도 향당과 고을에 죄를 범하기보다는 차라리 부모에게 은근히 간하는 것이 더 낫다."라고 했다. 또 "부모가 화가 나서 종아리를 쳐피가 흘러도 감히 미워하거나 원망하지 않으며 다시금 더한층 공경하고 더한층 효도해야 한다."라고도 했다.

　옛사람들은 기운을 가라앉히고 얼굴빛을 온화하게 하며 목소리를 부드럽게 하는 것은 스스로를 다스리는 일이고, 거듭 공경하고 거듭 효도하는 것은 스스로를 책려하는 일이라고 보았다. 또한 간언을 해서 부모가 받아들이지 않더라도 기경기효(起敬起孝, 효성스럽고 공경스러운 마음을 더할지언정 그치지는 않음)를 하고 숙간(熟諫, 푹 익혀서 하는 간언)을 하라고 했다.

　과거에 아랫사람이 윗사람에게 간하는 방법으로는 취간(驟諫, 돌연히 간함), 풍간(諷諫, 넌지시 간함), 감간(敢諫, 용감하게 간함), 직간(直諫), 기간(幾諫), 절간(切諫) 등이 있었다. 그중 이 장에 나온 기간, 즉 완곡한 간언은 군주에게 사용하면 범범하다는 단점이 있다. 하지만 부모에게는 기간을 해서 부모와 자식 사이의 정리를 해치지 말아야 한다는 것이 옛사람들의 생각이었다.

　　　　사 부 모　　　　기 간　　　　　　전 지 부 종
　　　事父母하되 幾諫이니 見志不從하고
　　　　우 경 불 위　　　　　노 이 불 원
　　　又敬不違하며 勞而不怨이니라.

幾諫은 '은근히 완곡하게 간하다'라는 말로, '부모에게 과실이 있으면 기세를 누그러뜨리고 안색을 편히 해서 부드러운 목소리로 간한다'는 뜻이다. 이때의 幾는 微(미)와 같다. 見志不從은 '부모가 나의 간하는 말을 따르지 않는다'는 말이다. 不違는 내가 부모의 뜻을 어기지 않음을 가리킨다. 勞는 부모를 위해 애쓴다는 뜻이다.

부모 곁을 떠날 때는

부모가 생존해 계시거든 멀리 가지 말며, 갈 때에는
반드시 일정한 방향이 있어야 한다.

「이인」 제19장 유필유방(遊必有方)

공자는 「학이」 편과 「위정」 편에서 효를 말하고 나서 「이인」 제18장에서 제21장까지 다시 효에 대해 언급했다. 부모와 조상에 대해 공경하는 마음으로 섬기며 제사나 의식을 통해 추원보본(追遠報本)하는 일은 비단 동양의 관습만이 아니다. 서양에서도 효와 추도는 문화적 관습으로 유지되어 왔다. 다만 동양에서는 효를 '백행지본(百行之本)'이라 해서 더욱 큰 가치를 부여한다는 점이 다르다.

　이 장에서 '유(遊)'는 단순히 밖으로 나가 논다는 뜻이 아니다. 큰 공부를 위해 스승을 찾아 집을 멀리 떠나는 유학(遊學)이나, 벼슬자리에 있으면서 민정을 살피기 위해 먼 곳을 시찰하러 다니는 유관(遊觀)으로 보는 것이 옳다. 그런데 이렇게 유학이나 유관을 하기 위해 집을 떠나 멀리 가면 어버이를 모시지 못하는 날이 오래되어 혼정신성(昏定晨省, 아침저녁의 문안)을 빠뜨리게 되는 데다가 글월로 문안 올리는 일마저 소원해진다. 이렇게 되면 그 자신이 어버이 생각을 놓아두지 못할 뿐 아니라 어버이가 자식을 걱정하고 염려하는 마음이 깊어지게 된다. 그래서 유학이나 유관을 갈 때는 반드시 방향을 정확히 알려서 동쪽으로 간다고 말씀드렸으면 감히 서쪽으로 방향을 바꾸지 않는 것이 옳다. 어버이가 자식 있는 곳을 알아서 근심을 덜고 또 자식을 부를 일이 생기면 반드시 올 수 있게 하는 것, 이것이 자식된 자로서 부모의 마음을 자기 마음으로 헤아리는 방도이다.

전자 기기가 발달한 오늘날에는 이 장의 가르침이 현실과 맞지 않는 듯 여겨질 수도 있다. 그러나 위급한 상황이 닥쳤을 때 자식이 부모를, 부모가 자식을 걱정하는 마음은 예나 지금이나 같다. 어떤 경우에도 부모와 연락이 닿을 수 있도록 조처해 두는 것이 바람직하다.

父母在어시든 不遠遊하며 遊必有方이니라.

父母在는 부모가 살아 있음을 뜻한다. 遠遊는 遊學(유학)이나 遊觀(유관)으로 부모를 떠나 멀리 감을 말한다. 遊必有方은 방소를 정확히 알린다는 뜻으로, 만일 동쪽으로 간다고 고했으면 감히 서쪽으로 방향을 바꾸지 않는 것을 가리킨다.

부모님 연세를 아는가

부모의 연세는 알지 않으면 안 되니, 한편으로는 기뻐하지만 한편으로는 두려워해야 한다.

「이인」 제21장 부모지년불가부지야(父母之年不可不知也)

부모님이 건강하게 오래오래 살기를 바라는 마음이야말로 효성의 순수한 발로이다. 이 점에서 「이인」편의 이 장만큼 효의 마음을 쉽고도 분명하게 말한 예가 달리 없다.

자식 된 사람이라면 누구나 부모님 연세가 금년에 얼마인지 알아야 한다. 누가 부모님 연세를 모를 리 있겠느냐마는, 의외로 부모님 연세를 정확히 알고 있는 사람은 많지 않다. 막연히 아직 고령은 아니라고 여기는 것이다. 그러나 효심 있는 사람은 늘 부모님 연세가 얼마인지 생각한다. 그러면서 부모님이 장수하는 것을 새삼 확인하고는 기뻐하고, 또 한편 부모님이 어느새 고령이라 혹 '백년 후(부모의 돌아가심을 이르는 말)'가 곧 닥치지 않을까 두려워하는 것이다.

부모님 연세를 생각하면서 기뻐하는 한편 두려워하는 것을 애일(愛日)의 정성이라고 한다. 애일이란 해(날)를 사랑한다는 뜻이 아니라 날이 가는 것을 애석(愛惜)하게 여긴다는 뜻이다. 한나라 양웅(揚雄)의 『법언(法言)』에서는 "어버이 섬기는 일은 언제까지고 마음대로 할 수가 없는 일이다. 그래서 효자는 날이 감을 애석해한다."라고 했다. 선인들은 거처에 애일당이라는 당호를 붙이기도 했다. 부모님이 홀연 돌아가신 뒤 풍수지탄(風樹之嘆)을 하지나 않을까 우려해서 미리 효도에 정성을 다하려 마음먹은 것이다.

---

^{부 모 지 년}   ^{불 가 부 지 야}
父母之年은 **不可不知也**니,
^{일 즉 이 희}   ^{일 즉 이 구}
一則以喜오 **一則以懼**니라.

不可不은 '아닌 게 아니라'라는 이중 부정을 통해 강한 긍정과 주장의 뜻을 드러낸다. 知는 확인하고 기억한다는 뜻이다. 끝에 오는 也는 단정의 어조를 표시한다. '一則~ 一則~'은 한편으로는 이러면서 한편으로는 저런다는 뜻을 드러낸다. 以는 이유나 근거의 말을 끌어온다. 여기서는 '부모님 연세를 앎으로써'나 '부모님이 고령이기에'라는 뜻을 함축한다. 喜는 본래 신을 즐겁게 하려고 큰북 치는 일을 뜻했는데, 사람이 마음으로 기뻐함을 뜻하는 글자로 널리 쓰이게 되었다. 懼 자의 오른쪽 부분은 발음을 표기하는 동시에 새가 두 눈을 굴리는 모습을 나타낸다. 두려워한다는 뜻이다.

躬

말을 쉽게 내지 마라

옛날에 함부로 말을 내지 않은 것은 실행이 미치지 못함을 부끄러워했기 때문이다.

「이인」 제22장 치궁지불체야(恥躬之不逮也)

공자는 행동을 중시했다. 심지어 제자들에게 어눌할지언정 덕행에는 민첩할 것을 당부하곤 했다. 이는 『주역』에서 군자의 덕목으로 '용언지신(庸言之信, 항상 말에 믿음이 있어야 함)'과 '용언지근(庸言之謹, 항상 말에 삼감이 있어야 함)'을 강조한 것과 통한다.

「헌문」 제21장에서 공자는 "큰소리쳐 놓고 부끄러워하지 않는다면 실행하기 어렵다."라고 했고, 제29장에서 "군자는 말을 한껏 하는 것을 부끄러워하며 행동은 넉넉히 하고자 한다."라고 했다. 뒤의 말은 "군자는 말이 행동보다 지나친 것을 부끄러워한다."로 해석할 수도 있다. 어느 경우든 그 뜻은 이 장에서 실천을 중시하고 말을 조심하라고 경계한 뜻과 통한다.

범조우(范祖禹)는 이렇게 말했다. "군자가 말할 때 망설인 뒤에야 내는 것은 말이 어려워서가 아니라 행동이 어렵기 때문이다. 사람은 행하지 않기에 가벼이 말하고는 한다. 말은 그 행하는 바같이 하려 하고 행동은 그 말한 바같이 하려 한다면, 입으로 말을 내는 것이 결코 쉽지 않다."

말과 행동은 일치해야 하겠지만, 이 장에서는 말보다 실행을 우선하라고 가르쳤다. 그 속뜻은 뒤의 「이인」 제24장에서 눌언민행(訥言敏行), 즉 '말을 신중하게 하고 행동에 민첩할 것'을 재차 강조한 뜻과 같다.

오늘날 공약(公約)이 공약(空約)으로 판명되는 것을 보면 말과 실천의 간극을 메우는 일은 개인 윤리의 범위를 넘어선다.

고 자   언 지 불 출   치 궁 지 불 체 야
古者에 言之不出은 恥躬之不逮也니라.

古者는 '옛날에'이다. 옛날 사정을 말한 것은 지금은 그렇지 않다는 것을 보이기 위함이다. 逮는 及(급)과 같다. 恥의 목적어는 躬之不逮이다. 躬之不逮는 行不及言(행불급언)이란 말과 같아서 행동이 말에 미치지 못한다는 뜻이다. 실천을 躬行이라고도 표현한다.

約

스스로를 단속한다

약(約)함으로써 잘못되는 경우는 드물다.

「이인」 제23장 이약실지(以約失之)

약(約)이란 경제적으로는 검약(儉約)이나 절약(節約)을 뜻하고, 몸가짐에서는 자신의 언행을 검속(檢束)하는 일을 의미한다. 이 장에서는 두 가지 뜻을 모두 포괄한다.

옛사람들은 위정자의 사치를 경계하고 절약을 미덕으로 추었다. 경서를 보면 『주역』 절괘(節卦)에 "제도로써 절약해 재물을 손상하지 않으며 백성을 해롭게 하지 않는다."라고 하고, "절약하지 못한 한탄은 또한 누구를 허물하리오?"라고 했다. 『예기』 「단궁」에서는 "나라 안에 사치스러운 풍조가 있으면 위정자가 검약의 자세를 보여 준다."라고 했다. 그뿐인가. 『서경』 「태서(泰誓) 상」에서는 주나라 무왕이 은나라 폭군 주왕의 죄상을 거론하면서 "궁, 누대, 연못, 의복으로 너의 백성들을 해쳤구나!"라고 했다. 「이인」 편의 이 장을 위정자의 절약 문제과 연관시킨다면 '검약함으로써 잘못한 사람은 드물다'는 뜻으로 풀이할 수 있다.

또한 옛사람은 언행을 단속해서 보편적 예법을 지키는 일도 매우 강조했다. 「옹야」 제25장에서 공자는 "군자가 글을 널리 배우고 예로써 단속한다면 역시 도에서 어긋나지 않을 것이다."라고 했다. 곧 박문(博文)은 지식을 널리 탐구하는 일, 약례(約禮)는 예법을 지켜 자기를 단속하는 일이다. 지식을 많이 쌓기만 할 뿐 보편적인 가치를 존중하지 않는다면 윤리 의식을 소홀히 할 수도 있기 때문에 군자라면 박문약례를 해야 한다고 강조한 것이다. 「이인」 편의 이 장을 박문약례와 연관시킨다면 '약례를 한다면 일상의 말과 행동에서 잘못을 하지 않게 될 것이다'라는 뜻으로 풀이할 수 있다.

경제적으로 위화감을 조성하지 않도록 검약하고, 보편의 가치를 존중해서 예법으로 몸가짐을 단속하는 일은 현대 생활에서도 모두 매우 긴요한 덕목이라 할 수 있다.

以約失之者가 鮮矣니라.

約에 대해 사양좌는 '야단스럽게 스스로를 풀어놓지 않음'이라고 보았다. 윤돈은 "무슨 일이든 約하면 잃는 것이 드무니, 이 장의 뜻은 儉約(검약)만 말하는 것이 아니다."라고 했다. 失之는 흔히 '잃는다'로 풀이하는데, '잘못되다, 그르치다'의 뜻을 지닌다.

訥

행동을 민첩히 하라

군자는 말을 신중하게 하고 행동에 민첩하고자 한다.

「이인」제24장 군자욕눌어언(君子欲訥於言)

『논어』에서 공자는 여러 차례에 걸쳐 말과 행동의 모순, 이론과 실천의 괴리에 대해 반성하라고 촉구한다. 이 장은 「학이」제14장에서 군자라면 "일을 민첩히 하고 말을 삼간다."라고 했던 말과 뜻이 같다.

살다 보면 말을 함부로 하는 경우가 더러 있다. 함부로 말을 하고 나면 나중에 그 책임을 스스로 져야 한다. 그렇기에 방언(放言, 말을 내뱉음)을 하지 말고 신중하게 말해야 한다. 한편 실행에 힘쓰기란 여간 어려운 일이 아니다. 그렇기에 역행(力行, 실행에 힘씀)의 자세로 행동을 민첩하게 해야 한다. 이것이 교경경타(矯輕警惰), 즉 가벼움을 고치고 게으름을 경계하는 방법이다.

우리가 방언을 하지 않고 역행에 힘쓰려고 결심하는 것은 남의 눈치를 보고 명예를 탐내기 때문이 아니라, 나 자신의 덕을 보다 완전하게 닦아 나가기 위함이다.

「위정」제13장에서 자공이 군자에 대해 묻자 공자는 "말할 것을 먼저 실행하고 그 뒤에 말이 행동을 따르게 하는 자이다."라고 대답했다. 앞서 본「이인」편 제22장에서는 "옛날에 함부로 말을 내지 않은 것은 실행이 미치지 못할까 부끄러워했기 때문이다."라고 했다.

　말을 신중히 하지 않아 낭패를 본 사람들의 이야기는 일일이 예를 들 겨를이 없을 정도로 많다. 게다가 그 예를 늘리는 데 우리 자신이 한몫하기도 한다. 언행일치를 중시하라는 이 장의 가르침은 오늘날 우리에게 경종이 될 것이다.

군 자　　욕 눌 어 언 이 민 어 행
君子는 欲訥於言 而敏於行이니라.

君子는 德(덕)을 닦는 사람, 주체적인 인격을 갖춘 사람이다. 欲은 주어가 '～하려고 한다'는 뜻을 나타낸다. 그렇다면 이 장은 군자가 이러이러하려고 한다는 사실을 말한 것이 된다. 그런데 欲은 말하는 사람이 '～하기를 바란다'는 뜻을 나타내기도 한다. 그렇다면 공자가 군자라면 이러이러하기를 바란다고 기대하고 권장한 것이 된다. 訥은 첫째 뜻이 '말 더듬다'이니, 언변이 부족함을 訥言이라고 한다. 그러나 군자라고 해서 일부러 말을 더듬는다면 옳지 않다. 이 장의 訥은 '말 더듬다'가 아니라 '말을 신중하게 한다'로 풀이해야 한다. 옛사람은 遲鈍(지둔, 굼뜨고 미련함)이라고 풀이했다. 敏은 본래 부인이 머리를 매만지고서 열심히 제사 일을 돕는 것을 의미했는데, 그 뒤 敏捷(민첩)하다는 뜻으로 쓰이게 되었다.

隣

덕인은 외롭지 않다

덕 있는 사람은 외롭지 않으니, 반드시 이웃이 있다.

「이인」 제25장 덕불고(德不孤)

이 장은 음미할수록 새 희망을 갖게 한다. 덕을 닦는 사람은 같은 뜻을 지닌 사람과 연대할 수 있기에 결코 외롭지 않다고 일러 주기 때문이다.

「학이」 제1장에서 공자는 "벗이 먼 곳으로부터 오니 즐겁지 아니한가!"라고 말했다. 또 옛날 성인 순임금이 한곳에 정착하자 사람들이 모여들어 3년이 지나지 않아 그곳이 도읍지가 되었다고 한다.

『주역』 건괘(乾卦) 문언전(文言傳)에 "같은 소리는 서로 응하고, 기질이 같은 사람은 서로 찾는다."라는 뜻의 '동성상응, 동기상구(同聲相應, 同氣相求)'라는 구절이 있다. 덕이 같은 사람들은 서로 호응한다는 사실을 말한 것이다.

한편 『주역』 곤괘(坤卦) 문언전에는 "군자는 경(敬)으로써 안(마음)을 곧게 하고 의(義)로써 바깥(일)을 바르게 하므로 경과 의가 확립되어 덕이 외롭지 않다."라고 했다. 경과 의 어느 한쪽에 쏠리지 말아야 한다고 강조한 것이다. 정약용은 『주역』의 이 구절이야말로 덕 있는 사람이 어째서 외롭지 않은가에 대해 명확하게 이유를 밝힌 것이라고 보았다. 곧, 경과 의를 확립한 사람이기 때문에 반드시 이웃이 생긴다는 것이다.

『사기』「백이열전」에서 사마천은 백이와 숙제가 자신의 이념을 지켰으나 외롭게 죽어 간 사실을 슬퍼했다. 그러면서 그들은 당시에는 같은 소리를 내고 같은 기운을 지닌 사람을 얻지 못했지만 공자가 그들을 칭송해 주었기에 그 이름을 영원히 전할 수 있게 되었다고 했다. 이것을 보면 덕 있는 사람이라면 살아서 혹 이웃을 얻지 못할지라도, 역사의 흐름 속에서 그를 정당하게 평가할 이웃을 만날 수 있음을 알 수 있다.

올바른 가치를 추구하다 보니 외롭다고 한탄하지 말자. 경과 의를 확립하면 덕이 같은 사람끼리 서로 동지가 된다. 만일 지금 동지를 얻지 못한다 해도 후대에 나를 알아주는 사람이 반드시 있을 것이다.

덕 불 고 　 필 유 린
德不孤라 **必有隣**이니라.

孤는 외롭다는 뜻이니, 孤立(고립), 孤獨(고독)이란 말에 모두 이 글자가 들어 있다. 必은 '반드시 ~하다'라는 뜻을 나타낸다. 이 글자는 본래 창날을 자루에 붙이는 부분을 나타냈다. '반드시'의 뜻으로 쓰는 것은 가차 용법이다. 지금은 木(목)변에 必을 붙인 자루 柲(비) 자를 따로 쓴다. 有는 '~이 있다'는 말이다. 隣은 본래 신성한 장소를 나타냈으나 이웃이란 뜻으로 바뀌었다. 鄰(린)으로도 표기하는데, 이것은 뒷날 만들어진 글자체이다.

嘆 도가 행해지지 않으니

도가 행해지지 않는다. 나는 뗏목을 타고 바다를 항해하려 하거늘, 나를 따를 사람은 아마도 유(由)일 것이다. 「공야장(公冶長)」제6장 도불행승부(道不行乘桴)

「공야장」편 27장 가운데 제6장이다. 여기서 공자는 세상에 어진 군주가 없어 바른 도리가 행해지지 않는 것을 보고 "바다에 둥둥 떠야겠다!"라고 탄식했다. 그러면서 "만일 내가 뗏목을 타고 바다를 항해한다면, 나를 따를 사람은 아마 유(자로)일 것이다."라고 했다. 자로는 용감한 인물이었으며, 공자의 각별한 사랑을 받았다. 『논어』에는 자로의 언행에 대한 언급이 40번이나 나온다. 그런데 공자가 바다에 떠야겠다고 운운한 말은 수사적인 표현이었으나, 자로는 곧이곧대로 받아들여 스승이 자기와 더불어 가려 한다며 기뻐했다. 이에 공자는 자로의 용맹이 자신을 능가한다며 가상하게 여기면서도 그가 사리를 재량하고 의리에 맞춰 나가지 못한다고 나무랐다. 격의 없는 사제 간을 엿볼 수 있는 대목이다.

공자는 도리가 행해지지 않는 중원을 버리고 동해 밖에 나가 살겠다고 토로했다. 「자한」제13장에는 공자가 구이(九夷), 즉 동이족의 지역에서 살고 싶다는 뜻을 표명한 말이 실려 있다. 공자의 고향이었 던 중국의 산동성 지역에서는 동해를 신성시해 동해 밖에 삼신산이 있다고 믿었다고 한다.

공자의 이 말이 있은 뒤로 세상에 도리가 행해지지 않는다는 한탄 을 승부지탄(乘桴之嘆, 뗏목을 타겠다는 탄식) 혹은 부해지탄(浮海之嘆, 바 다로 떠나가겠다는 탄식)이라 하게 되었다. 앞서 보았듯 「이인」제25장 에서 공자는 "덕 있는 사람은 외롭지 않으니, 반드시 이웃이 있다."라 고 했는데, 사실 공자는 동시대의 위정자들이나 학자들을 이웃으로 두지 못했다고 할 수 있다. 오로지 제자들과의 담론 속에서 자신의 이 상을 거듭 천명하며 후세에 기대를 걸었다. 그러나 제자들 모두가 그 의 이상을 온전하게 이해했던 것도 아니었다. 그렇기에 공자는 지독 한 외로움을 느끼고 이렇게 승부지탄을 말했을 것이다. 올바른 가치 를 지키고 이상을 실천하는 일은 실로 간단치 않다는 사실을 절감하 게 된다.

道不行이라 乘桴하여 浮于海하리니
從我者는 其由與인저.

道不行은 올바른 도리가 세상에 행해지지 않아 불의와 부조리가 만연한 상 태를 말한다. 桴는 뗏목 筏(벌)과 같다. 其由與는 '아마도 유인저!'라고 추정 과 감탄의 뜻을 나타내는 표현이다.

勉

게을리 말라

**썩은 나무는 조각할 수 없고 거름 흙으로 쌓은 담장은
흙손질할 수 없으니, 재여에게 무엇을 책망하랴!**

「공야장」 제9장 재여주침(宰予晝寢)

공자는 제자 재여(宰予), 즉 재아가 '주침(晝寢)'을 하자 이렇게 꾸짖
었다. 주희에 따르면 '주침'은 낮에 잠을 잤다는 뜻이다. 그러나 이
설이 많다. 당나라 한유(韓愈)와 청나라 주양공(周亮工)은 '주(晝)' 자
를 '화(畫)' 자로 보아 침묘를 그림으로 단장했다는 뜻으로 풀이했
다. 송나라 왕무(王楙)와 유창(劉敞)은 대낮에 내실인 침실에서 거처
한 것으로 풀이했다.

공자는 재아가 빈둥거리자 그 지기(志氣)가 혼타(昏惰)함을 꾸짖고
는 또 이렇게 덧붙였다. "전에 나는 사람을 대할 때 그 말을 듣고 그
행동을 믿었으나, 이제 그 말을 듣고 그 행동을 관찰하게 되었다. 너
를 대한 이후 이렇게 고친 것이다."라고 했다. 재아의 말과 행실이 어
긋나 있음을 심하게 꾸짖은 것이다.

재아는 말재주가 뛰어난 인물이었다. 공자는 덕행과 예를 강조하

고 말과 행동의 일치를 권면했으나, 재아는 언변으로 출세하려 했던 듯하다. 「팔일」 제21장에서 재아는 노나라 애공에게 사주(社主)에 쓰는 목재와 관련해서 "주나라에서 밤나무를 쓴 것은 백성들이 두려움에 전율하도록 하기 위해서였다."라고 대답해 공자의 노여움을 산 바 있다. 「양화」 제21장에서는 부모상을 3년 동안 치르는 것이 너무 길므로 1년으로 줄이는 것이 어떻겠냐고 말했다가 또 공자의 노여움을 샀다.

공자가 사람을 평가할 때 반드시 "그의 말을 듣고 그의 행동을 관찰해야 한다."라고 지적한 말은 깊이 새겨야 할 명언이다. 무슨 일에서든 말로는 열심히 하겠다고 하면서 게으름을 피워 말과 행동이 일치하지 않으면 썩은 나무요 거름 흙이라고 비판을 받을 수밖에 없을 것이다. 조심해야 할 일이다.

朽木은 不可雕也며 糞土之牆은 不可杇也니
於予與에 何誅리오.

朽는 썩을 腐(부)와 같다. 雕는 그림을 새기는 일이다. 杇는 흙손 鏝(만)이다. 糞土之牆은 거름 흙으로 조악하게 만든 담장을 말한다. 於와 與는 어조사이다. 於는 '~에 대해서'의 뜻을 지니지만 與는 작은 休止(휴지)를 표시할 따름이다. 誅는 責(책)과 같다. 於予與何誅는 꾸짖을 것도 없다고 말함으로써 깊이 꾸짖는 말이다.

상대방의 처지에서

자공이 "저는 남이 저에게 억지로 가하는 것을 바라지 않듯 저 또한 남에게 가하지 않으려 합니다." 하자, 공자께서는 "사야, 네가 미치는 바가 아니다."라고 말씀하셨다.

「공야장」 제11장 아불욕인지가저아야(我不欲人之加諸我也)

「이인」 제15장에서 인(仁)을 서(恕)라고 규정한 데서 보듯 공자는 평소 서를 강조했다. 자공은 그 가르침을 잊지 않고 공자에게 "제가 싫어하는 일을 남이 저에게 억지로 가하는 것을 바라지 않듯이 저 또한 남에게 가하려 하지 않습니다."라고 말했다. 그러자 공자는 자공이 그 말을 실천하는 경지에는 이르지 못했다고 지적했다.

이 장에서 생각할 점은 두 가지이다.

첫째, 공자는 제자들을 사랑하되 매우 엄격하게 평가해 부족한 부분을 계발시키려 했다는 점이다. 앞서 「공야장」 제6장에서 공자는 자로의 용맹을 가상하게 여기면서도 그가 사리를 잘 헤아리지 못한다고 질책한 바 있다. 「공야장」 제9장에서는 재여가 주침을 하자 그를 썩은 나무와 거름 흙에 비유해 책망할 것조차 없다고 개탄했다. 이번 장에서도 공자는 자공의 수준을 엄격하게 판단해 그의 과시욕을 억눌렀다.

둘째, 공자는 여기서 자공이 말한 내용 자체에 대해서는 비판하지 않아 서(恕)가 인간관계의 중요한 원리임을 간접적으로 승인했다는 점이다. 공자가 말한 충서의 일관도(一貫道)는 제자들과 후대의 학자들에 의해 계승되었다. 『대학』에서 혈구지도(絜矩之道, 자기를 척도로 삼아 남의 처지를 헤아림)를 강조한 것은 그 대표적인 예이다. 또한 『중용』을 보면 제13장에 "자기에게 베풀어지길 바라지 않는 것은 남에게도 베풀지 말라."라고 했다. 옛날에는 증자가 『대학』을 지었고 자사(子思)가 『중용』을 지었다고 여겼는데, 그것은 그 중심 사상이 공자의 뜻을 계승했기 때문이었다.

子貢曰. 我不欲人之加諸我也를
吾亦欲無加諸人하노이다.
子曰. 賜也아 非爾所及也니라.

加諸我는 '나에게 가하다'라는 뜻이다. 가한다는 것은 자기가 싫어하는 일을 남에게 억지로 떠맡긴다는 뜻이다. 諸는 '어조사 저'이다. 주희는 欲無의 無를 勿(물)과 구별해 無란 자연히 그러한 것이고 勿은 금지하는 것이므로 無加諸人은 仁(인)의 단계이며 勿施於人은 恕(서)의 단계라고 했다. 곧 자공이 감히 仁의 단계에 이르렀다고 말했기 때문에 공자의 비판을 받았다고 본 것이다. 하지만 공자가 굳이 仁과 恕를 구별했다고 보기는 어렵다. 非爾所及은 '네가 미칠 바가 아니다'로, 爾는 이인칭 대명사이다.

네 가지 도리

공자께서 자산을 평하여, 그에게는 네 가지 군자의 도가 있으니 몸가짐이 공손한 점, 윗사람을 위해 경건하게 일하는 점, 백성을 은혜롭게 기르는 점, 백성을 의롭게 부리는 점이 그것이라고 말씀하셨다.

「공야장」 제15장 자위자산(子謂子産)

공자는 정(鄭)나라 자산(子産)의 인품과 정치력을 높이 평가해 그가 군자의 네 가지 도리를 갖추고 있다고 했다. 자산은 이름이 공손교(公孫僑)이며, 국정을 맡은 지 3년 만에 큰 공적을 이루었다. 공자가 서른 살 때 죽었다.

공자는 군자의 도리로 공(恭), 경(敬), 혜(惠), 의(義) 넷을 들었다. 공손함과 경건함은 내적 덕목이다. 자혜로움과 의로움은 일을 하면서 남과 관계를 맺을 때 발현되는 덕목이다.

유학자들은 자기의 인격을 완성하는 데 그치지 않고 백성들도 함께 가치를 실현할 수 있도록 도와야 한다고 보았다. 자기의 완성을 성기(成己)라 하고 백성의 완성을 성물(成物)이라고 한다. 공손함과 경건함은 성기의 덕목, 자혜로움과 의로움은 성물의 덕목이다.

공자는 자산의 훌륭한 점을 손꼽으면서 의로움을 '백성을 부림'과 연관시켰다. 백성을 부린다는 말은 지배자와 피지배자가 신분상 구별되고 역할도 달랐던 당시의 현실을 반영한다. 이렇듯 공자가 군자의 덕으로 열거한 네 가지가 모두 현대에 들어맞는 것은 아니다. 그러나 중요한 것은 공자가 군자의 덕으로 자기 완성만이 아니라 백성의 완성을 함께 거론했다는 점이다. 오늘날의 정치도 나의 완성과 남의 완성을 동시에 추구해야 하지 않겠는가.

子謂子産하사되 有君子之道四焉이니
其行己也恭하며 其事上也敬하며
其養民也惠하며 其使民也義니라.

子는 선생이란 뜻인데, 여기서는 공자를 가리킨다. 謂는 어떤 사람을 논평한다는 의미로 쓰였다. 君子之道는 군자로서의 도리란 뜻이다. 焉은 단정의 어조를 지닌 종결사이다. 行己는 자기 몸을 지킴이니, 곧 세상에서의 처신을 말한다. 也는 문장의 중간에서 어떤 사실을 주제로 거론하는 기능을 하며 '~로 말하면'이라는 뜻을 갖는다. 흔히 '~은'으로 풀이한다. 事上은 윗사람을 섬겨 그를 위해 일함을 말한다. 恭은 謙遜(겸손)이고 敬은 謹恪(근각, 삼감)이다. 둘을 합해 恭敬이라고 쓴다. 養民은 백성을 보살펴 잘 살 수 있게 만듦을 말한다. 使民은 백성에게 세금을 부과하거나 백성을 노동에 동원함을 말한다. 惠는 이로움을 베풂, 義는 정당하게 실행함이다.

斷

주저하지 말라

계문자가 세 번이나 생각한 뒤에 실행하자 공자께서 그 일을 들으시고 두 번 생각하면 좋을 것이라고 말씀 하셨다. 「공야장」 제19장 재사가의(再斯可矣)

공자는 노나라 대부 계문자(季文子)의 우유부단을 지적했다. 계문자의 이름은 행보(行父)이고, 문자는 그가 죽은 뒤 조정에서 내린 시호이다. 계문자는 높은 벼슬에 있으면서도 사사로이 재물을 쌓지 않았지만 지나치게 사려 깊었기에 정치를 잘한다고 할 수는 없는 인물이었다.

주희는 선행을 하고자 하더라도 서너 번 생각하다 보면 사사로운 마음이 일어나 헷갈리게 되기 쉬운데 계문자는 그러지 않았으니 선량한 인물이라고 보았다. 그러나 계문자는 대부로서 병사를 동원해 제나라를 공격했으며 노나라에 시역(弑逆)이 일어났을 때 제나라로 사신을 갔다. 대부로서 자신의 군주를 시해한 적을 토벌하지 않고 새 정권의 사신으로서 다른 나라에 간 행위는 역적에게 붙었다는 비난을 면하기 어렵다. 그렇기에 명나라 말 이지(李贄)는 주희의 풀이를 비판했다. 이지의 해설에 따르면 공자는 계문자에게 "멋대로 군사를 일으킨 일과 역적에게 붙은 일을 보면 두 번도 생각하지 못했거늘 어찌 세 번 생각한 뒤 실행한다고 자부할 수 있겠는가?"라고 말했다는 것이다. 정약용도 이지의 설에 동조했다.

공자는 과연 계문자를 두고 선행을 베풀려고 할 때 지나치게 생각이 많다고 염려한 것일까, 아니면 정치를 제대로 하지 못하면서 깊이 생각하는 척한다고 비판한 것일까? 어느 풀이를 따르든 공자는 과도한 사려보다 과감한 실천을 중시한 것이 분명하다.

李文子가 三思而後에 行하더니
子聞之하시고 曰, 再斯可矣니라.

三思는 여러 번 거듭거듭 생각한다는 뜻이다. 而後는 '~한 뒤'라는 뜻으로, 以後(이후)라고 적어도 좋다. 之는 앞에 나온 말 전체를 가리킨다. 再斯可矣의 再는 꼭 두 번이라기보다는 '지나치게는 말고 적당하게 거듭' 정도로 보면 좋다. 斯는 '이에'로 풀이하는데, 則(즉)과 쓰임이 같다. 可는 '옳다, 좋다'라는 말이다. 矣는 문장 끝에서 단정의 어조를 나타낸다.

어리석음의 지혜

> **영무자는 나라에 도가 있으면 지혜롭고 나라에 도가**
> **없으면 어리석었으니, 지혜로움은 미칠 수 있으나**
> **어리석음은 미칠 수 없도다.**
>
> 「공야장」제20장 영무자방유도즉지(甯武子邦有道則知)

지식인이 현실에 대처하는 태도는 어떠해야 하는가? 이 장에서 공자
는 춘추 시대 위나라 대부 영유(甯俞)의 예를 들어, 치세에는 공적을
자벌(自伐, 스스로 자랑함)하지 않는 지혜로움을 지켜야 하고 난세에는
진심갈력(盡心竭力, 온 마음과 온 힘을 다 바침)해서 남들이 어리석다고 여
길 정도가 되어야 한다고 말했다. 영유는 죽은 뒤 무(武)라는 시호를
받았으므로 영무자라고 부른다.

　여기서 말하는 어리석음은 처세의 지혜를 가리킨다. 당나라 유종
원은 자신이 유배된 곳의 시내가 흐름이 낮고 지형이 좁다는 이유로
우(愚)라는 이름을 붙이고 「우계시서(愚溪詩序)」를 지어 어리석음의
문제를 논했다. "영무자는 나라에 도가 없으면 어리석다 했으니 이
것은 지혜로우면서 어리석은 것이요, 안연은 하루 종일 어기지 않음

이 어리석다 했으니 이것은 슬기로우면서 어리석은 것이다. 모두 정 말로 어리석다고는 할 수 없다. 이제 나는 도 있는 세상을 만났음에도 이치에 어긋나고 일에 거스르므로 나같이 어리석은 사람은 또 없을 것이다."

정조는 오재순(吳載純)에게 우불급재(愚不及齋)라는 헌호를 내렸 다. 영무자의 어리석음에 견주어 그를 칭송한 것이다. 그런데 한편으 로는 자신이 다스리는 나라에 도가 없기 때문에 그가 어리석게도 진 심갈력하는 것이 아니겠느냐고 스스로를 책망한 듯도 하다.

_{영 무 자} _{방 유 도 즉 지} _{방 무 도 즉 우}
寗武子가 邦有道則知하고 邦無道則愚하니
_{기 지} _{가 급 야} _{기 우} _{불 가 급 야}
其知는 可及也어니와 其愚는 不可及也니라.

寗武子는 위나라 대부로 이름은 兪(유)이다. 『춘추좌씨전』에 보면 영무자가 위나라에서 벼슬한 것은 文公(문공)과 成公(성공) 때였다. 문공은 도리를 지 켰으므로 영무자는 내세울 만한 일을 무리하게 하지 않았다. 이것을 보면 그 가 지혜로웠음을 알 수 있다. 그런데 성공은 무도해 나라를 잃고 말았다. 영 무자는 그 당시 몸과 마음을 다해 여러 가지로 주선하며 난국을 피하지 않았 다. 대개 영리한 선비라면 피하려 했을 것이지만 영무자는 자신의 몸을 보존 하면서도 군주를 잘 계도했다. 이것을 보면 그 어리석음은 남들이 미치지 못 할 정도였다고 할 수 있다. 단, 정이는 영무자가 나라에 도가 없을 때 스스로 를 숨겨 환난을 면했으므로 그 어리석음에 남들이 미칠 수 없다고 한 것이라 고 달리 풀이했다.

狂 뜻이 큰 사람과 함께

공자께서 진(陳)나라에 계실 때 말씀하셨다.

"돌아가야겠다, 돌아가야겠다. 우리 무리의 소자들이
뜻은 크나 일에는 소략하므로, 찬란하게 문장을 이루
었으되 그것을 마름질할 줄 모르는구나."

「공야장」 제21장 자재진(子在陳)

이 장은 공자가 도를 전파하기 위해 사방으로 돌아다녔지만 도가 행
해지지 않자 고향으로 돌아갈 결심을 한 내용이다.

공자는 조국 노나라에서 위민(爲民)의 인정(仁政)이 실현되기를 바
랐으나 뜻을 이루지 못하자 조국을 떠나 천하를 철환(轍環, 수레를 타고
돌아다님)하면서 그 이념을 전파하려 했다. 하지만 상가지구(喪家之狗,
집 잃은 개)라는 말을 들을 정도로 소외되었고, 광 땅과 진(陳), 채(蔡)
에서는 큰 곤란을 겪기도 했다. 주나라의 문화가 자신에게 있다고 자
부하기도 했으나 도가 행해지지 않는 것을 보고 부해(浮海, 뗏목을 타고
바다로 떠남)의 탄식을 뱉기도 했다. 마침내 고국에서 문하생들을 교육
하기로 결심한 공자는 68세의 노구를 이끌고 노나라로 돌아갔다.

공자는 제자들이 광간(狂簡)하다고 했고, 마름질하지 못한 비단 같다고 했다. 광간이란 뜻은 크지만 일의 성취는 소략한 것을 말한다. 공자는 세상에 도를 전하려 했지만 여의치 않자 중도를 행하는 선비와 함께 행동하려 했고, 그러한 선비마저 얻지 못하자 차선책으로 광간의 선비를 교육할 결심을 한 것이다. 「자로」 제21장에서도 공자는 "중도에 맞게 행동하는 사람을 얻어 같이할 수 없다면, 반드시 뜻이 큰 사람이나 절조를 굳게 지키는 사람과 함께할 것이다. 뜻이 큰 사람은 나아가 취하려 하고, 절조를 지키는 사람은 하지 않는 바가 있다."라고 했다. 『맹자』 「진심 하」에 보면, 맹자의 제자 만장(萬章)이 공자가 노나라에 있는 광간의 선비를 그리워한 이유가 무엇인지 물었다. 이에 맹자는 중도의 인사를 얻을 수 없었으므로 그다음 부류인 광견(狂狷)의 사람들과 뜻을 같이하고자 한 것이라고 대답했다. 광간과 광견은 같은 말이다.

공자는 노나라로 돌아가 사학을 설치해 행단에서 강학하며 문하생 3000여 명을 배출했다. 육예(六藝)에 능통한 제자만도 『사기』 「중니제자열전」에 따르면 77명에 달했다. 참으로 성대한 일이다.

子가 在陳하사 曰, 歸與인저 歸與인저.
吾黨之小子가 狂簡하여 斐然成章이오
不知所以裁之로다.

歸與는 '돌아갈진저!'라는 뜻이다. 吾黨小子는 노나라에 있는 문하생들을 가리킨다. 斐然은 문채가 나는 모양이다. 成章은 文理(문리)를 성취해 볼 만한 것이 있음을 뜻한다. 裁는 바르게 마름질하는 일이다.

改

고쳤으면 됐다

**백이와 숙제는 사람들이 전에 저지른 악행을 생각하지
않았기에, 원망하는 사람이 드물었다.**

「공야장」제22장 백이숙제불념구악(伯夷叔齊不念舊惡)

백이와 숙제는 은나라 말 고죽국(孤竹國)의 왕자들이다. 그들은 주나라 무왕이 은나라 주왕을 정벌하러 나갈 때 그 말을 붙잡고 신하로서 군주를 정벌하는 것은 부당하다고 했다. 무왕이 천하를 통일한 이후에는 주나라 곡식을 먹을 수 없다며 수양산에 들어가 은거하다가 굶어 죽었다.

『맹자』「공손추 상」에서는 백이에 대해 "악을 미워하는 마음으로 인해 무례한 향인과 더불어 서 있을 때 향인의 관이 반듯하지 못하거든 뒤도 안 돌아보고 자리를 떠나며 마치 자기까지 더럽힐 것처럼 여겼다."라고 했다. 그리고 그의 정치적 행동에 대해 "섬길 만한 군주가 아니면 섬기지 않고 부릴 만한 백성이 아니면 부리지 않았으니, 세상이 다스려지면 나아가고 세상이 어지러워지면 물러난 사람은 백이이다."라고 논평했다. 맹자는 청(淸)의 원칙을 지나치게 고수한 백이의

행동 방식이 온전하다고 보지 않았다. 그래서 백이를 은나라 말의 성인으로 인정하기는 했지만 그의 편협한 면을 지적해 '애(隘, 협소하다)'라는 말로 논평했다.

하지만 맹자보다 앞서 공자는 그렇게 보지 않았다. 백이와 숙제는 악을 행한 사람일지라도 스스로 잘못을 고치면 비판을 그만두었으므로 잘못을 저질렀던 사람이 그들을 원망하지 않았다고 논평했다. 또한 「술이」 제14장에서 자공이 "백이와 숙제는 어떠한 사람입니까? 세상을 원망했습니까?"라고 묻자 공자는 "인을 추구하여 인을 얻었으니 또 무엇을 원망했겠는가?"라고 대답했다. 훗날 사마천도 『사기열전』의 맨 처음에 「백이열전」을 두어 백이가 "인을 추구하여 인을 얻었다."라고 칭송했다.

올바른 이념을 추구하며 일생을 올바르게 살다가 죽는다면 그것으로 삶의 의미가 완결된다. 이름이 알려져 후대의 추앙을 받는 것은 별개의 문제이다. 공자나 사마천이나 결과를 따지지 않고 순수한 동기를 중시했다. 오늘날 우리가 본받을 점이 바로 이것이리라.

伯夷叔齊는 不念舊惡이라 怨是用希니라.

伯夷와 叔齊는 고죽국 군주의 두 아들이다. 不念舊惡은 악을 행한 사람이 자신의 잘못을 고치면 그의 옛 악행을 생각하지 않았다는 뜻이다. 怨是用希는 '원망이 그래서 드물었다'는 말인데, 남의 옛 악행을 생각하지 않았으므로 남들이 백이와 숙제를 원망하는 일이 드물었다는 뜻이다.

정직이란 무엇인가

누가 미생고를 정직하다고 하겠는가? 그는 어떤 사람이 식초를 빌려 달라고 하자 그것을 이웃에서 빌려다 주었다. 「공야장」 제23장 숙위미생고직(孰謂微生高直)

노나라 사람 미생고(微生高)는 아주 정직했다. 그러나 공자는 미생고가 남의 집에서 식초를 빌려다 다른 사람에게 준 일이 올곧은 행위가 아니라고 비판했다. 생활 속의 친근한 예를 통해 인간의 곧은 본성과 성실함에 관해 성찰하라고 촉구한 것인데, 이를 통해 우리는 직(直)의 문제를 다시 생각해 보지 않을 수 없다.

자기 집에 없는 것을 이웃에서 애써 빌려다 준 것은 친절하다고 할 만하지 않을까? 하지만 공자는 그 행위를 옳다고 여기지 않았다. 이유는 무엇인가? 첫째, 미생고는 자기 집에 없으면 없다고 해야 하거늘 그러지 않았다. 둘째, 미생고는 이웃에게 식초를 빌리면서 자기가 쓸 것이라고 말한 듯하다.

주희는 미생고의 행위가 본뜻을 굽히고 외물에 따르는 잘못과 미덕을 약취하고 은혜를 파는 잘못을 저질렀다고 지적했다. 본뜻을 굽

히고 명예 등 외적인 것을 더 중시해 따르는 것을 곡의순물(曲意徇物)
이라 하고, 자신에게 본래 미덕이 있었던 것처럼 꾸미고 은혜를 파는
것을 약미시은(掠美市恩)이라고 한다. 주희는 이 장에서 공자가 아무
리 작은 일이라 해도 그 일에 성실하게 임하지 않으면 마음을 온전하
게 기를 수 없다고 경계한 것이라 보았다. 정직하다는 것은 내 마음의
정언 명령을 따르는 행위이지, 본마음을 굽혀 그릇된 방식으로 미덕
을 얻는 행위가 아니라는 것이다.

숙 위 미 생 고 직
孰謂微生高直고.
혹   걸 혜 언   걸 저 기 린 이 여 지
或이 乞醯焉이어늘 乞諸其隣而與之온여.

孰은 익을 熟(숙)의 원글자이되 '누구'라는 의문사로 빌려 쓴다. 孰謂는 '누
가 ~라 하는가'라고 풀이하며, '~라고 할 수 없다'는 부정의 뜻을 함축한
다. 或은 或人(혹인)과 같아서 '어떤 사람'이란 뜻이다. 乞은 본래 구름 기운
을 나타냈지만 '빌리다'의 뜻으로 차용해 쓴다. 醯는 식초이다. 焉은 종결사
로, '~에게'의 뜻도 지닌다. 諸는 '저'로 읽으면 '그것을 ~에서'의 뜻을 나
타낸다. 참고로 '제'로 읽으면 '모두'라는 뜻이니, 諸君(제군)은 '여러분'이
다. 隣은 '이웃'의 뜻이다. 而는 앞의 말과 뒤의 말을 연결해 준다. 與는 '주
다'라는 뜻을 지닌 동사이다. 與信(여신, 돈을 빌려 주는 일)의 與와 같다. 之는
앞의 말을 되받는다. 여기선 '빌린 식초'를 가리킨다.

耶 부끄러워하는 마음

말을 듣기 좋게 하고 얼굴빛을 잘 꾸미며 지나치게
공손하게 구는 것을 옛날 좌구명이 부끄러워했는데,
나 또한 이것을 부끄러워하노라. 원망을 감추고
사람과 사귀는 것을 좌구명이 부끄러워했는데,
나 또한 이것을 부끄러워하노라.

「공야장」 제24장 교언영색주공(巧言令色足恭)

좌구명은 공자와 비슷한 시기에 역시 노나라에서 활동한 학자였다.
두 눈을 실명하고도 춘추 시대 여덟 나라의 역사를 나라별로 기록한
『국어(國語)』를 저술한 인물이다. 성이 좌구이므로 『춘추좌씨전』을
지은 좌씨와는 다른 인물이다.

좌구명은 '말을 듣기 좋게 하고 얼굴빛을 잘 꾸미며 지나치게 공
손하게 구는 것'과 '원망을 감추고 그 사람과 사귀는 것'을 벽을 넘어
가서 도둑질하는 짓보다 부끄럽게 여겼다. 공자는 그의 일을 회고하
면서 "나 또한 부끄러워하노라."라고 말했다. 자신을 좌구명에게 견
줌으로써 배우는 자를 경계하고 이 점을 깊이 살펴서 마음을 올곧게

세우도록 한 것이다. 이것은 「술이」 제1장에서 "전술하되 창작하지 않으며 옛 도를 믿어 좋아하기에 가만히 내 자신을 노팽(老彭)에게 견준다."라고 겸손하게 말한 방식과 같다.

공자는 「학이」 제3장에서 이미 "말을 잘하고 얼굴빛을 잘 꾸미는 자 가운데 어진 사람이 드물다."라고 해서 교언영색을 경계한 바 있다. 교언영색의 인물은 겸손을 가장해 지나치게 공손히 굴면서 중도를 어기기 마련이다. 좌구명은 남을 원망하면서 원망을 감추고 겉으로만 다정한 척하지 않았다. 공자도 그러했다. 조선 후기의 박지원은 달리 품은 마음이 있으면서 이해관계 때문에 겉으로 다정한 척 사귀는 것을 시교(市交)라고 했다. 이를 진정한 우정이라고 할 수는 없으리라.

겸손을 가장하지 않는 것, 그리고 참된 우정을 지니는 것. 이는 쉬운 말인 듯하지만 실천이 어려운 말이기도 하다.

巧言令色足恭을 左丘明이 恥之러니
丘亦恥之하노라. 匿怨而友其人을
左丘明이 恥之러니 丘亦恥之하노라.

足(주)는 過(과, 지나침)의 뜻이다. 丘亦恥之의 丘는 공자의 이름이다. 유학자들은 공자의 이름을 함부로 부르지 않기 위해 某(모)라고 읽었다. 匿怨而友其人은 그 사람에 대해 원망을 품고 있으면서도 그 원망하는 사람을 겉으로만 사귀는 것을 뜻한다.

노인을 편안하게 해 주어야

노인을 편안하게 해 주고 붕우를 믿어 주며 젊은이를 감싸 주겠다. 「공야장」 제25장 합언각지(盍言各志)

안연과 자로가 공자를 모시고 있던 어느 날, 공자가 "각각 너희들의 뜻을 말해 보지 않겠느냐?"라고 했다. 그러자 자로는 "말이 끄는 수레와 가벼운 겉옷을 벗과 함께 나눈다면 그것들이 다 닳아 떨어지더라도 유감이 없겠습니다."라고 답했다. 부귀를 벗과 함께 누리고 싶다고 말한 것이다.

안연은 "세상에 선(善)을 자랑함도 없으며 수고로움을 으스대는 일도 없었으면 합니다."라고 답했다. 중용과 중정의 덕을 닦겠다고 말한 것이다. 『주역』건괘(乾卦) 소상전에 "떳떳한 말을 미덥게 하며 떳떳한 행동을 삼가서, 간사함을 막고 정성을 보존하며 세상을 선하게 해도 자랑하지 않고 덕을 넓게 펼쳐 교화시킨다."라고 했다. 그리고 겸괘(謙卦) 계사전 상에서는 "수고로워도 자랑하지 않으며 공이 있어도 덕으로 하지 않는 것이 지극한 후함이다."라고 했다. 모두 안연의 덕성과 통하는 말이다.

이어서 자로가 "선생님의 뜻을 듣고 싶습니다."라고 청하자, 공자는 "노인을 편안하게 해 주고 붕우를 믿어 주며 젊은이를 감싸 주겠다."라고 대답했다. 이 말은 안민, 우애, 교육의 이상을 모두 담고 있으며 선을 자랑하지 않고 수고로움을 으스대지 않겠다는 뜻 역시 함축하고 있다.

정이가 말했듯 자로, 안연, 공자는 남과 나누는 것을 중시했다는 점에서 같다. 자로는 의리가 강해 어떤 세력과 이익에도 구속받지 않았다. 안연은 선을 자랑하지 않았고 다른 사람과 같이할 줄 알았다. 자로는 인을 실천하려 애썼고, 안연은 인을 실천하려 애쓰지 않아도 모든 행동이 인을 어기지 않았으니 두 사람은 인에 뜻을 둔 것이다. 반면 공자의 경우는 천지 운행의 법칙이 만물에게 부여되지만 스스로 수고롭다고 자랑하지 않음과 같았다. 곧 공자는 인에 편안했던 것이다.

_{노 자} _{안 지} _{붕 우} _{신 지}
老者를 **安之**하며 **朋友**를 **信之**하며
_{소 자} _{회 지}
少者를 **懷之**니라.

老者安之는 老者를 봉양하여 편안하게 만든다는 말이다. 朋友信之는 朋友와 신뢰 관계를 맺는다는 말이다. 少者懷之는 少者를 은혜로 품는다는 말이다. 일설에서는 "노인이 나를 편안히 여기고, 벗이 나를 믿으며, 젊은이가 나를 사랑하게 한다."라고 풀이하기도 한다.

訟

자신을 꾸짖으라

**어쩔 수 없구나! 나는 아직 자신의 허물을 보고서
안으로 자책하는 사람을 보지 못했다.**

「공야장」 제26장 내자송(內自訟)

공자는 철환(轍環)을 마치고 노나라로 돌아와 후학 양성과 저술 작업
에 몰두했다. 당시는 약육강식의 시대로 인간의 덕성은 말할 수 없이
황폐했다. 이 세상을 바꿀 수 있는 힘은 오로지 인간 자신에게 있기
에, 자반(自反)의 도가 어느 때보다 요구되었다. 하지만 허물이 있음
을 스스로 아는 자가 적었고, 허물을 알고 스스로를 꾸짖는 자는 더욱
적었다. 이에 공자는 "어쩔 수 없구나!"라고 탄식했다.

　그런데 인간의 허물에는 두 가지가 있다. 첫째, 양심을 어기고 도
덕적인 잘못을 짓는 경우이다. 둘째, 허영이나 교만으로부터 잘못을
저지르는 경우이다. 여기에서 공자가 말한 허물이 어느 쪽에 해당하
는지는 분명하지 않다.

　후대의 지식인들을 보면 도덕적인 잘못을 스스로 비판한 예보다
는 허영과 교만이 빚어낸 잘못을 후회한 경우가 많다. 이를테면 조선

후기의 이식(李植)은 「오영잠(惡盈箴)」을 지어 교만을 부리지 않겠다고 다짐했다. 이는 『주역』 겸괘 단사(彖辭)에서 "천도(天道)는 가득 차면 허물어뜨리고 겸손하면 복을 주며, 지도(地道)는 위에서 가득 차면 떨어뜨리고 아래에서 겸손하면 계속 흐르게 하며, 귀신은 가득 차면 재앙을 내려 해치고 겸손하면 복을 준다."라고 한 말에 근거한 것이다.

공자는 어떤 종류의 잘못이든 잘못을 저지른 이들이 스스로 반성하지 않는 것을 경계했을 것이다. 안타깝게도 자신의 허물을 인정하기 어려운 것은 예나 지금이나 마찬가지인 듯하다.

이 의 호
已矣乎라
오 미 견 능 견 기 과 이 내 자 송 자 야
吾未見能見其過而內自訟者也에라.

已矣乎란 뒤에 말하는 그런 사람을 끝내 보지 못할 것이라고 우려해 탄식하는 말이다. 內自訟이란 입으로 말하지 않고도 마음으로 스스로를 허물하는 일이다. 吾未見의 목적어가 能見其過而內自訟者이다.

배움을 좋아한다

열 집의 작은 마을에도 반드시 나만큼 충후하고 신실한 자가 있겠지만, 나만큼 배우기를 좋아하지는 못할 것이다. 「공야장」 제27장 십실지읍(十室之邑)

공자는 스스로 성인이나 군자를 자처하지 않았다. 하지만 자신의 호학(好學)은 자부했다. 이 장에서 자신의 충후함과 신실함은 남들과 같은 정도이지만 자신만큼 배우기를 좋아하는 인물은 좀처럼 찾아보기 어려울 것이라고 한 말도 그 한 예이다. 주희는 충후함과 신실함은 얻기 쉬워도 지극한 도를 체득하기는 어려우므로 공자가 호학을 권면한 것이라고 풀이했다. 그러면서 배움이 지극하면 성인이 되고 배우지 않으면 시골 사람 신세를 면치 못하니 학문에 힘쓰라고 덧붙였다.

『맹자』「등문공 상」에 기록되어 있듯 증자는 공자의 인품과 기상을 찬양해 "장강과 한수의 맑은 물로 씻고 강렬한 가을볕으로 쪼인 것과 같이 너무도 결백해 이보다 더할 수 없다."라고 했다. 또 주희 등 유학자들은 공자를 생지(生知), 즉 태어나면서부터 도를 안 성인이라고 규정했다. 하지만 공자는 늘 학문을 연마했다. 그 학문의 내용은 지식만이 아니라 인격의 도야에 관계된 것이 많았다. 그렇기에 「술이」제21장에서는 "세 사람이 길을 가면 반드시 그중에 나의 스승이 있으니, 선한 것을 가려서 따르고 선하지 못한 것을 가려서 자신의 허물을 고친다."라고 했다. 「자장」제21장에 보면 자공이 말하기를 "선생님께서 어찌 배우지 않으시며 또 어찌 일정한 스승이 계시겠는가?"라고 했다.

『중용』에서는 "공자는 멀리 요임금과 순임금을 조종(祖宗)으로 받들어 계승하고, 가까이로는 문왕과 무왕의 법도를 드러내 밝혔다. 위로는 천시(天時)를 법도로 삼고 아래로는 수토(水土)의 이치를 따랐다."라고 했다. 조선 후기의 조익은 "공자는 생지의 성인으로서 뭇 성인들의 뒤에 태어나 곤궁하여 아랫자리에 있었지만, 옛것을 좋아해 부지런히 배우려고 노력한 결과 선성(先聖)의 도로부터 천하의 의리에 이르기까지 사소하거나 비천한 일이라 할지라도 배우지 않은 것이 없었다."라고 했다. 비록 공자의 호학을 닮기는 어려울지라도 우리는 배우는 일이야말로 가장 즐겁고 보람 있음을 잘 알고 있다. 인간의 삶은 유한하거늘 끝없이 탐구한다는 것은 언뜻 어리석은 듯도 하지만, 실은 그것이 인간을 숭고하게 만들기도 한다.

십실지읍   필유충신
十室之邑에 必有忠信이
여구자언   불여구지호학야
如丘者焉이어니와 不如丘之好學也니라.

十室은 작은 읍을 말한다. 忠信은 성인처럼 타고난 자질이 아름다운 자를 가리킨다. 如丘者란 '丘 같은 자'라는 뜻이다.

아끼는 이의 죽음

안회는 학문을 좋아하여 노여움을 다른 사람에게 옮기지 않았고 잘못을 두 번 거듭하지 않았는데 불행히도 단명하여 죽고 말았습니다.

「옹야(雍也)」 제2장 불천노불이과(不遷怒不貳過)

「옹야」 편 28장 가운데 제2장으로, 공자가 조몰(早沒)한 제자 안연을 추억하며 말한 내용이 실려 있다. 공자의 수제자였던 안회, 즉 안연은 『사기』에 따르면 29세로 머리가 희어져 죽었다고 하고 『공자가어』에 따르면 32세로 죽었다고 한다.

공자는 안연이 죽자 무척 슬퍼했다. 그리고 안연이 학문을 진심으로 좋아했다는 사실, 노여움을 다른 사람에게 옮기지 않았다는 사실, 같은 잘못을 두 번 하지 않았다는 사실을 들어 그를 추억했다.

안연은 스승 공자가 그랬듯 학문을 좋아했다. 노나라 애공이 공자에게 "제자 중 누가 가장 학문을 좋아합니까?"라고 물었을 때, 공자는 안연이라고 답하며 위와 같이 말했다.

생전의 안연은 감정을 억제하고 내면을 성찰하는 공부에 뛰어났다. 안연이 인(仁)에 대해 묻자 공자는 자기의 사사로움을 극복해 예로 돌아가는 극기복례(克己復禮)가 인이라고 가르쳐 준 적이 있다. 주희는 안연이 극기 공부를 했기에 노여움을 다른 사람에게 옮기지 않고 잘못을 두 번 거듭하지 않은 것이라고 논평했다. 젊은 나이에 죽었지만 안연은 인격을 성숙시키는 참된 공부를 했던 것이다.

공자는 유교무류(有敎無類)라 해서 교육 현장에서 생도를 차별하지 않았으나, 자신의 사유와 이상을 제대로 이해해 주는 제자를 각별히 사랑해 기회 있을 때마다 추어주었다. 그런 제자들 가운데서도 가장 뛰어난 제자 안연의 죽음을 공자는 너무도 슬퍼했다. 공자의 교육자로서의 면모만이 아니라 인간을 진정으로 사랑하는 따스한 마음을 우리는 배워야 할 것이다.

有顏回者가 好學하여 不遷怒하며
不貳過하더니 不幸短命死矣라.

有顏回者는 '안회라는 자가 있다'라고 풀이하지만 조선 시대 교정청 언해본은 有 자를 새기지 않고 顏回者 뒤에 주격 조사 '가'를 붙였다. 好學은 '학문을 좋아한다'는 뜻이다. 不遷怒는 '노여움을 다른 사람에게 옮기지 않는다'는 뜻이다. 단 정약용은 '하늘을 탓하거나 다른 사람을 원망하지 않는다'로 보았다. 不貳過는 '잘못을 두 번 거듭하지 않는다'는 뜻이다. 貳는 본래 세발솥 鼎(정)의 새김 글자를 창으로 깎아 고치는 일을 가리켰으나 '거듭'이나 '둘'이라는 뜻으로 쓰이게 되었다. 幸은 본래 수갑을 나타냈는데, 형벌을 받되 수갑 차는 정도로 그치면 다행이므로 '행복하다'라는 뜻을 갖게 되었다고 한다. 短命은 수명이 짧은 것을 말한다. 矣는 종결의 어조를 지닌다.

周

곤궁한 이를 돕는다

공서적이 제나라로 갈 때 살찐 말을 타고 가벼운 갖옷을 입고 갔다고 한다. 내가 듣기에, 군자는 곤궁한 사람은 도와주되 여유 있는 사람에게 보태 주지는 않는 법이다. 「옹야」 제3장 군자주급(君子周急)

공자는 제자 공서적(公西赤), 즉 공서화가 제나라에 사절로 가면서 살찐 말을 타고 가벼운 갖옷을 입고 가자 마뜩해하지 않았다.

공서화는 이름이 적으로, 외교의 법도에 밝았다. 그가 제나라로 떠나게 되자 다른 제자 염유가 공서화의 어머니에게 곡식을 보내 드리자고 청했다. 공자는 "여섯 말 넉 되를 보내라."라고 했으나 염유는 더 보내자고 했다. 공자는 "그러면 열여섯 말을 보내라."라고 했지만, 염유는 여든 섬을 보냈다. 그러자 공자는 말했다. "공서적은 제나라로 갈 때 살찐 말을 타고 가벼운 갖옷을 입고 갔다. 나는 이런 말을 들었다. '군자는 곤궁한 사람은 도와주되 부유한 사람에게는 더 보태 주지 않는 법이다.'라고."

공자는 옛 속담까지 인용해서 재물이 넉넉한 사람에게 이익을 더

주면 안 된다고 말했다. 곤궁한 사람을 도와주는 주급(周急)은 온당한 일이로되, 이미 부유한 사람을 더 부유하게 만드는 계부(繼富)는 부당한 일이라고 본 것이다.

『만기요람(萬機要覽)』에 따르면 조선 후기에는 대신이 치사(致仕, 나이가 들어 벼슬을 그만둠)하면 다달이 주는 월치(月致)와 곤궁을 구제하기 위한 주급을 주게 되어 있었다. 종2품의 관원은 치사한 뒤 봉조하(奉朝賀)에 임명되어 의식에만 출사하면서 종신토록 녹봉을 받았는데, 별치와 주급도 따로 받았다. 정2품의 자헌대부 이상으로 치사하거나 정3품의 참의로 치사한 경우에는 차등 있게 받았다. 오늘날에도 공적 기구나 사적 기업에서는 직책에 따라 봉급 외 수당을 책정하고 있다. 공자가 제자들에게 주의를 준 사실에서 유추해, 수당의 책정이 온당한지 살펴야 할 것이다.

적 지 적 제 야   승 비 마   의 경 구
赤之適齊也에 乘肥馬하고 衣輕裘하니
오 문 지 야   군 자   주 급   불 계 부
吾는 聞之也호니 君子는 周急이오 不繼富라 하라.

之는 안은문장에서 주어와 술어를 이어 준다. 適은 '가다'라는 뜻이다. 也는 화제를 제시하는 기능을 한다. 乘은 '타다', 衣는 '입다'이다. 肥馬는 살찐 말이며 輕裘는 가벼운 가죽옷, 즉 부유한 차림새를 나타낸다. 吾聞之也의 也는 호흡을 한번 끊어 주는 기능을 한다. 周急의 周는 보탤 賙(주)의 원글자이다. 急은 곤궁해서 火急(화급)함을 뜻한다. 不繼富의 繼는 '여유가 있지만 더 보태 준다'는 뜻이다.

村

출신보다 능력

얼룩소의 송아지가 털이 붉고 뿔이 곧으면, 제사에 쓰지 않으려 해도 산천이 내버려 두겠는가?

「옹야」 제4장 성차각(騂且角)

공자는 제자 중궁(仲弓)을 평해 "얼룩소의 송아지가 털이 붉고 또 뿔이 곧은 것과 같다."라고 말했다. 산천의 신에게 제물로 바치는 송아지를 예로 들어 출신보다 인물 자체가 중요함을 가르친 것이다.

고대와 중세의 국가들은 자국의 영역을 과시하고 자연의 신령한 힘으로 국가의 안녕을 유지하려는 뜻에서 산천에 제사를 지냈다. 이때 얼룩소나 검은 소는 희생으로 쓰지 않았으며, 대개 털이 붉으면서 뿔이 곧은 소를 썼다. 그런데 만일 얼룩소나 검은 소의 새끼라 하더라도 털이 붉으면서 뿔이 곧으면 희생으로 바쳤다. 출생의 기원보다 개체 자체의 특성을 중시했기 때문이다.

주희에 따르면, 공자는 이 장에서 비유를 통해 아버지가 천하거나 악하다 해도 그 자식이 선량하다면 출신 때문에 버리지 않는 법이라고 강조한 것이다. 한편 정약용은 본문의 이우(犂牛)를 검은 소로 보고 "검은 소의 송아지가 털이 붉고 뿔이 곧다면 천지 신에게 쓸 수는 없다 해도 산천의 신에게까지 쓰지 못하는 법은 없다."라고 공자의 말을 풀이했다. 여기서는 주희의 설을 따랐다.

중궁은 그 자신 훌륭했으나 그의 아버지는 악행을 많이 저지른 인물이었다. 공자가 털이 붉고 뿔이 곧은 송아지의 비유를 든 것은 출신의 높고 낮음보다 개인의 능력이 더 중요함을 말한 것이다. 이 가르침은 아버지에게 못 미치는 불초자(不肖子)라 해도 노력해서 훌륭한 덕을 갖춘다면 세간의 높은 평가를 받을 수 있다는 뜻 역시 포함한다.

사회가 발전할수록 출신보다 인격과 능력을 더 중시하게 된다. 이 점에서 우리 사회는 상당히 긍정적으로 바뀌었다고 하겠다.

_{이 우 지 자}　_{성 차 각}
犁牛之子가 騂且角이면
_{수 욕 물 용}　_{산 천}　_{기 사 저}
雖欲勿用이나 山川은 其舍諸아.

犁는 밭 갈 犂(리)와 같다. '쟁기질하다'나 '검다'의 뜻일 때는 '려', '얼룩소'의 뜻일 때는 '리'로 읽는다. 犁牛는 얼룩소이다. 騂은 털빛이 붉은 말을 가리킨다. 주나라에서는 제사 때 붉은 소를 사용했다. 且는 '또한 ~하다'의 뜻을 나타낸다. 角은 여기서는 '뿔이 곧음'을 가리킨다. 雖는 '비록 ~할지라도'라는 뜻의 접속사이다. 勿은 금지사로 쓰이지만, 여기선 '~하지 않는다'의 뜻이다. 用은 제사에 씀을 말하고, 山川은 산천의 신을 가리킨다. 其는 앞말을 받아 강조한다. 舍는 버릴 捨(사)의 본래 글자이다. 글 끝의 諸는 지시와 의문의 어조를 나타낸다. '~을 ~하겠는가'로 풀이한다.

안빈낙도

**한 대그릇의 밥과 한 바가지의 물로 누추한 거리에서
살면 남들은 그 근심을 참지 못하거늘 안회는 자기의
즐거움을 변치 않으니 어질도다, 회여!**

「옹야」제9장 불개기락(不改其樂)

시대가 바뀌면 퇴색하는 말들이 있다. 오늘날의 상황을 보면 안빈낙
도(安貧樂道)도 그 가운데 하나이다. 공자는 제자 안회, 즉 안연이 한
대그릇의 밥과 한 바가지의 물로 누추한 거리에 살면서도 자기의 즐
거움을 변치 않는다고 칭찬했다. 안연의 안빈낙도를 높이 평가한 것
이다. 하지만 안연이 결코 바꾸지 않았다는 '자기의 즐거움'이란 대체
무엇을 두고 한 말일까? 가난 자체를 즐거움으로 여기지는 않았을 것
이다. 가난하든 부유하든 변치 않는 자신만의 즐거움이 무언가 있었
을 법하다.

　다른 날 공자는 안연에 대해 "그 마음이 석 달이나 되는 오랜 기간
이 흘러도 인(仁)을 어기지 않는다."라고 칭찬했다. 그렇다면 안연이
바꾸지 않은 즐거움이란 인을 어기지 않는 데서 오는 즐거움이 아닐

까? 아무래도 안연의 안빈낙도는 물질적 조건에 관계없이 인과 도(道)를 추구하는 마음을 바꾸지 않는 데서 얻는 즐거움이었던 듯하다.

그렇다. 누구든 자신의 격률에 따라 살아 나갈 때 진정한 즐거움을 느끼게 되리라. 물신주의가 만연한 지금 시대에 이런 본연의 마음을 지키고 있는 사람이 무척 그립다.

일 단 사　　일 표 음　　　재 누 항
一簞食와 一瓢飲으로 在陋巷을
인 불 감 기 우　　　회 야　　불 개 기 락
人不堪其憂어늘 回也는 不改其樂하니
현 재　　회 야
賢哉라 回也여.

簞은 대그릇, 瓢는 바가지이다. 一簞과 一瓢는 적은 양을 나타낸다. 食는 '먹을 식'이 아니라 '밥 사'로 읽는다. 在는 '～에 산다'라는 말이다. 陋巷은 '누추한 골목'이다. 堪은 堪耐(감내)한다는 뜻이다. 其는 앞에 나온 내용, 즉 한 대그릇의 밥과 한 바가지의 물만 마실 정도로 어려운 생활을 하면서 누추한 골목에 사는 일을 가리킨다. 憂는 본래 상복을 갖춰 입고 슬퍼하는 모습을 나타냈는데 '근심', '근심하다'의 뜻으로 쓰인다. 也는 어떤 사실을 주제로 만드는 어조사이다. 改는 본래 들이닥친 재앙을 다른 데로 옮긴다는 뜻을 나타냈던 글자이며 '고친다, 바꾼다'의 뜻으로 사용된다. 其樂의 其는 앞의 其와 달리 가리키는 말이 문면에 나와 있지 않다. 가난한 생활을 가리키는 것이 아니라, 안연이 추구하는 삶과 가치를 가리킨다. 賢은 어질다는 뜻이다. 哉는 감탄의 어조를 지닌다. 賢哉回也는 回也賢哉를 뒤집어서 감탄의 뜻을 더한 표현이다.

금을 긋지 말라

힘이 부족한 사람은 길을 가다가 쓰러지나니, 지금 너는 금을 긋고 있다. 「옹야」 제10장 금여획(今女畫)

금여획(今女畫)! 이보다 우리를 아프게 질책하는 말이 또 있을까? 염유가 "선생님께서 말씀하시는 도를 좋아하지 않는 것은 아닙니다만, 저는 힘이 부족합니다."라고 하자 공자는 "지금 너는 금을 긋고 있다."라고 엄하게 꾸짖었다.

『시경』「소아(小雅) 거할」편에 "높은 산을 우러러보고 큰길을 걷노라."라는 구절이 있다. 『예기』를 보면 공자는 이 시를 인용한 뒤 "이 시를 지은 이가 인을 좋아함이 이와 같구나! 도를 향해 걷다가 중도에서 쓰러지는 한이 있더라도 자신의 늙음도 잊은 채, 나이가 부족한 것조차 알지 못한 채 나날이 힘껏 부지런히 행하다가 죽은 후에야 그만두는 것이다."라고 했다. 이 구절에서 '중도에서 쓰러진다'는 뜻의 '중도이폐(中道而廢)'는 이 장에서와 달리 '죽는다'는 뜻이 강하다. 하지만 '죽은 후에야 그만둔다'는 뜻의 '사이후이(死而後已)'는 바로 이 「옹야」편에서 공자가 염유에게 알려 주고자 한 말일 것이다. 그리

고 이것이야말로 자기완성을 위해 노력하는 인간의 참모습을 그려
낸 말이라 할 수 있다.

우리는 어떤 의미 있는 일을 하다가도 힘이 부족하다고 지레 생각
하여 포기하려 할 때가 있다. 하지만 힘이 부족하다는 핑계로 포기한
다면 공자는 말하리라. "지금 너는 금을 긋고 있다!"라고.

力不足者는 中道而廢하나니 今女는 畫이로다.

力不足은 '힘이 모자란다'이다. 中道는 '길 가는 도중에'이다. 而는 어조를
고르는 조사이다. 廢는 본래 쓸모없는 것을 버린다는 뜻인데, '그만두다' 또
는 '쓰러진다'의 뜻으로 쓴다. 中道而廢는 흔히 '길을 가다가 중간에 그만둔
다'로 풀이하지만 적절치 않다. 중간에 그만둔다면 自暴自棄(자포자기)일 따
름이다. 정약용의 설을 따라 '길을 가다가 중간에 기력이 모자라 쓰러진다'
는 뜻으로 보아야 할 것이다. 의지는 있지만 힘이 다해 어쩔 수 없이 쓰러지
게 된다는 의미라야 문맥상 옳다. 女는 '여자'가 아니라 이인칭을 나타내는
汝(여)와 같다. 畫은 '그림 화'와 '그을 획'의 두 가지로 읽을 수 있는데, 여기
서는 그을 획으로 읽는다. 劃(획)과 같다.

진정한 학자

공자께서 자하에게 말씀하셨다. "너는 군자다운 학자가 되어야지, 소인 같은 학자가 되어서는 안 된다."

「옹야」 제11장 여위군자유(女爲君子儒)

이 장에서는 학자를 군자유(君子儒)와 소인유(小人儒)의 두 부류로 구분했다. 정약용이 규정했듯, 유는 도를 배우는 사람이며 시(詩), 서(書), 예(禮), 악(樂), 전장(典章), 법도(法度)를 익혔다. 개인의 완성을 추구할 뿐 아니라 교양을 바탕으로 현실 정치에 의미 있는 기여를 하고자 하는 지식인을 말한다.

한나라 때 학자 마융(馬融)은 "군자가 선비가 되면 도를 밝히고, 소인이 선비가 되면 명성을 자랑으로 하게 된다."라고 했다. 군자유는 도를 밝히는 진정한 학자이지만 소인유는 명성을 추구하는 속된 학자라는 것이다. 주희의 『집주』는 의(義)와 공(公)을 추구하는 선비를 군자유, 이(利)와 사(私)를 좇는 선비를 소인유라고 했다.

조선 후기의 신흠(申欽)은 군자와 소인은 성(誠)과 위(僞), 실(實)과 명(名)의 차이로 뚜렷이 구별되지만, 군자유와 소인유는 헷갈리기 쉽다고 경고했다. 일례로 북송 때 정이의 제자들은 양시(楊時)의 문인인 육당(陸棠) 같은 소인을 지경(持敬)의 인격자로 보기도 했고, 남송 때 뛰어난 학자 호안국(胡安國)은 진회(秦檜) 같은 간인(姦人)에게 미혹되기도 했다고 지적했다.

정약용은 마융 등의 설을 이어 이렇게 말했다. "그 마음이 도를 익히기 위한 것이라면 군자다운 학자이지만 그 마음이 명예를 위하는 데 있으면 소인 같은 학자이다." 결국 군자유는 위기지학(爲己之學, 자신을 위한 공부)을 통해서 스스로를 세우고 남을 완성시키려 하는 학자를 말한다. 소인유는 위인지학(爲人之學, 남에게 보여 주기 위한 공부)에 급급한 사람을 말한다.

자 위 자 하 왈　　여 위 군 자 유
子謂子夏曰, 女爲君子儒요
무 위 소 인 유
無爲小人儒하라.

'謂~曰~'은 '~에게 ~라고 말하다'라는 뜻을 나타낸다. '爲~'는 '~이 되라'라는 뜻이다. 儒는 학자를 말한다. '無爲~'는 '~가 되지 말라'라는 뜻이다.

자만하지 말라

맹지반은 공을 자랑하지 않았다. 패주하면서 후미에
처져 있다가 도성 문을 들어올 적에 말을 채찍질하며
"내가 감히 뒤에 있었던 것이 아니라 말이 전진하지
못한 것이다."라고 말했다.

「옹야」 제13장 맹지반불벌(孟之反不伐)

군사가 패해 퇴각할 때는 뒤서는 것을 두고 비겁하다 하지 않고 오히
려 공으로 삼는다. 그런데 노나라 대부 맹지반(孟之反)은 패주할 때 맨
뒤에 섰던 일을 두고 "내가 감히 뒤에 선 것이 아니라, 말이 나아가지
않아서 그리된 것이다."라고 말했다.

맹지반은 『춘추좌씨전』에 맹지측(孟之側)으로 표기되어 있고 『장
자』에는 맹자반(孟子反)으로 표기되어 있다. 이름은 측(側)이다. 『춘추
좌씨전』 애공 11년조에 공자가 이 장에서 말한 사실이 기록되어 있다.

춘추 시대 제나라는 노나라가 식(息)을 토벌한 일을 구실로 노나
라를 정벌하려 했다. 고무비(高無丕)가 군사를 거느리고 쳐들어오자
노나라에서는 맹유자설(孟孺子洩)이 우사(右師)를, 계손씨의 가신으

로 있던 염유가 좌사(左師)를 거느리고 나서서 교외에서 싸웠다. 노나라의 우사가 패하자 제나라 군사가 그들을 추격했는데 맹지측은 맨 뒤에 처져 돌아왔다. 그는 화살을 빼 말 엉덩이를 두드리며 "말이 달려 주지 않았다."라고 했다.

처음에 계손씨가 전투를 벌이려 하지 않았으므로 맹유자설은 5일 만에야 수레를 모아 나섰다. 계손씨의 소극적인 태도 때문에 결국 맹유자설은 패배했다. 만일 맹지반이 계손씨와 반대로 행동했다면 상관을 거스른 허물을 문책받았을 것이고, 맹유자설과 반대로 행동했다면 일족 내의 분열을 가져왔을 것이다. 그래서 공자는 모든 사람이 맹지반처럼 남과 공을 다투지 않는다면 노나라에는 근심이 없게 될 것이라고 본 것이다.

역사적인 배경을 떠나 맹지반의 행위는 공적을 세우더라도 스스로 공을 자랑하지 말라는 가르침을 우리에게 전한다.

孟之反은 不伐이로다.
奔而殿하야 將入門할새 策其馬하며
曰. 非敢後也라 馬不進也라 하니라.

伐은 여기서는 '공을 자랑함'이다. 奔은 敗走(패주)이다. 군대의 후미를 殿(전)이라고 한다. 策은 채찍이다. 非敢後란 감히 뒤에 서려고 한 것이 아니라는 말이다. 馬不進也는 '말이 나아가지 않았다'는 뜻이되, 문맥에 비추어 보면 자신이 가장 뒤에 처진 것은 말이 나아가지 않았기 때문이라고 말한 것임을 알 수 있다.

彬

바탕과 문채

바탕이 문채보다 두드러지면 촌스럽고 문채가 바탕보다 두드러지면 매끈하기만 하니, 바탕과 문채가 어우러져 빛을 내야 군자라 할 수 있다.

「옹야」제16장 문질빈빈(**文質彬彬**)

사람은 거칠어서도 안 되고 미끈둥해서도 안 된다. 질박(質朴)이 지나치면 거칠고 문식(文飾)이 지나치면 미끈둥하다. 바탕과 문채가 어우러져야 그 사람만의 '아우라'가 나온다.

그런데 바탕과 문채가 어우러지지 못할 때는 차라리 바탕을 그대로 드러내는 것이 바람직하지 않을까? 공자가 "말을 잘하고 얼굴빛을 잘 꾸미는 자 가운데는 어진 사람이 드물다."라고 한 말을 떠올리면 문채가 지나친 것보다는 차라리 바탕을 그대로 드러내는 것이 나은 듯하다.

『주역』비괘(貫卦)에서는 꾸미지 않는 것이 최고의 꾸밈이라고 했다. 비괘는 위의 괘가 산(山)이고 아래의 괘가 화(火)인 괘로, 산 아래에서 해가 비쳐 산이 붉게 타는 모습을 나타내며 꾸밈과 장식에 관한 이치를 담고 있다. 그런데 맨 위의 효인 상구(上九)의 효사는 놀랍게도 "백비(白賁)이면 무구(无咎)리라!"이다. 백비는 아무것도 꾸미지 않는다는 말로, 비괘의 상구 효사는 곧 "아무 꾸밈이 없으면 허물이 없으리라!"라고 가르친다. 겉을 꾸미는 것은 가치가 없으며, 내면의 품격이 드러나야 한다는 것이다.

그러나 비괘는 꾸미지 않으면 허물이 없다고 했지, 아예 꾸미지 말라고 말하지는 않는다. 역시 바탕과 문채가 어우러져 빛을 내야 군자라 할 수 있는 것이다.

質^질勝^승文^문則^즉野^야요 文^문勝^승質^질則^즉史^사니
文^문質^질彬^빈彬^빈한 然^연後^후에 君^군子^자니라.

質은 도끼 두 자루의 모습인 所(은)과 세발솥 鼎(정)의 약자인 貝(패)로 이루어져 있다. 솥에 칼로 계약 내용을 새기는 일을 나타낸 데서 계약의 기본을 本質(본질)이라 했다. 여기서 質正(질정)과 質問(질문)이란 말이 파생되었다. 文은 본래 주술적 의도에서 죽은 사람 몸에 그려 넣는 붉은 문신을 본뜬 글자였는데 무늬, 문양, 문자, 문장 등을 나타내게 되었다. 勝은 소반에 담은 제물을 쟁기 곁에 두어 풍작을 기도하는 일을 뜻했다. 여기서 '낫다, 이기다'의 뜻이 파생되었다. 則은 세발솥에 칼로 계약 사항을 새겨 규칙으로 삼는 일인데, 접속사로 파생되었다. 野는 밭의 신을 제사 지낸다는 뜻의 里(리)에 음을 나타내는 予(여)가 더해진 글자이다. 들, 시골이란 뜻이며 촌스럽다는 뜻으로도 쓰인다. 史는 주술에 사용하는 그릇을 손으로 잡은 모습으로, 제사 일을 적는 사람, 역사, 역사를 적는 사람 등을 뜻하게 되었다. 여기서는 역사와 예식만 잘 알고 정성과 의리가 없는 매끈한 태도를 史라 했다. 彬은 '빛나다'라는 뜻으로, 꾸밀 賁(비) 자와 관계가 깊으며 이름에도 자주 쓰인다.

삶의 본질

**사람의 삶은 정직함을 본질로 하니, 정직함 없이 사는
것은 요행히 화를 면한 것일 뿐이다.**

「옹야」 제17장 인지생야직(人之生也直)

공자의 가르침은 엄하다. 정직하지 않게 사는 사람은 살아 있다 해도
죽은 것과 다름없다고 말한다. 앞서 「공야장」 제23장에서 공자는 미
생고가 남의 집에서 식초를 빌려다가 자기 집 식초인 척 다른 사람에
게 빌려 준 일을 두고 올곧지 못하다고 비판했다. 여기서는 사람의 삶
은 정직함을 본질로 하므로, 정직하게 살아 나가야 한다고 강조했다.

『중용』에 보면 "군자는 평탄한 처지에서 운명을 기다리지만 소인
은 험한 일을 행하면서 요행을 구한다."라고 했다. 평탄한 처지란 올
바른 마음을 지니고 성실하게 살아감을 말한다. 험한 일이란 속임수
를 말한다. 남도 자기도 속이지 않는 참마음을 지닐 때 우리 삶은 정
녕 행복할 수 있는 것이다. 공자가 말한 정직함 역시 이러한 참마음을
보존하는 것을 뜻한다.

하지만 이 세상에는 굳이 정직하게 생활하지 않고도 잘 사는 사람

이 많다. 『장자』에 나오는 도척(盜跖)이란 강도는 날마다 사람의 간을 꺼내 먹었지만 오래오래 잘 살았다고 한다. 이와는 반대로 백이와 숙제는 스스로 옳다고 여긴 신념을 지키기 위해 수양산에서 고사리나 캐 먹다가 굶주려 죽고 말았다. 정직하게 산다는 것은 바보 같은 일이 아닐까, 우리는 언뜻언뜻 이렇게 생각할 수 있다. 하지만 공자는 말한다. 정직함 없이 사는 것은 요행히 화를 면한 것일 뿐이라고.

인 지 생 야 직 　 망 지 생 야 　 행 이 면
人之生也直하니 罔之生也는 幸而免이니라.

이 장의 핵심어인 直은 몰래 조사해서 부정을 바로잡는다는 뜻이었는데 '바로잡다, 올바르다'라는 뜻으로 쓰이게 되었다. 여기서는 正直(정직) 혹은 誠(성)과 통한다. 罔은 '없다'라는 뜻의 부정어이다. 한문의 부정어는 'ㅁ-'과 'ㅂ-'의 두 계열이 있다. 앞의 예로는 無(무), 无(무), 毋(무), 未(미), 末(말), 靡(미), 亡(망, 무), 罔(망) 등이 있다. 뒤의 예로는 不(불), 弗(불), 非(비) 등이 있다. 모두 양순음 계열이다. 之는 안은문장의 주어와 술어를 연결하기도 하고 앞의 어구를 받기도 한다. 人之生也의 之는 앞의 예이다. 罔之生也의 之는 뒤의 예이다. 幸은 다행이라는 뜻이 아니라 僥倖(요행)이라는 뜻이다. 而는 부사와 동사를 이어서 음조를 고르게 한다. 免은 본래 투구를 벗는 모습을 그린 상형자인데 '벗다, 벗어나다, 용서하다' 등의 뜻으로 쓰인다. 여기서는 죄벌이나 앙화로부터 벗어난다는 뜻이다.

즐기는 것이 최고지만

**아는 것은 좋아하는 것만 못하고 좋아하는 것은
즐거워하는 것만 못하다.**

「옹야」 제18장 지지자불여호지자(知之者不如好之者)

공자는 어떤 지식, 기술, 기법이든 그것을 익히고 활용하는 과정에는
세 단계가 있다고 보았다. 곧 기본 원리를 아는 지(知)의 단계, 일 자
체를 좋아하는 호(好)의 단계, 일을 해 나가면서 즐거워하는 낙(樂)의
단계이다. 우리가 삶에서 의미 있는 일을 해 나갈 때 대개 아는 것보
다 좋아하는 것이 더 높은 단계이고, 좋아하는 것보다 즐거움을 느끼
는 것이 더 높은 단계라는 것이 이 장에서 공자가 말한 바이다.

무언가를 배우는 과정에서 누구나 다 즐거움을 느끼는 최고의 경
지에 도달할 수 있는 것은 아니다. 대다수는 일을 좋아하기는커녕 그
원리도 알지 못해 갑갑해하고 힘들어한다. 그렇거늘 기본 원리를 잘
알 뿐 아니라 그 일을 좋아하며 더 나아가 즐거워한다고 쉽게 말한다
면 그것은 위선이다.

공자는 스스로 학문을 좋아한다고 했지 즐거워한다고 말하지는

않았다. 우리도 각자 하는 그 일을 제대로 알기도 전에 즐기고 있다고 섣불리 자만해서는 안 될 것이다.

---

^{지 지 자}   ^{불 여 호 지 자}
知之者가 **不如好之者**요
^{호 지 자}   ^{불 여 락 지 자}
好之者가 **不如樂之者**니라.

知는 矢(시)와 口(구)로 이루어져 있다. 矢는 신성하다고 간주되어 서약할 때의 표지로 사용했으므로 '맹세하다'라는 뜻으로 쓰인다. 口는 흔히 '입 구'라고 풀지만 실은 입과 관계가 없으며, 신에게 기도하는 글을 넣어 두는 그릇의 모양을 본뜬 글자였다. 그래서 知는 신에게 맹세하는 일을 가리켰으며, '분명히 하다, 분명히 깨닫다' 혹은 '맡아서 행하다'라는 뜻으로도 쓰이기에 이르렀다. 智(지)는 知에 신성한 방패인 干(간)을 더해, 신에게 맹세하는 일을 더욱 신성화한 글자다. 훗날 知가 '알다'라는 동사로 주로 쓰이자 智는 '지식'이라는 뜻으로 더 많이 쓰이게 되었다. 好는 갑골 문자에서 女(녀, 어머니)가 子(자, 아들)를 안은 모양이다. 이로부터 '아름답다'나 '친하다'의 뜻으로 쓰였고, 모든 것이 좋다는 의미에서 '좋다'라는 뜻으로 쓰이게 되었다. 樂은 손잡이가 달린 방울에 술이 붙어 있는 모양으로, 춤사위를 하며 방울을 흔들어서 신을 즐겁게 하는 일을 가리켰다. 음악 악, 즐거워할 락, 즐길 요 세 가지로 읽는다. 不如는 둘을 비교해서 앞의 것이 뒤의 것만 못하다는 뜻을 나타낸다.

先

솔선하라

번지가 지(知)에 대해 여쭈자 공자께서 말씀하셨다.
"사람이 지켜야 할 도리에 힘쓰고 귀신을 공경하되
멀리한다면 지라 말할 수 있다." 다시 인(仁)에 대해
여쭈자 공자께서 말씀하셨다. "어진 사람은 어려운
일을 먼저 하고 얻는 것을 뒤에 하니, 이렇게 한다면
인이라 말할 수 있다." 「옹야」 제20장 번지문지(樊遲問知)

어느 날 번지가 지(知)에 대해 묻자 공자는 "사람으로서 마땅히 지켜
야 할 도리에 오로지 힘을 쓰고 알 수도 없는 귀신 따위에 현혹되지
않는 것이 지혜로운 사람의 일이다."라는 뜻으로 대답했다. 다시 번
지가 인(仁)에 대해 묻자 공자는 "일 가운데 하기 어려운 일을 먼저
하고 그 결과의 소득을 뒤로 돌리는 것이 어진 사람의 마음이다."라
는 뜻으로 대답했다. 주희는 번지의 잘못이 여기에 있었기 때문에 대
답으로 일깨워 준 것이라고 보았다.

 귀신을 공경하되 멀리하라고 한 것은 공자가 평소 귀신의 일에 미
혹되어서는 안 된다고 가르친 것과 일치한다. 「술이」 제34장에서 공

자의 병세가 위중해지자 자로는 신에게 기도를 드릴 것을 청하면서 "상하 천지신명에게 기도한다."라는 뇌문(誄文)의 말을 인용했다. 이에 공자는 그런 기도라면 해 온 지 오래되었다며 자로의 청을 완곡하게 물리쳤다. 평소의 행동이 신명의 뜻과 부합했으므로 기도를 일삼을 필요가 없다는 뜻에서 그런 것이다.

"어려운 일을 먼저 하고 얻는 것을 뒤에 한다."라는 말에 대해 정이는 하기 어려운 일을 먼저 하는 것은 극기이고, 하기 어려운 일을 먼저 하고도 결과를 계산하지 않는 것은 인이라고 보았다. 반면 정약용은 이 구절을 서(恕)와 관련지었다. 곧 정약용은 "어려운 일은 남보다 앞서 하고 이익 얻는 일은 남보다 뒤에 하는 것이니, 이것이 서이다."라고 했다.

지와 인은 결국 상식적이고도 보편적인 도리를 일상에서 매 순간 실천할 때 이를 수 있는 경지인 것이다.

樊遲가 問知한대 子曰, 務民之義오
敬鬼神而遠之면 可謂知矣니라.
問仁한대 曰, 仁者가 先難而後獲이면
可謂仁矣니라.

務는 힘쓴다는 뜻이다. 그 목적어는 民之義이다. 義는 선을 행하고 악을 버리는 것을 말한다. 獲은 得(득)과 같다. '可謂~'는 '가히 ~라고 말할 만하다'의 뜻을 나타낸다.

요산요수

지혜로운 사람은 물을 즐기고 어진 사람은 산을 즐긴다. 지혜로운 사람은 동적이고 어진 사람은 정적이다. 지혜로운 사람은 즐겁게 살고 어진 사람은 오래 산다.

「옹야」 제21장 요산요수(樂山樂水)

이 장은 대단히 유명하지만 풀이가 쉽지 않다. 지자(知者), 즉 지혜로운 사람은 물을 즐기고 인자(仁者), 즉 어진 사람은 산을 즐긴다고 했는데, 그렇다면 어진 사람은 물을 좋아하지 않고 지혜로운 사람은 산을 좋아하지 않는다는 말인가?

사실은 지혜로운 사람이든 어진 사람이든 모두 산과 물을 좋아한다. 다만 물은 순리대로 흘러가고 산은 중후한 덕으로 만물에 혜택을 주므로, 지혜로운 사람은 물을 더 즐기고 어진 사람은 산을 더 즐긴다고 할 수 있을 따름이다.

또 지혜로운 사람은 동적이고 어진 사람은 정적이라고 한 말을 곧이곧대로 해석해 어진 사람은 동적일 수 없고 지혜로운 사람은 정적일 수 없다고 말한다면 올바르지 않다. 지혜로운 사람은 대개 스스로 만족하므로 동적이면서 즐거워하고, 어진 사람은 대개 남과 어울리면서 다투지 않아 정적이면서 장수한다. 다시 말해 지혜로운 사람이 인을 이용한다면 어진 사람은 인에 편안하다. 「공야장」 제25장에서 자로, 안연, 공자의 경우를 비교한 내용을 고려하면 인을 이용하는 것은 인에 편안한 것에 미치지 못한다. 그런데 여기서는 인을 이용하는 것이나 인에 편안한 것이나 인에서 벗어나지 않는다는 점에서 같다고 본 것이다. 둘을 별개로 나누어 본다면 잘못이다.

知者는 樂水하고 仁者는 樂山이니

知者는 動하고 仁者는 靜하며

知者는 樂하고 仁者는 壽하니라.

처음 두 구절의 樂는 즐길 요, 뒤의 樂은 즐거워할 락이다. 者는 '~한 사람'이다. 動과 靜은 상대된다. 動은 음 부분 童(동)과 뜻 부분 力(력)으로 이루어져 있다. 金文(금문)에서는 童이 '움직인다'의 뜻을 지녔는데, 뒤에 耒(뢰, 쟁기)를 본뜬 글자인 力을 더해 농사짓는 모습을 나타냈다. 여기서 '몸을 움직이다, 움직이다'라는 뜻이 나왔다. 靜은 靑(청)과 爭(쟁)으로 이루어져 있다. 靑은 靑丹(청단)으로 만든 푸른 물감, 爭은 손으로 쟁기를 잡은 모양이다. 곧 靜은 해충을 막으려고 푸른 물감으로 쟁기를 정화하는 행위를 가리켰다. 여기서 '정화하다, 고요하게 하다, 고요하다'의 뜻이 나왔다. 壽는 축문 그릇을 밭두둑 사이에 두고 풍작을 기원하는 禱(도)와 관련이 있다. 거기에 老(로)의 줄임 꼴을 더해 長壽(장수)를 기원하는 뜻을 나타냈다.

觚

이름과 실상의 부합

고가 고답지 않으면 고이겠는가, 고이겠는가!

「옹야」 제23장 고불고(觚不觚)

이 장은 매우 짧은 데다가 같은 말을 반복하고 있다. 그런데도 뜻이
심오하다.

주희는 공자가 유명무실(有名無實)의 현실을 탄식했다고 보았다.
고(觚)란 본래 여덟 모짜리 술잔을 이르는 말이었는데, 공자의 시대
에는 여덟 모가 아닌 술잔을 두고도 고라 불렀다. 기물의 실상이 바뀌
었는데도 예전 이름을 사용하는 것은 옳지 않으므로 "고가 고답지 않
다."라고 말했다는 것이다. 단 술잔만 두고 탄식한 것이 아니라 갖가
지 제도의 이름과 실상이 어긋나 있음을 한탄한 것으로 봐야 한다.

한편 어떤 사람은 공자가 고를 깎을 때 딴생각을 하느라 고의 모양
이 이루어지지 않았으므로 탄식했다고 풀이했다. 이에 따르면 이 장
은 "고는 하찮은 그릇인데도 마음이 전일하지 않으면 제대로 이룰 수
없거늘, 큰일을 함에 있어서야 더 말해 무엇하겠는가!"라고 자책한
뜻이 된다. 또 어떤 사람은 공자가 술주정을 경계했다고 풀이했다. 옛

날에는 술을 마실 때 석 되를 적당하다고 여겼으며 고는 두 되를 담는 술그릇이었는데, 당시 사람들이 고로 마신다면서 실제로는 아주 많은 양을 마셔 댔으므로 탄식했다는 것이다.

우리나라 선인들은 대개 주희의 설을 따랐다. 정이도 세상의 도리가 퇴폐해 군주가 군주답지 못하고 신하가 신하답지 못한 현실을 탄식한 내용으로 보았다.

실로 사람이 사람답지 못하면 존재 가치가 없을 것이며 정부가 정부의 꼴을 갖추지 못하면 정당성을 의심받게 될 것이다.

고 불 고　　고 재　고 재
觚不觚면 觚哉 觚哉아.

觚는 두 되들이 술잔이다. 본래 뿔로 만들었지만 뒤에는 금속으로 만들었다. 네 개의 모가 나 있으며 중간 부분이 또 사각으로 두드러져 있다. 즉 모두 여덟 모이다. '不~'은 '~답지 않다'는 말이다. 哉는 문장 끝에서 반문과 감탄의 뜻을 나타낸다. 觚哉를 두 번 반복해서 觚라 할 수 없다는 뜻을 강조했다.

예로 요약한다

**군자가 글을 널리 배우고 예로써 요약한다면 역시
도에서 어긋나지 않을 것이다.**

「옹야」 제25장 박문약례(博文約禮)

박문약례(博文約禮)라는 성어의 출전이 바로 이 장이다. 문은 교양과
지식을 뜻하고, 예는 사회 질서를 뜻한다. 박문은 지식을 널리 탐구하
는 일, 약례는 예법을 지켜 자기를 단속하는 일이다. 박문약례를 줄여
서 박약이라고 한다.

공자는 교양과 지식을 쌓아 나가되 인간관계의 도덕률인 예법을
잘 지켜야 한다고 보았다. 즉 박문과 약례를 통합적으로 추구해야 온
전한 인격을 이룰 수 있다고 본 것이다.

그런데 공자는 박문약례하면 "역시 도에서 어긋나지 않을 것"이
라고 했지, 박문약례가 곧 군자가 되는 길이라고 하지는 않았다. 군자
가 되기 위해서는 박문약례는 물론, 양심의 지도하에 정의를 실천해
야 한다고 보았기 때문이리라. 곧 박문약례는 군자가 되는 필요조건
이지 충분조건은 아닌 것이다.

널리 교양과 지식을 쌓되 사회 규범을 어기지 않는 일은 현대인에게
도 요구된다. 그렇다고 일거수일투족을 기존의 규범에 속박시킨다면
개인도 사회도 진취할 수 없다. 교양과 지식을 쌓고 사회 규범을 지키
는 동시에 발전을 등한시하지 않는 박문약례가 필요하다.

君子가 博學於文이오
約之以禮면 亦可以弗畔矣夫인저.

君子는 자기를 완성하기 위해 공부하는 사람이다. 博은 본래 苗木(묘목)을
심으며 干(간)으로 땅을 다지는 일을 뜻했으나, '넓힌다'의 뜻도 함께 지니게
되었다. 여기서는 부사로 보아 '넓게'로 풀었다. 於는 '~에서, ~에 대해'의
뜻을 나타낸다. 文은 六經(육경)이나 六藝(육예)를 가리켰는데, 현대의 개념
으로는 문화 일반을 뜻한다. 約은 실 糸(사)가 뜻을, 勺(작)이 음을 나타낸다.
자루 굽은 구기에 실가닥을 묶는 일을 가리킨 데서 '묶다, 맺다'의 뜻을 나타
냈고, 뒤에 約束(약속)이란 뜻을 지니게 되었다. 之는 앞의 '널리 배운 바'를
가리킨다. 禮는 醴酒(예주)를 잔에 따라 거행하는 의례를 뜻했다가 사물이 마
땅히 그래야 할 도리나 공동체에 요구되는 질서를 뜻하게 되었다. 亦은 '또
한'이라고 풀되, 달리 무엇이 있음을 암시하지 않고 '역시, 아무래도' 정도의
어감을 나타낸다. 可以는 '~할 수 있다, ~일 수 있다'라는 뜻이다. 弗은 不
과 마찬가지로 부정사다. 畔은 본래 두 밭 사이의 경계를 뜻했으나 배반할
叛(반)과 통용한다. 여기서는 도리에서 어긋난다는 말이다. 矣는 판단과 단
정의 뜻을 나타내고, 그 뒤의 夫는 감탄과 추정의 뜻을 나타낸다.

중용의 덕

중용의 덕이 참으로 지극하다! 백성 중에 이 덕을 지닌 이가 드물어진 지 오래이다.

「옹야」 제27장 민선구의(民鮮久矣)

이 장은 『중용』 제3장에서 "중용의 도는 지극하구나. 백성 중에 능한 이가 적은 지 오래되었다.(中庸其至矣乎! 民鮮能久矣.)"라고 한 말과 같되 몇몇 글자가 다르다. 『중용』이 중용의 도를 논했다면, 이 장에서는 중용을 실천하는 사람에 대해 논하기 때문에 덕(德)이라는 글자를 쓴 듯하다.

중용의 중(中)은 한편으로 치우치지 않아 중정(中正)한 것, 용(庸) 은 시간과 공간을 초월해 변하지 않는 것을 가리킨다. 조선 후기의 이식이 말했듯, 공자가 말한 중용 두 자에는 덕행, 학술, 정사(政事)가 모두 포함된다. 『중용』에서 "중용을 잘 가려", "중용에 의지해", "백성에게 그 중을 사용했으니"라고 한 말들을 보면 결코 성정에 대해서만 말한 것이 아니다. 다만 『중용』에서는 이와 동시에 미발(未發)의 중을 말해 마음의 근본 상태에 초점을 두고 이발(已發)의 화(和)를 말해 마음의 작용에 초점을 둠으로써 배우는 이들로 하여금 그 둘에 모두 힘쓰게 했다.

"백성 중에 이 덕을 지닌 이가 드물어진 지 오래이다."라는 공자의 말은 세상이 어지러워 중용의 도를 실행하는 사람의 수가 줄어든 사실을 가리키는 것은 아닌 듯하다. 백성의 덕이란 항구함을 법으로 삼으므로 『주역』에서는 '용언지신(庸言之信, 항상 말에 믿음이 있어야 함)'과 '용언지근(庸言之謹, 항상 말에 삼감이 있어야 함)'을 강조했다. 그런데 『중용』에서는 "중용을 선택해 한 달도 지키지 못한다."라고 해서 중용은 선택하기도 어렵지만 지키기도 어렵다고 환기시켰다. 정약용이 말했듯, 이 장에서 공자가 한 말도 중용의 덕을 견지하는 이가 드물다는 뜻으로 보아야 할 것이다.

中庸之爲德也가 其至矣乎인저.
民鮮이 久矣니라.

中庸에서 中은 過不及(과불급, 지나치거나 미치지 못함)이 없음, 庸은 平常(평상)이다. 至는 極(극)의 뜻이다. 中庸之爲德也에서 也는 어떤 말을 주제로 만드는 기능을 하며 '~으로 말하면, ~은'으로 새긴다. 其至矣乎는 감탄의 뜻을 나타내는 문장으로, '지극하다고 할 것이다!'라고 풀이한다. 鮮은 거의 없다는 뜻이다.

恕

베푸는 것이 먼저

어진 사람은 자신이 서고자 하면 남도 서게 하고 자신이 통달하고자 하면 남도 통달하게 한다. 가까운 데서 미루어 빗대 볼 수 있다면 인을 추구하는 방법이라 이를 만하다. 「옹야」 제28장 박시제중(博施濟衆)

어느 날 자공이 "만일 백성에게 은혜를 널리 베풀어 많은 사람을 구제한다면 어떻습니까? 어질다고 할 만합니까?"라고 묻자, 공자는 "어찌 어진 데 그치겠는가! 반드시 성인일 것이다. 요순도 이에 대해서는 오히려 부족하게 여기셨을 것이다."라고 답했다. 박시제중(博施濟衆), 즉 은혜를 널리 베풀어 백성을 구제하는 것은 안민(安民, 백성을 편안히 함), 겸제(謙濟, 남까지 아울러 구제함), 성물(成物, 남을 완성함)을 이루는 방법이다. 그런데 이것은 인의 최고 행위이므로, 요임금이나 순임금과 같은 성인이라도 스스로 부족하다고 느꼈을 것이다. 그래서 공자는 사람마다 이와 같은 방법으로 인을 추구한다면 언젠가는 인을 완성할지 모른다고 말한 것이다.

공자는 "자신이 서고자 하면 남도 서게 하고, 자신이 통달하고자 하면 남도 통달하게 한다."라는 서(恕)의 실천을 인을 추구하는 방도로 제안했다. 서란 내가 원하는 것을 남에게 먼저 베푸는 것으로, 『대학』에서는 혈구지도라고 했다. 『맹자』 「진심 상」에서는 "힘써 제 마음으로 남의 마음을 헤아려 행하면 인을 구하는 데 이보다 더 가까운 길이 없다."라고 했다.

경쟁을 강요하는 현실에서 남을 세워 주고 통달하게 해 주는 일이 쉬운 것은 아니다. 또 그러한 배려가 나에게 불리한 상황을 만들 수도 있다. 하지만 사회적 존재인 인간이 진정한 자기를 회복하려면 나만이 아니라 남도 각각 자신의 온당한 자리를 얻어야 한다. 공동의 선을 이루기 위해서 우리는 강서(强恕, 힘써 배려를 실천함)할 따름이다.

夫仁者는 己欲立而立人하며
己欲達而達人이니라.
能近取譬면 可謂仁之方也已니라.

立은 몸을 세우고 벼슬을 얻는 것이다. 達은 인성을 해치지 않고 이루는 것이다. 譬는 喩(유)와 같아, 譬喩라는 복합어를 이룬다. 能近取譬는 가까운 나에게 빗대서 남을 보는 것을 말하니, 곧 나를 통해 남에게 미치는 以己及人(이기급인)이다. 다시 말해 공자가 말하는 恕(서), 『대학』에서 말하는 絜矩之道(혈구지도)이다. 方은 術(술)이다.

述

옛 도를 전술할 따름

전술하되 창작하지 않으며 옛 도를 믿어 좋아하기에

가만히 나 자신을 노팽에게 견준다.

「술이(述而)」 제1장 술이부작(述而不作)

「술이」 편의 첫 장이다. 술이부작(述而不作)이라는 성어가 바로 여기에서 나왔다. 「술이」 편은 공자가 자기 자신에 대해 말한 내용과 공자의 모습, 태도, 행동을 기록한 내용이 많다. 모두 37장이며, 『논어』 가운데서 명구가 가장 많다.

『중용』에 "공자는 요와 순을 조술(祖述)하고 문왕과 무왕을 헌장(憲章)한다."라는 말이 있다. 조술은 도를 창시하는 것이 아니라, 옛 도를 따르되 그것을 현실에 맞게 재해석하는 일이다. 이해를 돕기 위해 설명을 덧붙인다는 뜻의 부연(敷衍)과는 다르다. 또한 공자는 「헌문」 제25장에서 "옛날 학자들은 자신을 위한 학문을 했는데 오늘날 학자들은 남에게 보여 주기 위한 학문을 한다."라고 개탄하며 위인지학(爲人之學)이 아니라 위기지학(爲己之學)을 하라고 촉구했다. 위기지학은 자기 안에 갇힌 공부가 아니기에, 「태백」 제13장에서 공자는

"독실하게 믿으면서 학문을 좋아해야 하고 죽음으로 지키면서 도를 잘 행해야 한다."라고 했다. 이와 같은 가르침은 현실 속의 실천을 강조한 말로 풀이된다.

공자는 자신보다 앞서 전술하고 옛 도를 믿어 좋아했던 은나라 대부 노팽(老彭)을 흠모했다. 그래서 "가만히 나 자신을 노팽에게 견준다."라고 겸손하게 말했다. 말하자면 공자는 노팽을 멘토로 삼았다고 고백한 것이다.

인류의 역사와 문화는 그때그때 이정표를 세운 인물들을 따라 전진해 왔다. 고전을 공부하는 것은 그 표지를 확인하고 참조하는 일이다.

述而不作하고 信而好古를
술 이 부 작   신 이 호 고

竊比於我老彭하노라.
절 비 어 아 노 팽

述은 옛 도를 따라 전하는 일, 作은 새로 만드는 일이다. 述은 본래 길을 나아갈지 물러날지를 영력을 지닌 짐승으로 점쳐 그 점에 따르는 일을 가리켰으므로 '따르다'라는 뜻을 갖게 되었다. 信의 목적어는 古, 즉 옛 도이다. 好古는 옛 도를 좋아함이다. 竊은 '가만히'라는 뜻으로, 화자의 조심스러운 태도를 드러낸다. 比는 견준다는 뜻이다. 老彭은 은나라의 어진 대부라고 한다. 我 자를 붙여 친근감을 표시하면서 공자는 옛 인격자를 닮고 싶다고 겸손하게 말한 것이다.

誨

참된 교육자

말없이 마음에 새겨 두고, 배우되 싫증을 내지 않으며, 남 가르치길 게을리하지 않는 일이라면 무슨 어려움이 내게 있겠는가. 「술이」 제2장 묵이지지(黙而識之)

중국 운남성을 여행하다가 시골 학교의 벽에 "학이불염 회인불권(學而不厭 誨人不倦)"이라고 쓰여 있는 것을 보았다. '배우되 싫증 내지 않으며 남 가르치길 게을리하지 말라'는 뜻인데, 「술이」 편의 이 장에서 따온 것이다.

공자는 훌륭한 교육자였다. 이는 그의 실천에서도 드러나고 그의 말에서도 드러난다. 여기서 공자는 말없이 마음에 새겨 두는 일, 배우되 싫증 내지 않는 일, 남 가르치길 게을리하지 않는 일의 세 가지에 대해서는 아무 어려움이 없다고 자부했다. 말없이 마음에 새겨 둔다는 것은 공부한 내용을 묵묵히 스스로 익히는 것을 뜻한다. 배우되 싫증을 내지 않는다는 것은 박문(博文)의 탐구 정신을 늘 견지한다는 것을 뜻한다. 남 가르치길 게을리하지 않는다는 것은 남보다 먼저 깨달은 사람으로서 아직 깨우치지 못한 사람을 가르치는 일에 늘 뜻을 둔다는 것을 말한다.

『맹자』에 보면 공자는 "나는 성인의 경지에는 이를 수가 없다. 그러나 나는 배우되 싫증을 내지 않으며, 남 가르치길 게을리하지 않는다."라고 말했다고 한다. 공자가 늘 학문과 교육을 스스로의 책무로 삼은 사실은 후대의 사람들에게도 기억된 것이다.

묵 이 지 지　　　　학 이 불 염
黙而識之하며 學而不厭하며
회 인 불 권　　하 유 어 아 재
誨人不倦이 何有於我哉오.

黙은 묵묵하다는 뜻이다. 識는 '알 식' 또는 '표할 지'로 읽는데, 여기서는 '표할 지'이다. 黙識란 공부한 내용을 묵묵히 마음에 새기는 일을 말한다. 길에서 들은 내용을 곧바로 길에서 떠드는 道聽塗說(도청도설)과 정반대이다. 學而不厭의 而는 '~하면서'의 뜻을 나타낸다. 厭은 힘들어하며 厭症(염증)을 느끼는 것을 말한다. 不厭은 싫어하지 않는다는 말이다. 誨는 사리에 어두운 사람에게 말로 가르친다는 뜻이다. 誨人不倦은 남 가르치길 게을리하지 않는다는 말이다. 倦은 '피로하다, 게을리하다'의 뜻이다. 何有於我哉는 '어느 것이 내게 있겠는가?'로 풀이할 수도 있고, '무슨 어려움이 내게 있겠는가?' 혹은 '이것 말고 무엇이 내게 있겠는가?'로 풀이할 수도 있다. 앞의 풀이를 따른다면 공자가 저 세 가지에 관해 스스로 부족하다고 겸손하게 말한 뜻이 된다. 주희는 그렇게 보았다. 하지만 정약용이 지적했듯 공자는 늘 誨人不倦을 自任(자임)했으므로, 이 구절은 '이 세 가지에 관해서라면 무슨 어려움이 내게 있겠는가?'로 풀이하는 것이 좋다.

선비의 행동 방식

도에 뜻을 두고 덕에 근거하며 인에 의지하고 육예에 노닌다. 「술이」 제6장 지어도(志於道)

이 장은 선비의 행동 방식과 일상생활에 대해 말했다. 『위서(魏書)』 「최광전(崔光傳)」에서는 이 구절을 인용하면서 사(士), 즉 선비를 그 주어로 보았다.

선비는 자신의 인격을 이상적인 상태로 향상시키고자 하므로, 언제나 도에 뜻을 두고 덕에 근거하며 인에 의지해야 한다. 이것은 어쩌면 당연한 말이다. 그런데 공자는 선비의 조건으로 '육예에 노니는 일'을 덧붙였다. 선비라면 심미적이고 감성적인 취향을 갖추고 신체를 적절하게 단련할 줄도 알아야 한다고 강조한 것이다.

조선의 화가 이징(李澄)은 어릴 때 다락에서 그림을 익혔는데 어른들이 그가 어디 있는지 몰라서 사흘이나 찾았다. 마침내 찾아낸 뒤 아버지가 화가 나서 종아리를 때렸더니 이징은 매를 맞다가 흘린 눈물로 새를 그렸다. 박지원은 「형언도필첩서(炯言桃筆帖序)」에서 이 일화를 비유로 삼아, 선비라면 죽음을 두려워하거나 영예만을 추구하느라 올바른 가치를 실현하지 못하는 일 없이 도와 덕을 일상에서 실천하는 일에 매진해야 한다고 말했다. 정녕 기예를 닦고 취미를 갖는 것은 삶을 가치 있게 만드는 일이다. 그러나 기예에 골몰하거나 취미 활동만 앞세우고 바른 가치를 생각하지 않는다면 내면의 덕을 쌓기 어렵다. 공자의 가르침이 아니더라도 우리는 그 사실을 경험을 통해 잘 알고 있지 않은가.

志^지於^어道^도하며 據^거於^어德^덕하며
依^의於^어仁^인하며 游^유於^어藝^예니라.

志는 뜻을 둔다는 말이다. 志於道는 道를 체득하는 일을 지향한다는 뜻이다. 據는 근거한다는 말이다. 據於德은 德을 거점으로 삼아 굳게 지킨다는 뜻이다. 依는 依支(의지)한다는 말이다. 依於仁은 仁에 의지해서 仁으로부터 어긋나지 않는다는 뜻이다. 游는 헤엄친다는 뜻이므로 빠질 溺(닉)과는 다르다. 흔히 노닌다는 뜻으로 풀이하며 복합어로는 優游(우유)라고 적는다. 藝는 禮(예)·樂(악)·射(사)·御(어)·書(서)·數(수) 등 六藝(육예)를 말한다. 오늘날의 교양, 운동, 취미, 예술에 해당한다. 그런데 游於藝는 그저 작은 技藝(기예)에 탐닉하는 것이 아니다. 주희는 志於道, 據於德, 依於仁이 내적인 면에 마음 쓰는 것이라면 游於藝는 외적인 활동을 통해 수양에 힘쓰는 것이라고 보았다. 그리고 그 네 가지를 모두 아울러야 本末(본말)을 갖추게 되며 내면과 행동이 涵養(함양)된다고 강조했다.

禮 가르침을 청하는 예

**묶은 고기 한 다발 이상을 가져온 사람에게 학문을
가르치지 않은 적은 없다.**

「술이」 제7장 자행속수이상(自行束脩以上)

공자는 배우러 오는 이들의 신분이나 학식의 고하를 따지지 않고 평
등하게 가르침을 베풀었다. 그렇기에 속수(束脩), 즉 묶은 고기 한 다
발 이상을 폐백으로 가지고 온 사람은 거절하지 않고 가르쳤다고 한
것이다. 그 교육 이념을 공자 스스로 「위령공」 제38장에서 "유교(有
敎)면 무류(無類)니라."라고 밝히기도 했다. 간단히 말해, 가르칠 때는
집안을 따지지 않는다는 말이다.

  예전에는 제자가 스승을 처음 뵐 때 예폐(禮幣)를 가지고 가서 경
의를 표했다. 이것을 집지(執贄)라고 한다. 본래 집지는 사신이나 신
하들이 예물을 바치는 일, 신부가 신랑을 만날 때 예폐를 바치고 혼례
를 거행하는 일을 뜻했다. 그런데 가르침을 청하러 처음 스승의 문하
에 나아가는 것을 가리키는 말로 더욱 많이 쓰게 되었다. 이때 가져가
는 예폐를 속수라 하고 집지의 예를 속수례라고 한다. 바로 이 장에서

유래한 말이다. 조선 시대에는 세자도 의위(儀衛)와 요속(寮屬)을 거느리고 성균관에 이르러 유복(儒服)을 입고, 대성전(大成殿)에 들어가 작헌례를 올리고 난 뒤 박사(博士)에게 속수례를 행했다.

필자는 젊었을 때 한학을 본격적으로 공부하기 위해 큰 선생님을 뵈러 갈 때 속수례를 하지 못했다. 그날 큰 선생님은 학문에 입문하는 자세가 어떠해야 하는지에 대해 무척 꾸짖으셨다. 그런데 35년이 지난 지금 생각하면 큰 선생님의 꾸짖음이 내게 큰 약이 되었다. 공부를 한다는 것은 위대한 인격을 존중하는 일에서 시작되어야 한다. 공자의 제자 증자는 공자에 대해 "장강과 한수의 맑은 물로 씻고 강렬한 가을볕으로 쪼인 것과 같다."라고 그 결백의 정도를 칭송하지 않았던가. 자신의 전 생명을 내던져 위대한 인격 앞에 무릎 꿇을 때 비로소 공부가 시작되는 것이다. 지금 사람들은 공부를 너무 쉽게 생각하는 듯하다.

자 행 속 수 이 상   오 미 상 무 회 언
自行束脩以上은 **吾未嘗無誨焉**이로다.

'自~'는 '~로부터'로, '自~以上'은 '~로부터 그 위'라는 뜻을 나타낸다. 束脩는 묶은 고기, 즉 육포 한 다발을 말한다. 어른을 찾아뵐 때 예물로 가져가는 물건을 말한다. '未嘗~'은 '일찍이 결코 ~한 적이 없었다'로 결국 '늘 ~했다'라는 완전 긍정의 뜻을 강조한 것이다.

啓 교육의 방법

> 통하려 애쓰지 않으면 열어 주지 않고 애태우지 않으
> 면 펴 주지 않되, 한 귀퉁이를 들어 주는데도 남은 세
> 귀퉁이로 반응하지 않으면 다시 가르쳐 주지 않는다.
>
> 「술이」 제8장 불분불비(不憤不悱)

공자는 영원한 사표(師表)이다. 대만 사범 대학의 입구에는 인자한 모습의 공자상이 서 있다. 서양 사람들이 번역한 『논어』를 보면 대개 공자를 온화한 인물로 그려 낸다. 이와 같기에 공자는 문하생들에게 무한정 너그러웠으리라 생각하기 쉽다. 하지만 의외로 공자의 교육 방식은 엄격했다. 『논어』를 처음 공부할 때 「술이」 편의 이 장을 읽다가 나도 모르게 자세를 고쳐 앉았던 기억이 난다. "불분불계, 불비불발.(不憤不啓, 不悱不發.)" 통하려 애쓰지 않으면 열어 주지 않고 애태우지 않으면 펴 주지 않는다는 이 말은 오늘날의 교육자와 학생들도 깊이 새겨 두어야만 할 것이다. 이 구절에서 계발이란 말이 나왔다.

공자는 한 귀퉁이를 들어 주는데도 나머지 세 귀퉁이로 반응하지

않으면 다시 가르쳐 주지 않는다고 했다. 한 귀퉁이를 들었는데 다른 세 귀퉁이가 꿈쩍도 하지 않는다는 것은 최소한의 인식 기능도 활성화하지 않는 일이니, 곧 열성이 없는 것이다.

배우는 사람이 의지와 정열을 지니고 있어야 가르치는 사람이 그를 계발할 수 있다. 공자는 "이것을 어떻게 한다, 이것을 어떻게 한다고 말하지 않는 자는 내가 어떻게 할 수 없다."라고 말했다. 이 장은 참교육이란 무엇인가 다시 생각하게 한다.

불분　　　　불계　　　　불비　　　　불발
不憤이어든 **不啓**하며 **不悱**어든 **不發**하되
거일우　　불이삼우반　　　　즉불부야
擧一隅에 **不以三隅反**이어든 **則不復也**니라.

憤은 마음을 통하지 못해 괴로워하는 상태, 혹은 감정이 고양된 상태를 말한다. 悱는 드러내려 하지만 그러지 못하는 상태이다. 啓는 마음을 열어 줌, 發은 드러내도록 도와줌을 말한다. 不憤不啓와 不悱不發에서 '不~不~'은 '~하지 않으면 ~하지 않는다'라는 구문을 이룬다. 隅는 사각형의 한 귀퉁이를 뜻한다. 擧一隅는 사각형의 한 귀퉁이를 들어 보이듯 사물이나 사실의 한 부분을 가르쳐 줌을 말한다. 以三隅反은 나머지 세 귀퉁이를 들어 입증해 보인다는 말로, 가르침을 받고 推理(추리)와 應用(응용)을 한다는 뜻이다. 則은 '~하면 곧 ~하다'라는 구문을 만든다. 不復는 '다시 하지 않는다'로, 여기서는 다시 가르쳐 주지 않는다는 뜻이다.

慣 怛

남을 생각하는 마음

공자께서는 상을 당한 사람의 곁에서 식사를 할 때는 배불리 잡숫지 않으셨다. 공자께서는 곡을 한 날에는 노래를 부르지 않으셨다.

「술이」 제9장 자식어유상자지측(**子食於有喪者之側**)

위대한 사상은 어렵지 않다. 어떤 사상이든 남을 배려하는 일을 중심에 두고 있다. 이 장은 일상에서 드러난 공자의 인격을 살피게 한다.

공자는 상을 당한 사람의 곁에서 식사할 때는 배부르게 먹지 않았다고 한다. 상대의 마음을 헤아려 동정했기 때문이다. 사람은 누구나 죽게 된다는 사실을 생각하고 새삼 마음이 켕겨 그런 것이 아니다.

또한 공자는 조문을 가서 곡을 한 날에는 노래를 부르지 않았다고 한다. 슬퍼하는 마음을 지니고 있으면서 즐겁게 노래 부를 수는 없었기 때문이다. 하루 사이에 곡하고 노래 부르고 해서는 안 된다는 뜻이 아니다.

북송 때 궁궐에서 연회를 벌이고 있는데 사마광(**司馬光**)의 부음이 들리자 정이는 "조문을 가면 노래하다 곡하게 되므로 옳지 않다."라고 하면서 가지 않았다. 이에 대해 훗날 주희는 정이가 공자의 말을 문자 그대로 받아들인 것은 잘못이라고 논했다. 실로 공자는 일상의 작은 일에 관해서라도 남의 사정을 헤아리고 자기를 속이지 말라고 가르친 것이지, 격식에 얽매이라는 것이 아니다.

모든 지적 활동은 인격에서 우러나와야 한다. 인격이란 홀로 과시할 수 있는 것이 아니라 남과의 소통에서 구현되는 것이다. 소통에서 가장 근본적인 것은 남의 불행을 진정으로 가슴 아파하는 측달(惻怛)이다. 본래 측달은 부모의 죽음을 당했을 때 일어나는 감정 상태를 가리켰다. 여기서 출발해 나와 남이 동포임을 깨닫고, 남의 불행에 측달의 마음을 가질 때 진정한 인간이라고 할 수 있다. 상을 당한 사람의 곁에서 식사를 배불리 하지 않은 공자, 상갓집에 조문하러 가서 곡을 한 날에는 노래를 부르지 않은 공자, 그는 살가운 보통 사람이요 피가 도는 인간이다.

子食於有喪者之側에 未嘗飽也러시다.
子於是日에 哭則不歌러시다.

有喪者는 부모나 친족이 殞命(운명)해서 服喪(복상)의 예법을 지키는 사람을 말한다. 側은 '곁'이란 뜻이다. 未嘗은 '일찍이 ~한 적이 없었다'나 '결코 ~하지 않았다'로 풀이한다. 飽는 '배부르게 먹다'라는 뜻이니, 未嘗飽也는 '결코 배부르게 먹지 않았다'이다. 공자는 남의 상가에서 상례를 도울 때 먹지 않으면 허기져서 도울 수 없고 너무 많이 먹으면 슬픔을 잊게 되므로 적절한 양만 먹었다. 是日, 즉 '이날'은 상가에서 弔問(조문)한 날을 말한다. 哭은 조문할 때 소리 내 울며 애도하는 일이다.

時　　# 때에 맞는 처신

> **공자가 안연에게 말했다. "쓰이면 도를 행하고 버림받**
> **으면 은둔하는 태도를 오직 나와 너만이 지니고 있다."**
>
> 「술이」 제10장 용행사장(用行舍藏)

공자를 시중(時中)을 지킨 성인이라고 한다. 『맹자』 「만장(萬章) 하」
에서 "공자는 성인 가운데 시의에 맞게 하신 분이다."라고 한 말에서
기원한다. 시중을 지켰다는 것은 행장(行藏)에서 원칙을 지켜 자유자
재했다는 뜻이다. 행장의 행은 세상에 나와 도를 행함을, 장은 초야에
은둔함을 가리킨다. 이 장의 "쓰이면 도를 행하고 버림받으면 은둔한
다."라는 말을 줄여서 용사행장(用舍行藏) 혹은 용행사장(用行舍藏)이
라고도 한다. 출처행장(出處行藏)이라고도 하는데 이때 출은 세상에
나오는 것, 처는 초야에 은둔하는 것이다.

　공자가 시중을 지킬 수 있었던 것은 다음의 '네 가지'가 아예 없었
기 때문이다. 곧, 「자한」 제4장에 따르면 공자는 억측하는 마음, 기필
하는 마음, 고집하는 마음, '나'라는 마음이 없었다.

　이 장에서 공자가 안연에 대해 그도 시중을 지킬 수 있으리라고 칭

찬하자, 곁에 있던 자로가 "선생님께서 삼군을 통솔하신다면 누구와 함께하시겠습니까?"라고 질문했다. 자로는 용맹을 자부해 자신도 인정받고자 한 것이다. 그러자 공자는 이렇게 대답했다. "맨손으로 범을 잡으려 하고 맨몸으로 강하를 건너려 하다가 죽어도 후회하지 않을 자와는 함께하지 않을 것이니, 나는 반드시 일에 임하여 두려워하며 도모하기를 좋아하여 성공하는 자를 데리고 갈 것이다." 맨손으로 호랑이를 잡고 강을 건너는 일을 포호빙하(暴虎馮河)라고 한다. 포호빙하는 무모한 용기요, 고집에서 비롯한 행위이다. 공자는 자로의 무모함을 우려해 에둘러 일깨워 준 것이다.

子謂顏淵曰, 用之則行하고
舍之則藏을 惟我與爾가 有是夫인저.

用之는 위정자가 나를 써 준다는 뜻이다. 行은 도를 실천한다는 말이다. 舍之는 위정자가 나를 버린다는 뜻으로, 여기서 舍는 捨(사)와 같다. 藏은 몸을 감춘다는 말이다. 我與爾는 '나와 너'란 뜻이다. 有是夫는 '이런 면이 있을 것이다!'라고 감탄하는 어조를 지닌다. 是는 앞에 나온 用之則行, 舍之則藏을 가리킨다.

112강

내가 좋아하는 것을 한다

부라는 것이 구해서 얻을 수 있는 것이라면 비록 채찍 휘둘러 앞길 트는 역부의 미천한 일이라 해도 나는 할 것이다. 만약 구해서 얻을 수 없는 것이라면 내가 좋아하는 것을 하겠다. 「술이」 제11장 종오소호(從吾所好)

부유해지기를 원하는 것은 인간의 기본적인 욕망이다. 부자가 될 수 있다면 채찍을 휘둘러 앞길을 트는 역부의 미천한 일이라도 하겠다는 이 장의 표현은 부자가 되고 싶어 하는 사람들의 심경을 무척 절실하게 그려 낸다. 하지만 부를 추구하는 것이 제일의 목표이어서는 안 된다고 공자는 가르친다.

부에 대한 욕망은 때때로 인간을 추하게 만들고 심지어 타락하게 만든다. 더구나 부는 결코 구한다고 해서 쉽게 얻을 수 있는 것이 아니다. 자수성가해서 부를 이루는 경우도 있지만 대개의 경우 부를 얻기 위해서는 많은 것을 희생해야 한다. 그렇다면 억지로 부를 구하려 하지 않고 내가 좋아하는 것을 해 나가는 것이 좋지 않겠는가! 내가 좋아하는 것이란 무엇인가? 바로 내가 믿는 올바른 행동 방식이다.

238

한편 이 장은 세상의 어지러움을 목도한 공자가 그런 세상에서는 벼슬할 수 없다고 한탄한 것으로 보아도 좋다. 그런데 공자는 같은 「술이」 편의 제15장에서 "의롭지 않으면서 부귀한 것은 내게는 뜬구름과 같다."라고 말했다. 따라서 이 장도 부귀재천(富貴在天), 즉 부귀를 누리는 일은 하늘에 달려 있음을 믿고 자신의 가치를 따라 살겠다는 의지를 밝힌 것으로 보는 것이 더 좋다.

富而可求也인댄 雖執鞭之士라도
吾亦爲之어니와 如不可求인댄
從吾所好하리라.

富而可求也는 '富라는 것을 구할 수 있다면'이라는 가정을 나타낸다. 이때의 而는 '~의 경우, ~라는 것이'라는 뜻이다. 雖는 '비록 ~일지라도'라는 가정을 나타낸다. 執鞭之士는 왕후의 행렬이 지나가도록 앞길을 정리하는 미천한 일꾼이다. 곧 辟除(벽제)를 맡았던 驅從(구종)과 別陪(별배)에 해당한다. 吾亦爲之의 亦은 '그런 미천한 일이라도'라는 뜻이다. 아무리 미천하다 해도 성실하게 일해 富를 얻을 수 있는 올바른 직업이라면 마다하지 않겠다는 말이다. 如不可求는 '그런 미천한 일을 해서는 얻을 수 없다면'으로도, '세상이 혼란스러워 그런 일을 해서는 얻을 수 없다면'으로도 풀이할 수 있다. 어느 쪽이든 그렇다는 사실을 알고 있다는 뜻을 함축한다. 如는 가정을 나타낸다. 從吾所好는 '내가 좋아하는 옛 도를 따라 행한다', '내가 좋아하는 방식대로 살아간다'는 뜻이다.

가치의 추구

인을 추구하여 인을 얻었으니 또 무얼 원망했겠는가?

「술이」제15장 구인이득인(求仁而得仁)

공자와 제자들은 자신의 신념을 에둘러 밝히고는 했다. 이 장도 그 한 예이다.

제자들은 위나라의 내분에 대해 공자가 어떤 판단을 내릴지 궁금해했다. 당시 위나라 영공은 어리석었고 그 부인 남자(南子)는 음탕했다. 기원전 496년, 세자 괴외(蒯聵)는 남자를 죽이려다 실패하고 국외로 망명했다. 영공이 죽은 뒤 남자는 공자(公子) 영(郢)을 즉위시키려 했으나 그가 사양하자 괴외의 아들 첩(輒)을 세웠다. 그가 출공(出公)이다. 이로써 16년 동안 부자가 서로 정권을 다투게 되었다.

공자의 제자 염유가 "선생님께서는 위나라 임금(출공)을 인정하실까요?" 하자, 자공은 "내가 곧 물어보겠습니다." 했다. 이윽고 자공이 공자 앞으로 나아가 "백이와 숙제는 어떠한 사람입니까?"라고 묻자, 공자는 "옛날의 어진 사람이다."라고 했다. 다시 자공이 "그들은 세상을 원망했습니까?" 묻자 공자는 위와 같이 대답했다. 자공은 물러

나와 제자들에게 "선생님께서는 위나라 임금을 인정하시지 않습니다."라고 했다.

백이와 숙제는 고죽국의 왕자들이었다. 아버지가 숙제를 후사로 세웠으나 숙제는 형 백이에게 양보했고, 백이는 부친의 명을 어길 수 없다며 도망했다. 숙제도 도망했다. 공자는 그들이 인을 실행했으며 부자 사이에도 형제 사이에도 원망이 없었다고 보았다. 인륜을 중시한 공자는 왕위를 놓고 부자가 다투는 일 자체를 악으로 보았으므로 출공의 행위를 정당하다 여기지 않았다.

이런 역사적 맥락을 떠나, "인을 추구하여 인을 얻다."라는 말은 이상의 추구야말로 인간의 숭고한 행위임을 분명히 밝힌 명언으로 간주할 수 있다.

구 인 이 득 인   우 하 원 호
求仁而得仁이어니 又何怨乎리오.

求仁은 仁을 추구함, 得仁은 仁을 실행해서 완성함이다. 何는 의문사이다. 한문에서는 목적어가 의문사이면 술어보다 앞에 온다. 또 한문에서는 시제 표현이 발달하지 않았으므로 문맥을 보아 시제를 추정해야 한다. 何怨乎는 문맥상 '무엇을 원망했겠는가?'로 풀이한다.

곡굉지락

거친 밥을 먹고 물을 마시며 팔을 구부려 베고 눕더라
도 즐거움이 또한 그 속에 있으니, 의롭지 않으면서
부유하고 고귀한 것은 나에게는 뜬구름과 같다.

「술이」 제15장 반소사음수(飯疏食飮水)

곡굉지락(曲肱之樂)이라고 하면 팔을 베개 삼아 살 만큼 가난하더라
도 도리에 맞게 생활한다면 그 속에 즐거움이 있다는 뜻이다. 그 출
전이 바로 「술이」편의 이 장이다. 부당한 방식으로 부(富)와 귀(貴)를
추구하지 않고 악으로 이르는 통로를 끊어 버린다면, 거친 밥을 먹고
물을 마시며 팔을 구부려 베고 눕는 소박한 생활 속에서도 즐거움을
누릴 수 있다고 공자는 말한다.

　조선 전기의 주세붕은 「학이가(學而歌)」라는 시조에서 "배우고 잊
지 마세, 먼 데 벗 즐겨 오니. 내가 곧 있으면 남이야 아나 마나. 부귀
를 뜬구름같이 보고 팔 굽혀 베개 하오."라고 했다. 종장이 바로 이 장
을 인용한 것이다.

　「학이」 제15장에 보면 자공이 공자에게 "가난해도 비굴하지 않고

부유해도 교만하지 않는다면 어떻습니까?"라고 물은 일이 있다. 그 때 공자는 "그것도 괜찮다. 하지만 가난하면서도 즐기며 부유하면서도 예(禮)를 좋아하는 것만 못하다."라고 대답했다. 공자는 부귀 자체를 부정한 것이 아니다. 의로우면서 부귀를 누려야 하고, 또 부유하더라도 예를 지켜야 한다고 가르친 것이다.

정의롭지 못하면서 부귀하다면 옳지 않다. 하지만 올바른 가치관을 지켜 정의롭게 살아가거늘 부귀하지 않다고 비참해해서도 안 된다. 가난할지라도 도리를 즐기는 생활 태도가 바람직하지 않겠는가.

반 소 사 음 수　　곡 굉 이 침 지
飯疏食飲水하고 **曲肱而枕之**라도
낙 역 재 기 중 의　　불 의 이 부 차 귀
樂亦在其中矣니 **不義而富且貴**는
어 아　　여 부 운
於我에 **如浮雲**이니라.

飯은 그릇에 담아 먹는 것을 말한다. 疏食는 菜食(채식)으로 보는 설과 거친 밥으로 보는 설이 있다. 후자를 따랐다. 飲水는 汁(즙)이 아니라 맑은 물을 마신다는 뜻이다. 曲肱은 팔을 굽힌다는 뜻, 枕之는 그 팔을 베개 삼는다는 말이다. 樂亦在其中矣는 즐거움이 절로 그 속에 있다고 완곡하게 표현한 것이다. 富且貴의 且는 '~하면서 ~하다'의 구문을 이룬다. 不義而富且貴는 정의롭지 않으면서 재물이 풍부하고 신분이 고귀함을 말한다. 於我는 '나의 관점에서 보면'이다. 如는 '~과 같다'라는 말이다. 浮雲은 쓸모없는 것, 사라지는 것, 나와 상관없는 것이다. 불의로 얻은 재물과 신분은 자신의 인격과 아무 상관없음을 비유한 말이다.

당장의 근심을 잊다

그 사람됨이 발분해서 밥 먹는 것조차 잊고 도를
좋아해서 근심을 잊으니 늙음이 장차 이르러 옴도
알지 못한다. 「술이」 제18장 발분망식(發憤忘食)

공자는 스스로를 어떤 사람이라 여겼을까? 그 해답이 이 장에 나온
다. 63세 혹은 64세 때 공자는 채 땅을 떠나 초나라의 섭(葉) 땅으로
향했다. 그때 그곳을 다스리던 섭공이 공자의 제자 자로에게 당신의
스승은 어떤 분이냐고 물었다. 자로는 대답하지 않았다. 스승을 가볍
게 품평하기 어려웠거나 섭공의 오만함이 거슬렸기 때문인 듯하다.
뒤에 그 사실을 알고 공자는 "너는 어째서, 발분해서 밥 먹는 것조차
잊고 도를 좋아해서 근심을 잊은 인물이라 대답하지 않았느냐?"라고
했다.

공자는 겸손했지만 호학의 정신을 자부했으며 늘 구도의 열정을
드러냈다. 그 핵심은 올바른 가치를 실현하기 위해 매 순간 부지런히
힘쓰는 종일건건(終日乾乾)의 태도와 관련이 있다. 『주역』 건괘 구삼
(九三)의 효사에 "군자가 해 지도록 건실한 자세를 지니고 해 진 뒤에

도 두려워하는 마음으로 조심한다면 위태로운 지경을 당해도 허물이 없을 것이다."라고 했다.

큰 뜻을 지닌 사람은 당장의 시름을 잊는다. 일생 고민해야 할 근심이 따로 있기 때문이다. 김시습은 방 북쪽 벽에 써 둔 북명(北銘)에서 "하루 닥칠 일을 근심하기보다는 종신토록 근심할 일을 근심하라."라고 했다. 하루 닥칠 일이란 당장 배고프고 소외되는 것을 말한다. 종신토록 근심할 일이란 올바른 도리가 세상에 실행되지 않을까 걱정하는 것을 말한다.

옳은 길을 찾고자 하는 열정 없이 살아가겠는가? 공자는 지금 우리에게 묻는다.

其爲人也가 發憤忘食하며
樂以忘憂하여 不知老之將至로다.

爲人은 사람됨, 인격을 뜻한다. 也는 종결사가 아니라 '~로 말하면'의 뜻이다. 發憤은 추구하는 바를 얻지 못해 느끼는 답답함을 떨쳐 버리려 하는 것을 말한다. 정약용은 과감하게 나아감이라고 풀이했다. 樂以忘憂의 樂은 추구한 바를 이루었거나 보람을 얻어 즐기는 것을 말한다. 以는 '~함으로써'라는 뜻이다. 忘憂는 근심을 잊는다는 뜻이다. 서울 망우리의 지명이 여기서 나왔다. 老之將至는 '늙음이 장차 이르러 옴'으로, 不知의 목적어다. 不知老之將至는 부지런히 공부하고 실천하느라 해가 지나감을 생각하지 못한다는 말이다.

敏

116강

배움의 자세

**나는 나면서부터 저절로 안 사람이 아니다. 나는 옛것
을 좋아해서 부지런히 찾아 배운 사람이다.**

「술이」제19장 호고민이구지(好古敏以求之)

『중용』에서는 성현을 세 등급으로 나눈다. 나면서부터 도리를 아는
생지(生知), 배워서 아는 학지(學知), 곤란을 겪고 애를 써서 아는 곤
지(困知)가 그것이다. 생지는 생이지지(生而知之)의 준말로, 곧 성인
의 수준을 가리킨다. 옛사람들은 공자를 생지의 성인이라고 여겼다.
하지만 이 장에서 공자는 스스로를 규정하길 "옛것을 좋아해서 부지
런히 찾아서 배운 사람"이라고 했다. 옛것을 좋아해서 부지런히 찾아
배우는 것을 줄여서 호고민구(好古敏求)라고 한다.

우리나라 사람들의 한자 이름에는 민(敏) 자를 사용한 예가 많다.
이름을 지어 준 분들이 아이에게 '부지런히 찾아 배울 것'을 기대했
기 때문일 것이다.

공자는 겸손하게 부정했지만 그는 생지의 성인이 아닐까? 이러한
질문은 의미가 없다. 중국 신화 속 인물인 삼황오제 중 오제에 해당하

는 황제(黃帝)는 아주 어려서부터 말을 했고 제곡(帝嚳)은 태어나자마자 자기 이름을 말했다고 한다. 하지만 정약용은 그런 이야기를 터무니없다고 일축하고, 생지란 예법을 따로 배우지 않았는데도 어려서부터 장성할 때까지 몸을 닦고 삼가는 행동이 모두 법도에 맞는 것을 가리킨다고 재해석했다.

공자라고 해서 인류 문화에 관한 지식들을 태어날 때부터 알았던 것은 아니다. 공자는 부지런히 찾아 배운 사람이다. 『논어』를 읽는 일 또한 옛것을 좋아해서 부지런히 찾아 배우는 방법이 아니겠는가.

아 비 생 이 지 지 자
我非生而知之者라.
호 고 민 이 구 지 자 야
好古敏以求之者也로라.

첫머리의 我는 일인칭 주어다. '非~者'는 '~한 자가 아니다'라는 뜻의 부정문을 이룬다. 生而知之의 之는 구체적인 무언가를 가리킨다기보다는 어조를 고르는 기능을 한다. 단 인간으로서 알아야 할 도리를 가리킨다고 보아도 좋다. 好古는 옛 성인의 가르침에 담겨 있는 올바른 도리를 좋아한다는 뜻이다. 그 말 다음에 짧게 끊어진다. 敏以求之의 敏以는 以敏을 도치해 어세를 강화한 것이다. 敏은 잽싸고 빠르다는 뜻이되, 黽勉(민면)이나 汲汲(급급) 등 부지런하게 힘쓴다는 뜻으로 풀이한다. 뒤의 之도 어조를 고르는 기능을 한다. 단 여기서도 옛 성인의 가르침에 담긴 도리를 가리킨다고 보아도 좋다.

인간답게 사는 길

공자께서는 괴이한 일, 무력으로 하는 일, 패륜적인 일, 귀신에 관한 일을 말씀하시지 않았다.

「술이」 제20장 자불어괴력난신(子不語怪力亂神)

『삼국유사』「기이(紀異)」편의 서문에서 일연은 이렇게 말했다. "성인은 예악으로 나라를 일으키고 인의로 가르침을 베풀었으므로 괴력난신(怪力亂神)을 말하지 않았다. 그러나 제왕이 일어날 때는 반드시 남과 달라야 대변(大變)의 기회를 타고 대기(大器)를 쥐어 대업(大業)을 이룰 수 있었다. 우리 삼국의 시조가 모두 신이하게 출현한 것이 무엇이 괴이한가?" 일연은 「술이」편의 이 장을 인용해 상식을 벗어난 일을 말하는 것에 대해 경계하면서도 삼국의 시조 신화는 신비로운 이야기를 통해 건국의 정당성을 뒷받침한다는 의미에서 긍정적으로 평가해야 한다고 주장한 것이다.

공자는 은나라의 상제 관념, 주나라의 천명 사상과 예법 제도를 계승하되 하늘에 대한 관심을 인간에 대한 관심으로 바꾸었다. 그렇기에 제사 또한 인간의 삶을 인간답게 하기 위한 방법으로 파악했다.

「선진」제11장에 보면 자로가 귀신 섬기는 일에 대해 묻자 공자는 "사람도 제대로 섬기지 못하는데 어떻게 귀신을 섬길 수 있겠느냐?" 라고 반문했다. 죽음에 대해 물었을 때는 "삶도 아직 모르는데 어찌 죽음을 말하겠느냐?"라고 말했다.

「위령공」제28장에서 공자는 "사람이 도를 넓히는 것이지, 도가 사람을 넓히는 것이 아니다."라고 말했다. 이는 『중용』에서 "도는 사람에게서 멀리 있지 않다."라고 한 것과 뜻이 통한다.

우리가 공부하는 것은 우리 자신이 살고 있는 현실 세계를 떠나 별세계를 찾기 위함이 아니다. 공자는 인간이면서 날짐승, 들짐승과 무리 지어 살 수는 없다고 했다. 조수동군(鳥獸同群)할 수 없다는 인간 존재의 엄연한 숙명을 깨달을 때 우리는 진정한 가르침과 배움이 무엇인지 알 수 있다.

자 불 어 괴 력 난 신
子不語怪力亂神이러시다.

子는 선생이란 말인데, 여기서는 공자를 가리킨다. 不語는 말하지 않는다는 뜻이다. 단 전혀 언급하지 않는다는 것이 아니라 가볍게 말하거나 억지로 떠들지 않는다는 것이다. 怪는 怪異(괴이)의 일, 力은 勇力(용력)의 일, 亂은 悖倫(패륜)이나 昏亂(혼란)의 일, 神은 鬼神(귀신)의 일이다. 모두 상식과 윤리를 벗어난 일을 가리킨다.

師 길에서 찾는 스승

세 사람이 길을 가면 반드시 거기에 나의 스승이 있으니, 선한 것을 가려서 따르고 선하지 못한 것은 가려서 고친다. 「술이」 제21장 삼인행필유아사언(三人行必有我師焉)

삼인행(三人行)이라고 하면 적은 수의 사람들이 함께 길을 간다는 말이다. 여러 사람이 함께 일한다는 뜻으로 풀이하기도 한다. 반드시 세 사람이 길을 간다는 뜻은 아니다. 어떤 판본에는 첫머리에 아(我) 자가 있다. 그렇다면 '우리 여러 사람이 길을 가면'이라고 풀이해야 할 것이다.

공자는 기원전 497년 56세 때 실각해서 노나라를 떠나, 14년간 여러 나라를 돌아다니며 유세하다가 69세 때 고향으로 돌아갔다. 그래서인지 『논어』에는 길 떠나는 이야기가 많다. 「술이」 편의 이 장도 그한 예이다.

여러 사람이 길을 가다 보면 그중에는 나보다 기술이 뛰어난 사람도 있고 인격이 훌륭한 사람도 있다. 반대로 능력이 나만 못한 사람도 있고 선량하지 못한 사람도 있다. 그럴 경우 나보다 뛰어나고 훌륭한 사람을 스승으로 삼아 나를 혁신시켜 나가는 것이 바람직할 것이다.

한편 「이인」 제17장에서 공자는 어진 사람을 보면 그와 나란해질 것을 생각하고 어질지 못한 사람을 보면 안으로 성찰하라고 한 바 있다. 그런데 인간은 불완전한 존재이기에 한 사람이 완전히 선하거나 악할 수는 없다. 선과 악이 교차하는 혼란스러운 세상에서 인간은 자기 삶을 살아 나가며 때로 힘겨운 결단을 내리기 때문이다. 따라서 선한 것과 선하지 못한 것을 가리는 일은 반드시 선인과 악인을 가리는 일이 아니라, 일반적으로 선인 혹은 악인이라 일컬어지는 인간에게서 선악의 일단을 선별하는 일을 뜻한다.

먼 길을 우연히 함께 걷게 된 사람들, 우리는 모두 길 위에 있다. 그 길 위에서 우리는 남을 통해 자신의 참존재를 자각하게 되는 것이다.

삼 인 행　　필 유 아 사 언
三人行에 必有我師焉이니
택 기 선 자 이 종 지　　기 불 선 자 이 개 지
擇其善者而從之오 其不善者而改之니라.

必은 '반드시 ~한다'이다. 有는 어떤 판본에는 得(득)으로 되어 있다. 我師는 나의 스승이란 말인데, 반드시 인격을 지도해 주는 道學(도학)의 스승을 말하는 것은 아니다. 견문, 지식, 기예, 재능의 면에서 스승이 될 만한 사람을 가리킬 수도 있다. 擇其善者는 그 사람이 지닌 품성이나 능력 가운데 좋은 점을 고른다는 말이다. 其不善者는 그 사람이 지니고 있는 훌륭하지 못한 점을 가리킨다. 그 앞에 擇 자가 생략되었다. 從之의 之는 善者를 가리키고, 改之의 之는 不善者를 가리킨다. 혹은 지시 기능 없이 음조를 고르는 글자로 보기도 한다.

생명에 대한 애정

**공자께서는 낚시질은 했으나 그물질은 하지 않으셨고,
주살질은 했으나 잠자는 새를 맞추지는 않으셨다.**

「술이」 제26장 자조이불강(子釣而不綱)

북송 때 학자 장재는 「서명(西銘)」에서 "민오동포(民吾同胞)요 물오여야(物吾與也)라."라고 했다. 이는 "인간은 나와 동포요, 생물은 나와 함께한다."라는 말로 인간과 인간, 인간과 생물이 모두 평등하게 연결되어 생태계를 이룬다는 뜻이다.

한편 김시습은 「애물의(愛物義)」라는 글에서 이렇게 말했다. "군자가 짐승을 기르는 것은 늙고 병든 백성을 위해서요, 고기 잡고 사냥하는 것은 잔치와 제사를 받들기 위해서이다. 따라서 오로지 그 일이 적당한지 어떤지 짐작해야 할 뿐이지, 어질게 대한다고 해서 반드시 죽이지 않는 것은 아니며 죽인다고 해서 모두 잡는 것을 이득으로만 여기는 것은 아니다." 이렇듯 생물을 사랑하되 생물과 인간의 차이를 무시하지 않는 논지는 「술이」편의 이 장과 통한다.

『맹자』「진심 상」에서는 "군자는 생물을 사랑하기는 해도 어질게

대하지는 않는다. 백성들을 어질게 대하기는 해도 친족같이 대하지는 않는다. 군자는 친족을 친족으로서 친하게 대하여 더 나아가 백성들을 어질게 대하며, 백성들을 어질게 대하여 더 나아가 생물을 사랑하기에 이른다."라고 했다. 또 『논어』「향당」제12절에 보면 공자는 마구간에 불이 났다는 소식을 듣고 사람이 다쳤는지를 물었지 말에 대해서는 묻지 않았다.

김시습은 생태계를 인간을 중심으로 해서 동심원이 확산해 가는 구조로 보았다. 사실 인간과 생물의 관계를 어떻게 파악하느냐 하는 문제는 철학적이고 때로는 사변적인 관점의 선택과 관련된다. 어떤 사람은 인간과 생물은 본질적으로 아무 차이가 없다고 한다. 또 어떤 사람은 인간과 다른 생물 사이에는 넘지 못할 간극이 있고 인간은 만물의 영장이자 신적인 존재라고 본다. 어느 쪽이 옳은지는 쉽게 단언하기 어렵다. 다만 이것만은 확인해 두자. 군자라면 생명 있는 존재인 동물의 가치를 인정할 것이나 동물이 인간과 완전히 똑같다고 주장하지는 않을 것이다. 인간은 생태계를 보존하고 조화롭게 할 무한한 책임이 있다고 여기기 때문이다.

자 조 이 불 강   익 불 석 숙
子釣而不綱하시며 **弋不射宿**이러시다.

釣는 낚시로 물고기를 잡는 것을 말한다. 而는 앞뒤를 '~하되 그러나'의 관계로 이어 준다. 綱은 그물 網(망)의 오자로 추정된다. 不綱, 즉 不網은 그물질을 하지 않는다는 말이다. 弋은 주살, 즉 오늬에 줄을 매어 쏘는 화살이다. 射은 '맞출 석'과 '쏠 사'의 두 음훈이 있는데, 여기서는 '맞출 석'으로 읽는다. 宿은 여기서 잠자는 새를 가리킨다.

知 지식을 얻는 방법

많이 듣고서 그 가운데 좋은 것을 가려서 따르고 많이 보고서 기억해 둔다면 완전한 지식의 버금은 될 것이다. 「술이」 제27장 다문다견(多聞多見)

이 장에서 공자는 "알지 못하면서 함부로 창작하는 짓을 나는 하지 않는다."라고 말했다. 사람들이 천착(穿鑿)해서 글 짓는 행태를 비판한 것이다. 천착이란 『장자』의 혼돈 이야기에서 나온 말로, 일상적으로 쓰이는 바와는 달리 부정적인 뜻을 담고 있다. 혼돈에 구멍을 뚫어 주자 혼돈이 죽고 말았다는 우화로부터 쓸데없이 구멍을 내듯 불필요한 문제를 파고든다는 뜻이 되었다. 이와 반대로 공자는 견문을 많이 쌓는 일이 중요하다고 말했다. 공자의 공부법은 경험을 중심으로 해서 점진적으로 지식을 정제해 나가는 것이었다.

「위정」 제18장에서 공자는 다문궐의(多聞闕疑)와 다견궐태(多見闕殆)를 배움의 태도라고 강조했다. 다문궐의는 많이 듣되 의심나는 것은 빼놓는 일, 다견궐태는 많이 보되 위태로운 것은 빼놓는 일을 가리킨다. 또 「술이」 제1장에서 공자는 선왕의 도를 서술해서 전할 뿐 새로 만들어 내지는 않는 술이부작(述而不作)과 선왕의 도가 옳음을 믿고 옛것을 애호하는 신이호고(信而好古)를 학문의 태도로 제시했다. 모두 이 장의 뜻과 통한다.

소견다괴(少見多怪)라는 말이 있다. 본 것이 적으면 진리에 대한 의심이 많다는 말이다. 우물 안 개구리는 바다를 의심하고 여름 벌레는 얼음을 의심한다고 한다. 조선 인조 때 장유(張維)는 당시의 옹졸한 지식인들이 자기 소견으로 이해되지 않는다고 해서 일체를 거짓으로 여기며 무시한다고 비판했다. 다문다견을 통해 학문의 고착화를 극복해야 한다고 본 것이다.

多聞하여 擇其善者而從之하며
多見而識之가 知之次也니라.

多聞은 많이 듣는다는 말이니, 여러 사실들을 두루 들으며 공부한다는 말이다. 擇其善者는 좋은 것을 가려내는 일이다. 多見은 많이 본다는 말이니, 여러 사실들을 두루 보며 공부한다는 말이다. 識는 '기억할 지'와 '알 식'의 두 음훈이 있는데, 여기서는 '기억할 지'로 읽는다. 정약용은 이 글자를 '기록할 지'로 읽어 경전에 대해 자기 견해를 기록하는 일로 보았다. 知는 본래 완전한 지식을 말한다. 次는 '다음, 버금'이다.

인은 가까이 있다

인이 멀리 있는 것일까? 내가 어질고자 하면 인이 이르러 온다. 「술이」 제29장 아욕인(我欲仁)

인(仁)이란 무엇인가?『논어』에서 공자는 이 말을 한 가지 방식으로만 정의하지 않았다.

정약용에 따르면 인이란 사람에게로 향하는 사랑이다. 그렇다면 인은 나 자신에게서 말미암는 것이므로 결코 멀리 있지 않다. 이 장을 보면 정약용의 풀이가 공자의 가르침에 부합하는 것 같다. 공자는 "내가 어질고자 하면 인이 이르러 온다."라고 했다. 이 말은 인이 스스로에게서 비롯됨을 강조한 것이지, 나와 동떨어져 있던 것이 내게로 온다는 뜻이 아니다.

조선 전기의 기대승은 「면학시(勉學詩)」에서 인간이 사사로운 감정에 얽매여 술 취한 듯 꿈꾸는 듯 번잡하게 살아가는 것을 두고 어려서 고향을 떠나 아주 잃어버리고 만 것과 같다고 했다. '고향 잃은 사람'이란 기대승이『장자』의 약상(弱喪)이란 말을 끌어와 본마음을 잃어버린 상태에 빗댄 말이다.『장자』에서는 죽음이야말로 본래의 자

기 집으로 돌아가는 것이라 보고, 인간은 제 집을 잃어버린 '약상'의
존재로서 사는 것이라고 했다.

현대인은 고향이 아예 없거나 고향에 대한 그리움을 잃어버린 존
재들이다. 기대승이 말했듯, 선(善)의 단서를 혜아려 근본을 탐색하
고 스스로를 성찰하는 노력이 필요하다.

인 원 호 재　아 욕 인　사 인　지 의
仁遠乎哉아. **我欲仁**이면 **斯仁**이 **至矣**니라.

乎哉는 반문하는 어조로 문장을 맺는다. 仁遠乎哉는 仁이 멀리 있지 않으
므로 仁을 실행하면 仁이 이루어지리라는 의미를 내포하고 있다. 「안연」 제
1장에서는 "하루 克己復禮(극기복례)를 하면 천하가 仁으로 돌아온다. 仁을
행함은 자기에게서 비롯하나니, 남에게서 비롯되겠는가?"라고 했다. 자기에
게서 비롯된다는 말인 爲仁由己(위인유기)는 이 장의 뜻과 통한다. 『맹자』에
서도 仁이란 인간의 마음에 내재된 본성이라고 주장했다. 欲은 주체의 意志
(의지)와 志向(지향)을 나타낸다. 斯는 '이에'로 풀이하는데, 원인 또는 조건
과 결과를 이어 주는 則(즉)과 쓰임이 유사하다. 矣는 강한 단정과 확신의 어
조로 문장을 맺는다.

122강

和 경계를 허물다

공자께서는 남과 노래를 부르다가 그가 잘 부르면 반드시 다시 부르게 하고 그런 뒤에 그와 맞추어 부르셨다. 「술이」 제31장 자여인가(子與人歌)

공자는 목석이 아니었다. 공자는 제나라에 갔다가 순임금의 음악인 소악을 듣고는 석 달이나 고기 맛을 잊었다. "이 음악이 이렇게까지 좋은지 미처 몰랐다!"라고 했다. 소악은 비속한 유행가가 아니라 진선진미의 음악이었다. 「술이」 편에 나오는 이러한 일화는 같은 「술이」 편의 이 장과 함께 공자의 정서적 깊이와 폭을 말해 주는 사례로 매우 유명하다.

공자는 기상이 조용하고 온화하며 뜻이 간절하고 지극했다. 주희에 따르면 공자가 반드시 다시 노래 부르게 한 까닭은 그 상세한 특성을 파악하고 좋은 점을 취하려 했기 때문이고, 뒤따라 함께 부른 까닭은 상세한 특성을 파악한 것을 기뻐하고 그 좋은 점을 같이하려 했기 때문이라고 한다.

조선의 학자들은 이 장에 그리 관심을 두지 않았다. 심지어 정약용은 가(歌)를 단순히 시를 길게 늘여서 외는 것으로 보았다. 당시 시가 악곡과 분리되어 음률에 맞춰 노래 부르는 일이 드물어졌기 때문인 듯하다. 그러나 노래 부르는 일은 정서를 순화하고 품성을 키우는 함양(涵養) 공부의 하나이다. 또한 공자가 그랬듯 남의 노래를 따라 부르는 일은 나와 남의 경계를 허무는 공부인 것이다.

子與人歌而善이어든 必使反之하시고
而後和之러시다.

子與人歌而善에서 子는 공자를 가리킨다. 與는 '~와 더불어'라는 뜻이다. 善은 음률에 맞춰 노래를 잘 부르는 것을 말한다. 使는 '~로 하여금 ~하게 하다'라는 뜻이다. 뒤에 '함께 노래 부른 그 사람'을 생략했다. 反은 반복한다는 말이다. 之는 그 노래를 지시한다. 而後는 그런 뒤란 뜻이다. 和는 상대방에 맞춰 따라 부르는 것을 말한다. 그 뒤의 之는 앞의 노래를 받는다. 지시 기능 없는 어조사로 볼 수도 있다.

禱

하늘의 뜻

자로가 "뇌문에 '너를 상하 신명에게 기도한다.'라고
했습니다." 하자, 공자께서는 "그런 기도라면 나의
기도는 오래되었다."라고 말씀하셨다.

「술이」 제34장 구지도구의(丘之禱久矣)

공자는 괴력난신(怪力亂神)을 말하지 않았다. 그렇다고 공자가 초월
적 존재를 상상하지 않은 것은 아니다. 초월적 존재는 나와 어떤 관계
에 있는가? 공자가 이 문제에 대해 어떻게 사유했는지 이 장을 통해
살필 수 있다.

공자가 병이 들어 위독하자 제자 자로가 산천에 기도하겠다고 청
했다. 공자는 예법을 다룬 옛 서적에 병자를 위해 산천에 기도하는 일
이 나오느냐고 물었다. 자로는 "있습니다. 뇌문에 보면 상하 신명에
게 기도한다고 했습니다."라고 대답했다. 그러자 공자는 "그런 기도
라면 나의 기도는 오래되었다."라고 말했다. 평소의 삶이 신명의 뜻
과 부합했으므로 새삼스레 기도할 필요가 없다고 거부한 것이다.

이색은 「독야(獨夜)」 제7수에서 "목숨 빌 데가 달리 없음을 잘 알

기에, 하루하루를 조심조심 지낸다."라고 했다. 이는 하늘이 무조건 도와준다는 뜻이 아니다. 신실한 삶을 살면서 천명에 순종해야 하늘이 도와준다는 것이다. 그렇기에 『주역』 대유괘(大有卦) 상구(上九) 효사에서는 "하늘이 도우면 길하여 이롭지 않음이 없다."라고 했으며, 이에 근거해서 성호 이익은 말했다. "인간의 수명은 보탤 수도 없고 줄일 수도 없다. 생명의 한계인 대한(大限)을 망각하고 욕심 부리는 것을 군자는 부끄럽게 여긴다."라고.

誄에 曰, 禱爾于上下神祇라 하도소이다.
子曰, 丘之禱가 久矣니라.

誄는 죽은 이를 애도하는 弔辭(조사)나 輓詞(만사)이다. 공적을 서술해 기도하는 글이라고도 한다. 誄曰은 '뇌문(만사)에 이르기를'이다. 禱는 천지신명에게 비는 일이다. 사람이 죽어 갈 때 그 코에 숨을 대어 숨이 끊어졌는지 알아보는 것을 屬纊(속광)이라고 한다. 이때 친지들은 천지신명에게 기도를 했다고 한다. 爾는 이인칭 대명사다. 于는 '～에게'이다. 神祇에서 神은 하늘의 신, 祇는 땅의 신이다. 子曰 이하는 공자의 말을 옮겼다. 丘之禱久矣에서 주어는 丘之禱, 술어는 久이다.

坦 군자의 마음

군자는 마음이 평탄하고 넓디넓으며 소인은 늘 근심만 한다. 「술이」 제36장 군자탄탕탕(君子坦蕩蕩)

공자는 군자와 소인을 대비해 군자의 삶을 살라고 권했다. 군자는 자주성을 지닌 존재이다. 존경받기 때문에 군자가 되라는 것이 아니다.

군자는 마음이 평탄하며 넓디넓다고 했다. 『대학』에서 마음이 넓고 몸이 편안함을 가리켜 심광체반(心廣體胖)이라 한 것에 해당한다. 마음이 평탄하고 넓디넓은 것은 세상을 내리깔아 보는 오만함이 결코 아니다. 주희는 "진정한 영웅은 두려워하고 조심하며 깊은 못에 임한 듯이 하고 얇은 얼음을 밟는 듯이 하는 데서 나온다."라고 했다. 군자의 마음이 평탄하고 넓디넓을 수 있는 것은 늘 심연에 임하고 박빙을 밟는 듯 계신공구(戒愼恐懼)하는 자세를 지녔기 때문이다. 반면 소인은 외물에 휘둘리며 천명의 존재를 모르기 때문에 마음이 늘 불안하다. 계신공구하기에 조심하는 것이 아니라, 삶의 자주성이 없기 때문에 불안해하는 것이다.

고려 말의 이색은 "근심 없는 이가 성인이요, 근심을 해소하는 이

가 현명한 사람이요, 근심으로 일생을 마치는 이가 소인이다."라고
했다. 혼란스러운 세상에서 올바른 이념을 지키며 홀로 우뚝하기에
번민이 아예 없는 존재가 성인이다. 번민이 있더라도 그에 빠지지 않
고 번민을 해소해 가는 존재가 현명한 사람이다. 이에 비해 명리에 집
착해서 근심 걱정으로 삶을 허비하는 사람은 소인이다.

　나는 누구인가? 누구를 닮으려 하는가?

君子는 坦蕩蕩이오 小人은 長戚戚이니라.

君子는 스스로의 격률에 따라 삶을 살아 나가는 자주성을 지닌 존재이다. 이
에 비해 小人은 물질이나 명예에 대한 욕망에 휘둘려 주체적인 삶을 살지 못
하는 존재이다. 坦은 平坦(평탄)이니, 넓게 툭 터져 있음을 말한다. 蕩蕩은 걸
림이 없는 상태를 뜻한다. 이렇게 같은 글자를 둘 겹친 한자어를 疊語(첩어)
라 한다. 坦蕩蕩은 外物(외물)에 의지하지 않고 집착하지 않기에 마음이 평
온하고 외양이 느긋해 보임을 형용한다. 長은 '항상, 늘'이다. 戚戚은 근심하
는 상태를 나타내는 첩어이다. 부귀에 汲汲(급급)하고 가난에 戚戚함을 아우
르는 말이다. 長戚戚은 마음속 근심이 영구히 떠나지 않음을 형용한다.

禮

125강

예가 없다면

공손하되 예가 없으면 고달프고, 신중하되 예가 없으면 두려우며, 용맹하되 예가 없으면 문란하고, 강직하되 예가 없으면 박절하다.

「태백(泰伯)」 제2장 공이무례즉로(恭而無禮則勞)

예(禮)란 무엇인가? 예는 행동을 절제하고 욕망을 조절하며 관계를 조화시킨다. 용모나 위의(威儀, 예법에 맞는 몸가짐)로 나타나는 바깥의 예법만이 아니라 그 근거가 되는 이치를 뜻하기도 한다. 「태백」 편의 전체 21장 가운데 두번째 장에서 공자는 후자의 예에 대해 말했다.

공자는 예를 중시했다. 선왕의 예를 회복하고 군신 관계의 명분을 바로 세우고자 했다. 하지만 공자는 형식적인 예에 편향되는 것을 경계했다. 그래서 「팔일」 제8장에서는 회사후소(繪事後素)를 강조했다. 회사후소란 "그림 그리는 일은 흰 비단 마련하는 것보다 뒤에 하는 것이다."라는 말로, 충신(忠信) 등의 내용이 우선이고 그 형식은 뒤라는 뜻이다.

하지만 공자는 사람이 행동할 때 예의 제한을 받지 않으면 인간다운 덕목을 바르게 구현할 수 없다고 보았다. 공자의 이러한 사상을 이어받아 『예기』「중니연거(仲尼燕居)」편은 공경하되 예에 맞지 않으면 야(野, 거침), 공손하되 예에 맞지 않으면 급(給, 아첨함), 용감하되 예에 맞지 않으면 역(逆, 반역함)의 상태로 빠진다고 경고했다.

　이 장에서 말한 공손함, 신중함, 용맹함, 강직함은 과연 훌륭한 덕목이지만 그것들이 바르게 실현되려면 예에 부합해야 할 것이다.

恭而無禮則勞하고 愼而無禮則葸하고
勇而無禮則亂하고 直而無禮則絞이니라.

恭은 恭遜(공손)이란 뜻이다. 勞는 勞苦(노고)나 不安(불안)으로 풀이한다. 而는 앞말의 흐름을 역전시켜 '~하되 ~하다'로 이어 준다. 則은 원인 또는 조건의 구와 결과의 구를 묶어 준다. 이 뒤로 같은 짜임의 구들이 이어지므로 아래의 세 문장도 같은 식으로 풀이하면 된다. 愼은 愼重(신중), 葸는 畏懼(외구, 무서워하고 두려워함) 또는 不怡(불이, 기쁘지 않음)의 뜻이다. 정약용은 예에 맞지 않게 지나치게 조심해서 안색이 언짢아진다는 뜻으로 보았다. 勇而無禮則亂에서 勇은 勇猛(용맹), 亂은 亂暴(난폭) 혹은 紊亂(문란)이란 뜻이다. 直而無禮則絞에서 直은 剛直(강직), 絞는 急切(급절) 혹은 迫切(박절)이란 뜻이다.

몸을 소중히 하라

**이불을 젖혀 내 발을 살펴보고 내 손을 살펴보아라.
시에 이르기를 "두려워하고 조심하며 깊은 못에
임한 듯이 하고 얇은 얼음을 밟듯이 하라." 했는데,
이제야 내 몸이 다치는 죄를 면했음을 알게 되었구나,
제자들아!** 「태백」제3장 계족계수(啓足啓手)

이 장은 공자의 고제인 증자의 일화를 기록했다. 몸을 소중히 여기는 태도가 곧 자기완성을 지향하는 성실한 자세임을 말하고 있다.

증자는 병이 위중해지자 제자들을 불러 "이불을 젖혀 내 발을 살펴보고 내 손을 살펴보아라."라고 말했다. 몸을 함부로 놀려 상하게 하거나 형벌을 받아 훼손시키지 않도록 늘 자기 내면을 닦아 원래 타고난 몸 그대로 세상을 마칠 수 있게 되었음을 확인하고자 한 것이다. 타고난 몸 그대로 온전히 세상을 마치는 것을 전귀(全歸)라고 한다. 『효경』에 따르면 공자는 증자에게 "신체는 부모에게서 받은 것이므로 감히 훼손시켜서는 안 된다."라고 가르쳤다고 한다. 『효경』의 진위는 알 수 없지만, 아마도 증자는 공자의 가르침을 잊지 않고 있다가 임종을 앞두고 제자들에게 전하고자 했던 듯하다.

『대대례(大戴禮)』「증자대효(曾子大孝)」편과 『예기』「제의(祭義)」 편을 보면 증자의 제자 악정자춘(樂正子春)의 이야기가 나온다. 악정 자춘이 어느 날 마루를 내려오다가 발을 다쳤다. 치료를 해서 발이 모 두 나았지만 그는 몇 달간 방을 나가지 않았다. 제자가 까닭을 묻자 그는 "부모께서 낳아 주신 몸을 온전하게 가지고 돌아가야 하거늘, 효의 도리를 잃었으므로 근심하지 않을 수 없다."라고 답했다.

증자가 임종 때 자신의 손발을 살펴보라고 한 것은 악정자춘이 효 의 도리를 지키고자 근심한 정도가 아니다. 일생 자기완성을 위해 전 전긍긍하며 몸조심했다는 사실을 회고하고 편안하게 죽음을 맞이한 것이다. 누구나 자신에게 주어진 몸을 온전히 보존하는 것이 내면의 덕을 온축하는 일과 연계되어 있음을 잊지 말아야 하리라.

啓予足하며 啓予手하라. 詩云, 戰戰兢兢하여
如臨深淵하며 如履薄氷이라 하니
而今而後에야 吾知免夫로다, 小子여!

啓는 열어젖힌다는 말이다. 予는 '나의'로 풀이하며, 나 吾(오)와 구별된다. 詩는 『시경』의 「소아 소민」편을 가리킨다. 戰戰兢兢은 두려워하고 조심하 는 모습이다. 如臨深淵은 깊은 못에 임해 떨어지지 않을까 조심하듯 한다는 말, 如履薄氷은 얇은 얼음을 밟으며 꺼지지 않을까 조심하듯 한다는 말이다. 而今而後에서 而今은 '바로 지금'이고, 而後는 以後(이후)와 같다. 吾知免夫 는 '내가 형벌이나 사고를 당해 몸이 상하는 일을 면했음을 잘 알았다'는 뜻 이다. 夫는 감탄의 어조를 나타낸다. 小子는 문인들을 부르는 이인칭이다.

言

바른 말을 남기다

**새가 죽을 때는 울음소리가 슬프고 사람이 죽을 때는
말하는 것이 착하다.** 「태백」제4장 동용모(動容貌) 1

증자가 위독하자 노나라 대부 맹경자(孟敬子)가 위문을 왔는데, 증자
는 그에게 격언을 남겼다. 그에 앞서 증자는 임종하는 사람은 착한 말
을 남긴다는 옛말을 인용했다. "새가 죽을 때는 울음소리가 슬프고
사람이 죽을 때는 말하는 것이 착하다."라고. 우리 선인들은 죽을 각
오를 하고 상소할 때 이 말을 흔히 인용했다.

주희는 이 장을 풀이하며 새는 죽음이 두려워서 애달프게 울고 사
람은 생명이 다해 근본으로 돌아가므로 선하게 말한다고 했다. 금수
도 사람처럼 죽음을 의식한다고 본 것이다. 그러나 정약용은 사람과
금수는 죽음에 대처하는 방식이 전혀 다르다고 보았다. 곧 죽음을 앞
두고 금수는 군색하고 급박한 울음만 토해 내지만, 군자는 마지막까
지 마음이 흔들리지 않기 때문에 영종(令終)의 말을 한다고 했다. 영
종은 고종명(考終命)이라고도 하며 아름다운 임종, 편안한 죽음을 말
한다. 자기완성을 위해 부단히 노력해 온 사람은 죽음 앞에서도 바른

도리를 지키며 분명한 교훈을 남기는 것을 잊지 않는다. 그 교훈을 선언(善言)이라 하는 것이다.

『예기』「단궁 상」에 보면, 증자는 병환 중에 대부의 신분에 맞는 화려한 대자리를 깔고 있다가 임종 때 자신의 신분에 맞지 않음을 깨닫고 제자들을 시켜 대자리를 바꾸게 하고는 죽었다. 마지막 순간까지 증자는 도리를 잃지 않았던 것이다. 이 일화로부터 대자리를 바꾼다는 뜻의 역책(易簣)이란 말이 스승이나 현자의 죽음을 가리키게 되었다.

증자의 선언은 군자가 지켜야 할 세 가지 도에 관한 말이었다. 선언의 내용도 중요하지만 선언을 남기며 죽음에 대처하는 방식에 숙연해지지 않을 수 없다.

鳥之將死_에 其鳴也哀_{하고}
조 지 장 사   기 명 야 애

人之將死_에 其言也善_{이니라.}
인 지 장 사   기 언 야 선

將은 '장차 ~하려 하다'라는 뜻이다. 증자가 인용한 옛말에서는 對仗(대장)의 표현법을 사용함으로써 사람이 죽을 때는 善言(선언)을 남기는 법이라는 뒤의 말을 강조했다.

자기완성의 세 방법

몸가짐을 갖출 때는 포악하고 거만한 태도를 멀리하고, 얼굴빛을 바르게 할 때는 신실에 가깝게 하며, 말을 할 때는 비루하고 어긋난 말을 멀리해야 한다.

「태백」 제4장 동용모 2

앞에 이어진다. 증자가 위독하자 노나라 대부 맹경자가 위문을 갔다. 증자는 "새가 죽을 때는 울음소리가 슬프고 사람이 죽을 때는 말하는 것이 착하다."라고 하고는, 군자가 귀하게 여겨 지켜야 할 세 가지를 선언으로 남겼다. 이 가르침을 삼귀(三貴)라고 부른다.

삼귀는 정일(精一)이나 사물(四勿)과 함께 인격 수양으로서의 공부를 실제로 행하는 방법을 알려 준다. 정일은 요임금이 순임금에게 마음 다잡는 방법에 대해 전해 주었다는 심법(心法)이다. 사물은 공자가 제자 안연에게 예(禮)에 관해 가르쳐 준 경계의 말이다.

한편 『예기』에서는 족(足)·수(手)·목(目)·구(口)·성(聲)·두(頭)·기(氣)·입(立)·색(色)에 관해 지녀야 할 자세를 구용(九容)이라고 했다. 발은 무겁게, 손은 공손하게, 눈은 단정하게, 입은 듬직하게, 말소리는 조용하게, 머리는 곧게, 기운은 엄숙하게, 서 있는 모습은 덕스럽게, 안색은 장중하게 가지라고 한 것이다.

삼귀와 구용은 행동거지를 일일이 단속해서 경직된 태도를 지으라는 것이 아니다. 아무리 다급한 때라도 마음을 평온히 유지하도록 힘쓰며 경건한 자세를 잊지 말라는 가르침이다.

動容貌에 斯遠暴慢矣며
正顔色에 斯近信矣며
出辭氣에 斯遠鄙倍矣니라.

세 구가 거의 같은 짜임이다. 容貌는 얼굴뿐 아니라 온몸의 태도를 가리킨다. 暴慢은 포악하고 거만함을 말한다. 暴는 사납다는 의미일 때 '폭' 또는 '포'로 읽는데, 조선 시대 교정청 언해본에서는 '포'로 읽었다. 정약용은 暴는 급박하고 망령된 행동, 慢은 게으르고 느긋한 행동이라고 보았다. 正顔色은 얼굴빛을 엄숙하게 한다는 말이다. 近信은 信實(신실)에 가깝게 한다는 뜻이다. 辭氣는 말과 어조를 가리킨다. 鄙倍는 상스럽고 도리에 어긋남을 말한다. 倍는 등질 背(배)와 같은데, 교정청 언해본은 주희의 주석에 근거해 '패'로 읽었다.

129강

지식인의 책임

선비는 도량이 넓고 뜻이 굳세지 않으면 안 되니,
짐이 무겁고 길이 멀기 때문이다. 인(仁)으로 자기의
책임을 삼았으니 정말로 막중하지 않은가! 죽은 뒤에
야 그만둘 것이니 정말로 멀지 않은가!

「태백」제7장 사불가이불홍의(士不可以不弘毅)

과거의 지식인은 인(仁)을 실천하려는 책임 의식이 강했다. 그 사실
을 증자는 임중도원(任重道遠)이라고 표현했다. 등에 진 짐이 무겁고
갈 길이 멀지만 잠시도 쉬지 않고 우뚝하게 나아가는 그 모습을 자자
흘흘(孜孜仡仡)이라고 묘사하기도 한다.

조선 정조의 호는 여러 가지인데, 가장 널리 알려진 것이 홍재(弘齋)
이다. 정조는 세손 시절 동궁의 연침(燕寢)에 홍재라는 헌호를 붙였다.
이 호는 바로 「태백」편의 이 장에 나오는 "선비는 도량이 넓고 뜻이
굳세지 않으면 안 된다."라는 구절에서 따온 것이다. 정조는 50세로 승
하하기 직전에 스스로를 반성하면서, 총명은 젊은 시절을 따르지 못
하고 조예는 처음 먹은 마음에 비해 부끄러우며 학문은 우뚝하게 자

립하지 못했다고 했다. 그러면서 또 이렇게 자부하기도 했다. "상제를 대하고 백성들에게 베풀고자 하는 생각으로 어렵고 큰일을 계승하여 부지런히 백성을 보호하고 인재를 구하는 일에 급급하면서 인이 아닌 집에는 거처하지 않았으며 의(義)가 아닌 길은 밟지 않았다." 정조는 세손 시절에 홍의(弘毅), 즉 넓은 도량과 굳센 뜻을 일생의 좌표로 설정하고 그에 따라 일생을 살아 나갔음을 스스로 안도했던 것이다.

내게 이 짐을 지게 한 사람은 누구인가? 바로 나 자신이다. 죽은 뒤에야 내려놓을 이 지독한 임무를 나 스스로 떠맡고 있는 것이다.

사 불 가 이 불 홍 의　　임 중 이 도 원
士不可以不弘毅니 任重而道遠이니라.
인 이 위 기 임　　　불 역 중 호
仁以爲己任이니 不亦重乎아.
사 이 후 이　　　　불 역 원 호
死而後已니 不亦遠乎아.

士는 남성의 성기를 상징한다는 속설이 있지만 잘못이다. 『설문해자』에서는 一부터 十까지 아는 자라고 풀이했으나 역시 옳지 않다. 士는 본래 戰士(전사) 계급을 상징하는 도끼의 머리 부분을 위로 하고 날을 아래쪽으로 해서 그린 모양이다. 뒷날 士는 관리, 재판관, 남자 등을 뜻하게 되었고, 우리나라에서는 선비를 가리켰다. 여기서는 올바른 이념을 실천하려 하는 교양인을 뜻한다고 보면 좋다. '不可以不~'은 이중 부정을 통해 강한 긍정을 나타낸다. 弘毅는 포용력이 넓고 의지가 강인함을 말한다. 仁以爲己任은 以仁爲己任을 도치해 仁을 강조한 것이다. 己任은 자기의 짐, 자기의 임무다. '不亦~乎'는 반어법으로 감동과 긍정의 어조를 나타낸다. 死而後已는 죽은 뒤에 그만둔다고 함으로써 죽을 때까지 그만두지 않겠다는 뜻을 나타냈다. 『예기』에서 "전심하여 날마다 힘쓰다가 죽은 뒤에야 그만둔다."라고 한 말과 같다.

배움의 순서

**시에서 도의적 감흥을 돋우고, 예에서 인륜의 규범을
바로 세우며, 악에서 품성을 완성한다.**

「태백」 제8장 흥어시(興於詩)

공자는 시(詩)·예(禮)·악(樂)의 단계별 학습과 그 효용에 대해 위와
같이 말했다. 교육의 전체 과정을 말한 것은 아니다. 쉽고 얕은 것을
먼저 하고 어렵고 깊은 것을 나중에 하는 순서를 개괄한 것이다.

『예기』「내측(內則)」에도 "열 살이면 어린이 거동을 배우고, 열세
살이면 음악을 배우고 시를 외며, 스무 살 이후에 예를 배운다."라고
했다. 이것도 특정 나이에 특정 과목을 배우라고 말한 것은 아니다.
학습은 단계별로 행해야 효과가 있다고 가르친 것이다.

1379년 이색은 이 장을 고려 우왕에게 진강(進講)한 뒤 이런 시를
지었다. "군사(君師, 예지가 있어 백성들의 임금과 스승이 된 분)가 푯대 세워
백성을 교화한 말씀이 오늘날 환하게 후인을 깨우칩니다.『대학』에
서 말했듯 처음, 중간, 끝의 얻음이 있고『논어』에서 말했듯 선왕의
시와 예와 악을 차례로 익히면, 성정이 화평하여 사특함 없는 때가 오

고 찌꺼기 사라져 도를 좇는 봄을 맞게 되며, 삼백 가지 예법과 삼천 가지 예절이 위아래로 통하여 홀로 있든 여럿이 있든 신명을 대하게 될 것입니다."

　예와 악은 상보적이다. 예 가운데 악이 있고 악 가운데 예가 있다. 하지만 시에서 감흥을 얻지 못하고서 단번에 예를 익히려 들면 예는 형식적 구속이 되고 만다. 그렇기에 공자는 감성 교육의 중요성을 설파한 것이다.

　　　　興於詩하며 立於禮하며 成於樂이니라.

興於詩의 於는 '~에서'라는 뜻이고, 詩는 『시경』의 시를 말한다. 興의 목적어는 나타나 있지 않지만 도의적 감흥을 일으킨다는 뜻으로 본다. 立於禮는 사회 질서의 禮를 배움으로써 인류의 규범을 세우게 된다는 뜻이다. 成於樂은 음악을 감상함으로써 和樂(화락)한 마음을 지녀 좋은 품성을 갖게 된다는 뜻이다. 정약용은 이 장에 대해 詩로 선한 마음을 감발시키고 禮로 근육과 뼈마디를 억제해 몸을 세우게 하며 樂으로 마음을 전일하게 지녀 덕을 이루게 한다고 풀이했다.

대중의 속성

**백성은 도리를 따라 행하게 할 수는 있어도, 도리의
원리를 일일이 알게 하기는 어렵다.**

「태백」 제9장 민가사유지(民可使由之)

공자를 비판하는 사람들은 이 장을 근거로 공자가 우민 정치를 지지
했다고 말한다. 그러나 공자는 도덕과 명령과 정교(政敎)로 백성을 인
솔할 수는 있어도 백성들에게 일일이 그 근거를 알리기는 어렵다는
실제 사정을 말한 것이다. 본래 공자는 교육할 때 계층에 따라 차별하
지 않는 유교무류(有敎無類)를 실천했다. 또한 공자는 위나라로 갈 때
그 나라의 백성이 늘어나게 하고 그들을 부유하게 하며 그들을 가르
치고자 한다는 포부를 밝힌 바 있다.

북송의 정이는 이 장을 비판하며 "백성에게 일일이 알게 할 수 없
기에 그들로 하여금 따라 나가게 할 뿐이다. 백성이 알지 못하게 한
다면 조사모삼(朝四暮三)의 술수이다."라고 말했다. 조사모삼은 조삼
모사와 같은 말이다. 정약용은 이렇게 풀이했다. "공자는 유교무류를
주장했거늘 어찌 백성이 알게 해서는 안 된다고 말했겠는가? 성인의

마음은 공정하므로 맹자는 '모든 사람이 요순이 될 수 있다.'라고 했다. 사욕을 채우려고 백성들을 어리석게 만들어 사람마다 요순이 되는 길을 막아야 되겠는가?"

한편 청나라의 환무용(宦懋庸)이라는 학자는 원문을 '민가(民可), 사유지(使由之). 불가(不可), 사지지(使知之).'로 끊고, "세론이 좋다고 하면 함께 따라 나가고 세론이 불가하다고 하면 이해시킨다."라고 풀이했다. 이는 대중에 대한 영합을 중시한 해석으로, 정약용의 풀이만 못하다. 정약용은 이렇게 덧붙였다. 백성들을 어리석게 해서 자신의 왕위를 굳히려 한다면 머지않아 나라가 망하게 되리라고.

民은 可使由之오 不可使知之니라.

후한의 어느 학자는 民에 어두울 冥(명)의 뜻이 있으므로 民은 무식한 대중을 가리킨다고 했다. 하지만 民은 士와 구별되는 보통 사람을 가리킨다. 由는 준거로 삼아 나아간다는 뜻이다. 쓸 用(용)으로 풀이하기도 한다. 之는 도덕, 명령, 정교 등을 암시한다. 不可는 '~을 할 수 없다'이지, '~해서는 안 된다'가 아니다.

극단을 경계한다

**용맹을 좋아하고 가난을 싫어하면 난을 일으키고,
사람으로서 어질지 못한 자를 너무 미워해도 난을
초래한다.** 「태백」 제10장 호용질빈(好勇疾貧)

용맹을 좋아하고 가난을 싫어하는 일, 사람으로서 어질지 못한 자를
너무 미워하는 일, 이 둘은 서로 접점이 없되 모두 극단적으로 증오하
는 경우를 예시한 것이다. 앞서의 가난을 싫어함이란 분수를 편히 지
키지 못함을 뜻한다. 주희에 따르면 이 장의 뜻은 용기를 좋아하되 분
수를 편히 지키지 못하는 자는 반드시 난을 일으키게 되고, 불인한 사
람을 너무 미워해 용납할 여지를 남기지 않으면 그 불인한 사람이 반
드시 난을 일으키게 된다는 것이다.

용기만 좋아하고 분수를 편히 여기지 않는 마음은 악이라 하겠지
만, 불인한 자를 미워하는 마음은 선이라 할 수 있다. 하지만 공자는
후자의 경우도 난을 초래하는 원인이 되므로 부정적으로 보았다.

분수를 모르는 자들이 만용을 부려 난을 일으킨 사례는 역사상 참
으로 많다. 하지만 불인한 자를 미워하는 것이 난의 원인이 되는가?

선악을 가리고 시비를 분별하는 것은 중요하지만 타자를 나쁘다고 몰아붙이면서 대척한다면 편협하다 하지 않을 수 없다. 하물며 어느 당파가 자신들은 선하지만 반대 당파는 악하다고 하며 상대를 매도한다면 어떻게 되겠는가. 북송 이후로 당파가 형성되어 자신의 당파를 군자의 당이라 하고 다른 당을 소인의 당이라고 규정하며 서로 배척한 사례를 보면 공자가 '어질지 못한 자를 너무 미워함'을 경계한 뜻을 이해할 수 있다.

공자는 불인과 불의를 미워했다. 하지만 극단에 이르는 것을 경계했기에 미워하는 마음 역시 삼갔다.

好勇疾貧이 亂也오

人而不仁을 疾之已甚이 亂也니라.

好勇은 용맹을 좋아함, 疾貧은 가난을 미워함이다. 亂也란 여기서는 '亂을 일으키다'라는 뜻이다. 그런데 처음의 亂也에서 주어는 용맹을 좋아하고 가난을 싫어하는 사람이다. 이에 비해 뒤의 亂也에서 주어는 어질지 못해 미움을 심하게 받는 그 사람으로, 어질지 못한 자를 지나치게 미워하는 사람이 亂을 초래한다는 뜻이다. 人而不仁은 사람으로서 어질지 못한 자를 말한다. 疾之已甚은 '그를 너무 심하게 미워함'이다. 之는 앞에 나온 人而不仁을 가리킨다.

중도를 행하는 법

독실하게 믿으면서 학문을 좋아하고 죽음으로 지키면서 도를 잘 행한다. 위태로운 나라에는 들어가지 않고 어지러운 나라에는 살지 않는다. 천하에 도가 있으면 나가고 도가 없으면 숨는다.

「태백」 제13장 독신호학(篤信好學)

공자는 성인 가운데서도 시중을 이룬 분이다. 시중이란 시기와 상황에 따라 중도를 행하는 것을 말한다. 이 장에서 공자는 "위태로운 나라에는 들어가지 않고 어지러운 나라에는 살지 않는다. 천하에 도가 있으면 나가고 도가 없으면 숨어야 한다."라고 했다. 지식인으로서 현실에 대응하는 자세에 대해 가르침을 드리운 것이다.

공자가 가르친 현실 대응의 자세는 기회주의자가 되라는 것이 아니다. 공자는 무엇보다 독신호학(篤信好學)과 수사선도(守死善道)를 통해 자주성을 지닌 인간이 되라고 했다. 독신호학은 올바른 이념을 믿고 배우기를 좋아함이요, 수사선도는 죽음을 각오하고 이념을 실천함이다. 이 두 가지는 자주성을 지닌 인간이라면 일생 수행해야 할 과업이다.

그런데 군자라면 사회적, 정치적 활동을 할 때 무고하게 해악을 당하지 않도록 상황을 파악할 필요가 있다. 그래서 나라가 위태로운지 어지러운지, 천하에 도가 있는지 없는지를 주시하라고 한 것이다. 상황을 신중히 살펴서 늘 의리에 합당하도록 숨거나 나아가는 결단을 해야 시중을 얻었다고 할 수가 있다.

기회주의자의 처세는 침 튀기며 이야기할 것이 못 된다.

篤信好學하며 守死善道니라
危邦不入하고 亂邦不居하며
天下有道則見하고 無道則隱이니라.

篤信好學은 앞서 「술이」 제1장에 나온 信而好古(신이호고)와 통한다. 올바른 이념을 믿고 배우기를 좋아함을 가리킨다. 守死善道는 죽음을 각오하고 이념을 실천하려 하는 일이다. 危邦은 망하려는 조짐을 보이는 나라, 亂邦은 정의가 실현되지 않는 나라를 말한다. 不入은 발을 들여놓지 않는다, 不居는 살지 않는다는 뜻이다. 危가 亂보다 심하고 不入이 不居보다 강하지만, '危邦亂邦에는 不入不居한다'는 표현은 유사 어구를 얽어 쓴 것이므로 따로따로 풀이할 필요는 없다. 이런 짜임을 互文(호문)이라고 한다. 天下有道란 세상에 정의가 행해지는 상황이다. 見은 '나타날 현'으로 읽으며 몸을 드러내 활동한다는 뜻이다. 無道則隱의 앞에는 天下가 생략됐다. 隱은 활동하지 않고 숨는다는 뜻이다. 隱見은 出處(출처)와 같다. 나아가 활동하는 것과 물러나 집에 거처하는 것을 가리킨다.

位 자기 일에 전념하라

그 지위에 있지 않으면 그 정사에 대해 논하지 말아야 한다. 「태백」제14장 부재기위(不在其位)

조정에서의 지위가 없는 사람이 국가 정책에 대해 논하는 것을 횡의 (橫議)라고 한다. 공자는 횡의를 올바르지 못한 언론으로 규정했다. 국민 모두가 직간접적으로 정치에 관여하는 현대 상황과는 부합하지 않는다. 하지만 월권을 방지하고 조직 내 합리성을 추구해야 하는 현실적 관점에서 보면 이 장은 여전히 의미가 있다.

월권을 하지 말고 각자 자기 일에 전념해야 한다는 가르침은 『중용』에 나오는 소위(素位)와 뜻이 통한다. 『중용』에 보면 "군자소기위이행(君子素其位而行)하고 불원호기외(不願乎其外)니라."라고 했다. 군자는 현재 처한 위치에 알맞게 행동할 뿐이며 그 이외의 것은 바라지 않는다는 뜻으로, 자신의 위치에 편안한 마음으로 처해 하늘의 명을 기다리는 군자의 자세를 말한 것이다. 하지만 직무 분장에 한정해서 본다면 『논어』의 이 장과 서로 통하는 면이 있다.

『장자』 「소요유(逍遙遊)」에 보면 "요리하는 사람이 주방 일을 잘 처리하지 못한다고 해서 시동이나 축관이 제기(祭器)를 넘어와 대신할 수는 없는 일이다."라는 말이 있다. 제기를 넘어가는 것을 월준(越樽)이라고 한다.

한편 『열녀전(列女傳)』에는 '칠실지우(漆室之憂)'라는 성어로 잘 알려진 고사가 있다. 춘추 시대 노나라 목공 때 칠실 마을에 사는 한 처녀가 어느 날 기둥을 안고 울었다. 이웃집 어른이 "아직 결혼을 못해서 그러는가?" 묻자 그는 "나라를 걱정하기 때문입니다."라고 대답했다. 나라 걱정은 조정 대신이 해야 마땅하지 않느냐고 반문하자 그는 이렇게 말했다. "지금 우리 나라는 임금이 늙고 태자는 어리므로 이웃 나라에서 침략할 우려가 있으며, 전쟁이 나면 백성들 모두가 고생하게 될지 모릅니다." 과연 3년 뒤 제나라와 초나라가 쳐들어와 남자들은 모두 전쟁터로 끌려갔고 여인들 또한 막심한 고통을 겪어야 했다. 칠실녀의 탄식을 두고 분수에 맞지 않는 걱정이라고 일축한 평자도 있지만, 핵심은 조정 대신들이 정치에 대해 큰 걱정을 하지 않았기에 시골의 이름 없는 여인이 나라 걱정을 해야 했다는 것이다.

만일 사회 조직의 기강이 문란하다면 월준 자체를 비난하기보다 각자 소위할 수 있는 기강을 회복하는 일이 선행되어야 하지 않겠는가?

부 재 기 위
不在其位하야 불 모 기 정
不謀其政이니라.

不在其位은 不謀其政의 조건을 나타낸다. 한문에서는 접속사 없이 문맥만으로도 조건과 결과를 나타낼 수 있다. 在는 '~에 있다'라는 말이다. 謀는 일을 해 나가기 위해 논한다는 뜻이다. 其政은 그 지위에 있는 사람이 맡아 하는 政事(정사)나 政務(정무)를 가리킨다.

미치지 못할까 염려하듯이

배움은 미치지 못할까 여기듯이 하고, 또한 잃어버리지 않을까 두려워해야 한다.

「태백」제17장 학여불급(學如不及)

공자는 배움의 자세에 대해 "미치지 못할까 여기듯이 하고 잃어버리지나 않을까 두려워해야 한다."라고 말했다. 이를 두고 흔히 적극적인 태도로 배움에 힘쓰라 말한 것이라고 풀이한다. 하지만 배움에는 과정이 있다. 과정을 무시하고 무조건 배우려고 하다가는 조장(助長)의 잘못을 저지를 수 있다. 조장이란 『맹자』에서 나온 말로, 송나라 사람이 벼 싹을 빨리 자라게 하려고 그 뿌리를 들어 올려 주어 결국 모두 말라 죽게 한 고사를 배경으로 한다.

그렇기에 정조는 신하들과의 강의에서 이렇게 물었다. "군자가 학문을 하는 방도는 반드시 한 과정을 채운 뒤에 전진하는 일을 귀히 여기고 등급을 뛰어넘는 일을 가장 꺼리는 것이다. 만일 미치지 못할까 여기면서 오로지 진취할 생각만 한다면 그 말류의 폐단으로 과연 송나라 사람이 벼 싹을 뽑아 놓고 말라 버리지 않을까 근심하는 것 같은 일이 없을 수 있겠는가?"

공부를 할 때는 한 과정을 다 채운 뒤에 다음 과정으로 나아가고 단계를 차례로 밟으며 힘써야 한다. 「옹야」 제10장에서 염유가 "선생님께서 말씀하시는 도를 좋아하지 않는 것은 아니지만 저는 힘이 부족합니다."라고 말했을 때, 공자는 "지금 너는 금을 긋고 있다."라고 야단친 바 있다. 또한 『맹자』에서 말하는 '영과(盈科)'의 교훈을 함께 새겨 두어야 할 것이다. 물이 구덩이를 채운 뒤에야 앞으로 흘러가듯 공부도 과정이 있는 법이다.

학 여 불 급　　　유 공 실 지
學如不及이오 **猶恐失之**니라.

如不及은 마치 미치지 못하지나 않을까 여기듯이 한다는 말이다. 도망가는 자를 쫓되 미치지 못할까 여기듯 한다고 풀이한 설도 있다. 정약용은 길 가는 행인이 고향 관문에 행여 못 미칠까 달려가는 심정이 꼭 이러하다고 했다. 猶는 '그런데도 또한'의 뜻이다. 猶恐失之에 대해 옛 주석은 외부로부터 받아들인 학식을 잃어버리지 않도록 숙달시켜 오래가게 만들어야 한다는 뜻으로 보았다. 그러나 정약용은 도를 향해 가되 앞에 있는 귀중한 보배를 다른 사람이 먼저 가져갈까 두려워하는 마음처럼 애태워야 한다고 보았다.

인재 얻기의 어려움

> 순임금은 신하 다섯을 두었는데 천하가 잘 다스려졌
> 다. 주나라 무왕은 "내게는 세상을 다스릴 신하가
> 열 명이 있다."라고 말했다. 공자께서는 "인재는 얻기
> 어렵다더니 정말 그렇지 않은가?"라고 말씀하셨다.

「태백」 제20장 순유신오인(舜有臣五人)

인재를 얻기 어려움을 재난(才難)이라고 한다. 「태백」 편의 이 장에서
나온 말이다. 공자의 말은 계속 이어지지만 일부만 들었다.

옛사람들은 요임금과 순임금의 치세 이후로 인재가 가장 많았던
시대는 주나라 때라고 보았다. 주나라 무왕에게는 열 명의 신하가 있
었는데, 그 가운데 한 사람은 무왕의 모친 혹은 무왕의 아내라고 한
다. 군주의 덕이 가장 훌륭했다고 하는 순임금 때에도 신하가 다섯뿐
이었고, 은나라를 타도하고 천하를 안정시킨 무왕 때에도 세상을 다
스릴 만한 신하는 열 명뿐이었다. 그렇다면 정말로 인재를 얻기란 어
렵다고 하지 않을 수 없다.

인재를 얻기 어렵다는 말은 어느 시대나 있었다. 1871년에 고종은

과거의 일종인 삼일제에서 "순임금은 신하 다섯을 두었는데 천하가 잘 다스려졌다."라는 시제를 내걸었다. 인재를 구하기 어려움을 절감했기에 과거 보러 모인 선비들에게 올바른 인재가 되어 줄 것을 호소한 것이다.

성호 이익은 "오늘날에는 인재를 구하기 어려움이 더욱 심하니, 천하를 아울러 구제하는 방법은 차치하고 구구하게 책에 쓰여 있는 바에 힘쓰는 사람도 드물다."라고 했다. 우리 시대는 어떤가, 되물어 볼 일이다.

舜有臣五人하여 而天下治하니라.
武王曰, 予有亂臣十人호라.
孔子曰, 才難이 不其然乎아.

舜은 禪讓(선양)의 방식으로 요임금의 뒤를 이은 성스러운 천자이다. 『서경』에 보면 순임금의 때에 우는 치수, 后稷(후직)은 농정, 契(설)은 민정, 皐陶(고요)는 사법, 伯益(백익)은 수렵을 맡았다. 한편 무왕은 아버지 문왕을 이어 주나라 군주가 되어 쇠망한 은나라를 타도했다. 『서경』 「태서 중」에서 무왕은 "내게는 亂臣 열 명이 있는데, 그들과 나는 마음이 같고 덕이 같다."라고 말했다. 亂臣은 어지러운 상황을 다스릴 수 있는 신하이다. 그 열 명은 周公(주공)·召公(소공)·太公(태공)·畢公(필공)·榮公(영공)·太顚(태전)·閎夭(굉요)·散宜生(산의생)·南宮括(남궁괄)·文母(문모, 문왕의 비)이다. 문모 대신 무왕의 왕후 邑姜(읍강)을 꼽기도 한다. 不其然乎는 '그것이 정말로 그렇지 아니한가!'라고 강조하는 표현이다.

『논어』를 읽는 분들에게

1

조선 후기의 학자 이덕무는 이렇게 말했다. "평소 가슴속에 불평한 기운이 있으면 때때로 까닭 없이 슬퍼져 탄식이 극에 달하게 됩니다. 이때 「이소(離騷)」와 「구변(九辯)」을 외우면 더욱 사무쳐 느끼는 바가 심해지지만, 마음을 가라앉히고 『논어』를 읽으면 그 기운이 반드시 풀어집니다. 이렇게 여러 번 하고 나니 비로소 성인의 기상이 천년 뒤에도 사람의 객기를 변화시킬 수 있다는 것을 알았습니다. 일가 중에 강개한 소년이 있는데 나와 밤에 이야기하다가 육수부(陸秀夫)가 남송의 마지막 임금 조병(趙昺)을 업고 바다에 투신했던 일에 미치자, 그가 문득 눈물을 흘리니 나 또한 슬퍼졌습니다. 한참 뒤, 『논어』에서 증점(증석)이 기수에서 목욕하고 제터에서 바람 쐰다는 글을 읽고서야 두 사람 마음이 풀어져 얘기하고 웃기를 전과 같이 했답니다."

김희문(金希文)이 말했다. "형의 말이 어찌 그렇게 내 마음과 같은지! 나도 그런 객기가 있어서 벌레가 울고 달이 밝을 때면 늘 감회가 깊었습니다. 지난해 북한산에 올라가 『논어』를 공부하다가 눈이 내린 뒤 동쪽 성문에 올랐더니, 첩첩한 산봉우리는 뾰족하고 눈빛은 눈을 어지럽혀 마음이 무척 쓸쓸해졌어요. 그래서 급히 돌아와『논어』를 읽자 비로소 마음이 가라앉았답니다. 형의 말이 과연 옳습니다. 옛날 북송 때 여조겸(呂祖謙)은 기운이 지나치게 매섭고 억셌으나 병중에『논어』를 읽으며 기질을 변화시켰다고 합디다."

이 대화는 이덕무의『청장관전서』제48권「이목구심서」에 들어 있다.

지금처럼 여러 가지 오락물도 없고 허구의 소설도 없던 시절, 선인들은 고전을 읽으며 그 속의 상황을 자신이 처한 현실과 겹쳐 생각하고 역사 인물의 처지에 자신의 처지를 빗대 보았다. 그래서 비운의 인물들을 생각하면 눈물이 그렁그렁해지기도 했을 것이다. 그런데 다른 고전과 달리『논어』에는 아픈 마음을 달래 주는 면이 있었다. 이덕무는『논어』중 가장 마음을 위로하는 대목이 증석이 기수에서 목욕하고 제터에서 바람 쐬고 돌아온다는 부분이라고 했다.

증석은 노(魯)나라 사람이다. 공자가 어느 날 제자들에게 "너희들은 평소 사람들이 알아주지 않는다고 불만을 말하는데, 혹시라도 너희를 알아주는 사람이 있다면 장차 어떻게 쓰이기를 바라느냐?"라고 물었다. 자로, 염유, 공서화는 각각 등용되어 정치를 담당하기를 희망했다. 그때 증석은 타던 현악기를 놓고 일어나서 "늦봄에 봄옷이 다 지어지면 갓 쓴 대여섯 사람과 동자 예닐곱 사람과 함께 기수에서 목욕하고 제터에서 바람을 쐬고서 돌아오겠습니다."라고 했다. 공자는 "나는 너를 허여한다."라고 했다.「선진」제25장에 나오는 일화이다.

송나라 때 주자, 곧 주희는『논어집주』에서 증석의 학문은 천리가 유행하여 곳에 따라 충만하니 결함이 전혀 없고, 가슴속이 유연하여 곧바로 천지 만물과 함께 운행하니 모든 사물이 각각 제 곳을 얻은 오묘함을 터득할 수 있었다고 논평했다. 나아가 명나라 때 왕양명, 곧 왕수인은 증석의 이러한 기상에서 도덕주의의 속박을 벗어난 자유로운 개성을 발견했다. 이덕무는 주희와 왕수인의 해석을 토대로『논어』의 이 대목에서 해방의 정신을 읽어 낸 듯하다.

공자는 제자들과의 문답에서 각 개인의 특성과 상황을 고려해 그에 적합한 가르침을 내리고자 했다.『논어』에서 가장 중요한 개념인 인(仁)에 관한 대목을 보면 다음과 같다.

> 번지가 인에 대해 여쭤자 공자께서 말씀하시기를 사람을 사랑하는 것이라 하셨다.(樊遲問仁 子曰 愛人.)
>
> 안연이 인에 대해 여쭤자 공자께서 말씀하시기를 사욕을 극복해 예로 돌아가는 것이라 하셨다.(顏淵問仁 子曰 克己復禮爲仁.)
>
> 중궁이 인에 대해 여쭤자 공자께서 말씀하시기를, 문을 나서면 큰 손님을 대하는 것처럼 하고 사람을 부릴 적에는 큰 제사를 받드는 것처럼 하며 자신이 바라지 않는 일을 남에게 하지 않는 것이라 하셨다.(仲弓問仁 子曰 出門如見大賓 使民如承大祭 己所不欲 勿施於人.)
>
> 번지가 인에 대해 여쭤자 공자께서 말씀하시기를, 평소 집에 거처할 때는 공손한 자세를 지니고 일을 맡아 처리할 때는 공경하는 태도로 하며 남을 대할 때는 충심으로 하는 것이라 하셨다.(樊遲問仁 子曰 居處恭 執事敬 與人忠.)

공자는 제자에 따라 대답을 달리했고, 번지에 대해서는 맥락에 따라 대답을 달리했다.

공자는 인 이외에 효, 정치와 같은 주요 개념들을 설명할 때도 대화 상대와 상황에 따라 '다른 방식으로' 정의했다. 그렇다고 원칙 없이 말을 바꾼 것은 아니다. 스스로 "내 도는 하나로 전체를 꿴다."라고 했듯 일관성 추구야말로 공자가 궁극적으로 지향한 바였다.

그런데 공자는 제자들에게 자유로운 의견 표현을 유도했고 제자들 또한 공자 앞에서 자신의 생각을 거리낌 없이 말했다. 이는 수평적 대화의 예를 잘 보여 준다. 『논어』에서 공자는 권위적인 검열자가 아니라 진정한 조언자로 나타난다.

「옹야」 제10장을 보면 공자가 제자 염유를 야단치는 장면이 있다. 염유는 공자 스스로 정치에 뛰어나다고 언급했던 인물인데, "선생님께서 말씀하시는 도를 좋아하지 않는 것은 아닙니다만, 저는 힘이 부족합니다."라고 고백했다. 공자는 "힘이 부족한 자는 길을 가다가 쓰러지나, 지금 너는 금을 긋고 있다."라고 했다. 공자의 말은 한문 현토의 문장으로는 "역부족자(力不足者)는 중도이폐(中道而廢)하나니 금여(今女)는 획(畫)이로다."이다. '중도이폐'는 가다가 쓰러지는 한이 있더라도 끊임없이 노력해야 한다는 말이다. '금여획'이란 '너는 한계를 그어 두고 있다'는 뜻의 따가운 질책이다. 해 보지도 않고 한계를 말하는 것은 자기변명이요 자포자기에 지나지 않는다. 『논어』를 읽으면 스스로 금을 긋는 '자획(自劃)'을 하지 않는 진취적 정신을 다잡게 된다. 공자는 누구라도 노력하면 성숙해질 수 있다고 믿었기 때문에 자획을 꾸짖었던 것이다. 그 바탕에는 신분의 차이와 관계없이 인간은 누구나 평등하다는 이해가 있다. 이것이 『논어』가 오늘날에도 황폐한 마음을 다독이는 최고의 고전으로서 사랑받는 이유이다.

2

『논어』에는 공자와 제자 간의 문답이 많다. 또 공자와 위정자의 대화, 공자와 은둔자의 대화, 공자 제자들 사이의 문답, 제자와 위정자의 대화도 실려 있다. 그래서 책 이름에 '답해 말하다'라는 뜻의 '어

(語)'를 썼다. 물론 중심이 되는 것은 공자의 말이다. 한편 '논(論)'은 논변이라는 뜻이 아니라 질서 지운다는 뜻의 '윤(倫)'과 통한다. 곧 '논어'는 '말씀을 정리한 책'이라는 뜻이며, 공자 어록(Confucian Analects)이라고 풀이할 수도 있다.

『서경』「열명(說命) 중」에 보면 고종(高宗)이 재상 부열(傅說)의 말이 실행할 만하다고 찬미하며 "내언(乃言)이 유복(惟服)이로다."라고 했다. 이에 대해 소식(蘇軾)은 "부열의 말은 비유하면 약석(藥石)과 같으니, 비록 일관되지는 않지만 한마디 한마디가 모두 약이라서 천하의 근심을 다스릴 만하므로 이른바 옛날에 말을 세운 자이다."라고 했다. 여기서 일언일약(一言一藥)이라 하면 인간의 보편적 문제를 다스리는 말을 뜻하게 되었다. 공자가 『논어』에 남긴 말이야말로 일언일약이다.

『논어』는 '중국 사상의 원천'이라고 일컬어진다. 현재 공자의 사람됨과 사상을 이해할 수 있는 확실한 자료로는 『논어』가 유일하다. 공자의 행실을 기록한 『공자가어』가 별도로 있지만 위작이라 하므로 모두 신용할 수는 없다.

『논어』는 공자 사후 제자들이 엮은 기록을 토대로 후대 사람들이 개정한 것이다. 근세의 학자 장학성(章學誠)은 이 책이 전국 시대에 이루어졌다고 보았다. 현재의 『논어』는 모두 20편이다. 전반 10편을 상론, 후반 10편을 하론이라 한다. 20편의 편명은 다음과 같다.

상론: 학이(學而)·위정(爲政)·팔일(八佾)·이인(里仁)·공야장(公冶長)·옹야(雍也)·술이(述而)·태백(泰伯)·자한(子罕)·향당(鄕黨)

하론: 선진(先進)·안연(顏淵)·자로(子路)·헌문(憲問)·위령공(衛靈公)·계씨(季氏)·양화(陽貨)·미자(微子)·자장(子張)·요왈(堯曰)

각 편은 첫 장의 구절에서 두 글자 또는 세 글자를 따다가 편명으로 삼았고, 편마다 다양한 내용을 담고 있다. 「학이」 편은 학문의 필요성, 「팔일」 편은 예(禮), 「이인」 편은 인(仁), 「공야장」 편과 「옹야」 편은 제자들의 사람됨, 「향당」 편은 공자의 용의·행동·음식·의례, 「자로」 편은 정치, 마지막 「요왈」 편은 역대 성인의 정치적 이상을 설명했다. 청나라 최술(崔述)은 「계씨」·「양화」·「미자」·「요왈」 편 가운데는 공자의 근본 사상과 일치하지 않는 부분이 끼어 있는 듯하다고 했다.

주희의 『논어집주』에 따를 경우 『논어』 전체는 498장으로 나누어 볼 수 있다. 이는 본래 1장 17절인 「향당」 편을 17장으로 계산한 결과이다. 「공야장」 편을 28장으로 보면 전체는 499장이 된다.

주석서로는 하안(何晏)의 『논어집해』와 주희의 『논어집주』가 가장 영향력이 있다. 우리나라 조선에서는 명나라 때 『논어집주』를 증보한 『논어집주대전』을 들여와 표준 교과서로 사용했고, 이 책을 토대로 선조 때 『논어언해』를 엮었다. 조선 후기에 이르러 다산 정약용은 『논어집해』부터 일본 학자의 설까지 참고해 『논어고금주』라는 새로운 주석서를 편찬했다.

3

『논어』를 읽는 것은 자기만의 공자 상(像)을 그려 내는 일이다. 일생 동안 천 번, 만 번을 읽고 글자 하나 틀리지 않게 외운다 해도 공자가 누구인지 스스로 말할 수 없다면 『논어』를 공부한 것이 아니다.

공자의 초상을 보면 공자를 성인으로 신성화하기 위해 보통 사람과는 전혀 다른 모습으로 아주 괴상하게 그린 것이 있다. 그 외 대부분은 50대 초 벼슬자리에 있을 때의 모습과 만년에 제자 교육에 전념하던 때의 모습을 그렸다. 공자의 참모습은 그 둘 사이에서 진동한다. 『논어』를 읽는 관점도 마찬가지다.

공자는 단순히 어질고 지혜롭기만 한 인물이 아니었다. 고통스러운 젊은 시절을 보내고 쉰이 넘어서야 벼슬자리에 올라 가까스로 자신의 뜻을 펼 기회를 얻었지만, 국내 정치가 어지러워지자 자신의 이상을 전파하기 위해 천하를 떠돌아야 했다. 만년에는 고향으로 돌아와 교육에 힘을 쏟았다. 오늘날의 법관에 해당하는 대사구(大司寇)라는 직책에 있을 때는 권세가를 붙잡아 사형에 처할 만큼 매서운 면이 있었고, 천하를 떠돌 때는 집 잃은 개와 같이 추레한 몰골이었으며, 만년에 교육에 전념할 때는 평온하고 인자한 얼굴을 하고 있었다.

공자의 일생에 관해 신뢰할 만한 기록은 사마천(司馬遷)의 『사기(史記)』권47에 실린 「공자세가(孔子世家)」이다. 세가는 제후로서 정치권력을 행사한 사람들의 일대기인데, 사마천은 문화 발전에서 공자가 이룩한 업적을 높이 평가해 마치 제후의 전기를 적듯 공자의 이야기를 기록했다. 이후에 나온 공자의 전기는 모두 이를 기초로 하고 있다. 단 「공자세가」는 공자가 죽은 지 400년 뒤에 쓰인 글이므로 역시 확실치 않은 점이 많다.

공자는 이름이 구(丘), 자(字)는 중니(仲尼)이다. 공자라 할 때 '자(子)'는 스승의 뜻으로 높여 부르는 말이다. 유학을 공부하는 사람들은 공자의 이름인 '구' 자가 나오면 글자 그대로 읽지 않고 피해서 아무개 모(某)라고 읽는다.

공자는 춘추 시대 말기에 노나라의 창평향(昌平鄕) 추읍(陬邑), 즉 지금의 산동성 곡부(曲阜)에서 태어났다. 아버지의 이름은 흘(紇), 자는 숙량(叔梁)이고 어머니는 안징재(顔徵在)다. 공자는 세 살 때 아버지를 여의고 빈곤 속에서 자랐으나 주나라의 전통 문화를 학습했으며, 말단 관리를 거쳐 50세가 넘어 노나라 정공(定公)에게 발탁되었다. 이때 노나라 실력자인 세 중신의 세력을 눌러 공실의 권력을 회복하려 했으나 기원전 497년, 56세 때 실각해 노나라를 떠나야 했다. 그 후 14년간 여러 나라를 떠돌며 유세하다가 기원전 484년, 69세 때 고향에 돌아가 교육에 전념했다. 이 무렵 아들 리(鯉)와 제자 안연 및 자로가 잇달아 죽는 불행을 겪었다. 74세로 사망했다.

공자는 이상주의자였다. 당시 세상은 몹시 어지러워 이상주의를 받아들일 나라는 어디에도 없었다. 각 지역을 할거하고 있던 제후들로서는 부국강병의 방법을 가르쳐 주는 공리주의자들이 필요했다. 공자는 자신의 이상을 실현할 곳을 찾아 이 나라에서 저 나라로 떠돌았다. 이를 철환천하(轍環天下)라고 한다.

공자를 두고 누군가가 '집 잃은 개(喪家之狗)'라고 평했다는 이야기가 있다. 『사기』 「공자세가」에 나오는 말로 주인을 잃은 개처럼 처량한 신세라는 뜻이다. 정나라에서 공자는 제자들과 길이 어긋나 동문 부근에 우두커니 서 있었는데, 그를 본 정나라 사람이 공자의 제자 자공에게 이렇게 말했다. "동문에 사람이 있었습니다. 이마는 성스러운 천자 요임금과 닮았고 목덜미는 고대의 사법관 고요와 같았으며 어깨는 정나라의 재상 자산과 비슷했습니다. 하지만 허리 아래로는 우왕에게 세 치가량 못 미쳤고, 실의한 모습이 마치 집 잃은 개와 같았습니다."

그러나 위(衛)나라의 광(匡)이란 고장에서 그곳 사람들이 그를 양호(陽虎)란 인물로 오인하고 핍박할 때 공자는 이렇게 말했다. "문왕은 이미 돌아가셨으나 문왕이 만드신 문화는 나에게 있는 것이 아닌가! 하늘이 이 문화를 멸망시키고자 한다면 후세의 내가 간여할 수 없을 것이다. 그러나 하늘이 멸망시키려 하지 않거늘, 광 사람들이 나를 어떻게 하랴?"

「자한」편에 나오는 일화다. 문왕은 은나라 말의 서백(西伯)으로, 주나라 건국의 기초를 닦은 성군이다. 공자는 문왕에 의해 이루어진 사문(斯文), 곧 '이 문화'를 보존하고 발전시킬 사람이 바로 자신이라고 함으로써 자부심을 드러낸 것이다.

4

공자는 주 왕조의 질서를 모범으로 삼아 이상적인 덕치(德治)를 실현하고자 했다. 공자는 가족 제도 속에 사회를 구성하는 원리가 있다고 보고, 보편적 도덕의 기초를 인(仁)이라는 인간의 본성에서 구했다. 또한 인이 사회에서 구현되려면 사회 규범인 예(禮)가 필요하다고 보았다. 공자 사후에 일어난 제자백가 중에서도 맹자와 순자는 인과 예를 근본으로 삼는 유학을 계승해 더욱 발전시켰다.

『논어』를 읽어 보면 공자는 인간 현실에 대해 깊은 관심을 가졌음을 알 수 있다. 「선진」편에서 자로가 죽음에 대해 묻자 공자는 "사람답게 사는 법도 아직 다 모르는데 어찌 죽음을 말하겠느냐!"라고 대답했다. 세상을 피해 살던 은자들과 조우하거나 그들의 비난을 들었을 때도 세상을 잊는 데 과감할 수는 없다고 했다.

1960년대 중국에서 문화 대혁명이 일어났을 때 공자는 '반동사상가'로 폄하되었다. 확실히 공자에게는 보수적인 면이 없지 않다. 하지만 공자는 현실을 냉철하게 파악하고 정의가 실현되는 세상을 꿈꾸어 구체적인 실천 방안을 제시했다. 더구나 공자는 계층과 신분을 차별하지 않고 학문을 가르쳤다. 그 정신이 '유교무류(有敎無類)'라는 말에 나타나 있다. 또한 공자는 지배자가 서민을 가르치지 않고 죽음으로 내모는 것에 반대했다.

그렇기에 공자는 제자가 3000명이었고, 고제(高弟)가 77명이었다. 공자는 제자들에 대해 "덕행으로는 안연·민자건·염백우·중궁이 있고, 정치에는 염유·자로가 있으며, 언어에는 재아·자공이 있고, 문학에는 자유·자하가 있다. 자장은 편벽되고 증자는 노둔하며 자고는 우직하고 자로는 거친 데가 있다. 안연은 여러 번 끼니를 굶었다. 자공은 명을 받지 않고 재산을 불렸으며, 억측을 해도 여러 번 적중했다."라고 평가했다.

『논어』에서 공자는 은나라의 상제 관념, 주나라의 천명사상과 예에 관한 제도를 계승하고 요·순·우·탕·문·무·주공의 사상을 종합했다. 무엇보다 그 근저에는 인간을 모든 일의 중심에 두는 인본주의가 있었다. 「위령공」 제28장에 보면 "사람이 도를 넓히는 것이지 도가 사람을 넓히는 것이 아니다."라고 했다. 이러한 인본주의의 취지를 이어 맹자는 사람다움의 실현 근거로 성선설을 주장할 수 있었다.

예란 무엇인가? 본래 이 글자는 예주(醴酒), 곧 감주를 이용해서 거행하는 의례를 의미했다. 그 뒤 예라고 하면 개인이 사회의 일원으로서 태어나 죽기까지 거쳐야 하는 통과 의례와 사회 구성원들이 신분이나 연령, 성별 따위의 차이를 받아들이게 함으로써 공동체의 질서를 유지하는 데 기여하는 각종 의식을 뜻하게 되었다. 과거에는 국가 전례와 종묘 제사부터 귀족층과 일반 백성들의 관혼상제까지에 이르는 모든 의식을 치르는 방법이 정해져 있었다. 오늘날에도 단체의 의식이나 가정의 의례가 일정한 순서를 따라 행해지는 것을 보면 인간은 예의 세계 속에 살고 있다고 할 수 있다.

『논어』 「안연」 편의 첫 장에 이런 말이 있다.

예가 아니면 보지 말고, 예가 아니면 듣지 말고, 예가 아니면 말하지 말고, 예가 아니면 행동하지 말라.(非禮勿視 非禮勿聽 非禮勿言 非禮勿動.)

'〜지 말라'라는 뜻의 '물(勿)'이 네 번 나오므로 이를 사물(四勿)의 가르침이라고 한다. 제자 안연이 인이란 무엇이냐고 묻자 공자는 극기복례(克己復禮)라고 답한 바 있다. 극기복례란 사사로운 욕망을 극복해 예로 돌아간다는 뜻이다. 공자는 사회의 여러 계층들을 하나로 결속하는 원리가 인이고, 인의 원리를 행동과 의식으로 구체화하는 것이 예라고 보았다. 귀족층의 경우에는 사욕을 극복하고 보편적인 예에 따라 행동하면 곧 인을 실천하는 것이라고 여겼다. 다시 안연이 욕심을 이기려면 어떻게 해야 하는지 알려 달라고 하자, 공자는 보고 듣고 말하고 움직이는 모든 동작에서 "예가 아니면 하지 말라."라고 가르친 것이다.

공자는 예가 상고 시대부터 전해 내려온 신성한 것이라고 보았다. 곧 예의 지속적인 측면을 중시해 기존의 예를 함부로 폐기해서는 안 된다고 여겼다. 다만 예의 형식만을 고수한 것이 아니라, 예의 정신이 중요하다고 여겼기에 「양화」 제11장에서 이렇게 말했다.

예다 예다 하지만 옥과 폐백을 두고 이르겠는가?(禮云禮云 玉帛云乎哉.)

인간이 살아가면서 지켜야 하는 예법과 의식은 사회의 질서와 조화를 위해 매우 중요하다. 하지만 그 형식만 중시한다면 사회 전체는 활력을 잃게 되리라. 공자는 이 점을 경고했다.

공자는 사회가 안정을 유지하려면 각자가 자신의 위치에 맞는 예법을 잘 지켜야 하며, 특히 위정자와 지식층이 선왕 대대로 전하는 예를 적극적으로 실천해야 한다고 주장했다. 이러한 주장에는 확실히 보수적인 측면이 있다.

그러나 일반적인 견지에서 볼 때 공자의 예 사상은 오늘날도 여전히 유효한 의미를 지닌다. 어느 시대, 어느 사회에서나 일반적으로 승

인된 예는 사회 구성원을 조화하게 하고 사회 속 갖가지 활동이 원활하게 이루어지도록 돕는다. 그렇기에 각 개인은 사적인 욕망을 넘어 공적 가치에 부합하도록 행동할 필요가 있는 것이다.

5

『논어』 원문에는 '진(眞)'이란 글자가 없다. 공자는 참된 인간이 되라고 가르쳤는데 어째서 '진' 자가 없을까, 의아해할지 모른다.

『논어』에서 인간의 참된 본성을 가리키는 한자는 바로 '직(直)'이다. '직' 자의 기원은 시라카와 시즈카의 설에 따르면 이러하다. '직'은 '성(省)'과 '은(乚)'으로 이루어져 있다. '省'은 눈이 지닌 주술의 힘을 더 크게 하려고 눈썹에 칠을 한 모습이다. 후에 지역을 순찰하며 부정을 단속하는 일을 가리키게 되었다. '乚'은 담으로 둘러싸인 은신처를 뜻한다. 곧 직은 몰래 조사해서 부정을 바로잡는다는 뜻이다. 주로 정직(正直)이라는 복합어로 쓰인다.

인간의 참본성이 정직이라고 주장한 것이 『논어』이다. 공자는 「옹야」 제17장에서 정직하지 않은 인간은 살아 있다 해도 이미 죽은 것이나 다름없다고 말했다.

> 사람의 삶은 정직해야 하니, 정직함 없이 사는 것은 요행히 화를 면한 것일 뿐이다.(人之生也直 罔之生也 幸而免.)

공자는 정직하지 않아도 멀쩡하게 살아가는 사람들이 있다는 사실을 잘 알았다. 그럼에도 정직이야말로 인간의 보편적 덕목이라고 믿었다. 「위령공」 제24장에서 공자는 상고의 이상 시대에 올바른 도를 실천함으로써 형성했던 정직한 심성을 당대의 백성들이 그대로 간직하고 있다고 보았다.

지금의 백성들은 하·은·주 삼대 때 실행한 올바른 도를 지니고 있다.(斯民也 三代之所以直道而行也.)

한편 공자는 「공야장」 제23장에서 미생고(微生高)라는 사람의 일화를 통해 정직의 본질에 대해 깊이 성찰했다. 미생고는 정직하다고 소문난 사람이었는데, 어떤 사람이 식초를 빌려 달라고 하자 마침 집에 식초가 없어서 이웃에서 빌려다 주었다. 이때 식초가 없으면 없다 해야 했거늘 그러지 않았고, 이웃에 가서는 자기가 쓸 것이라 거짓으로 말했다. 공자는 미생고가 양심을 굽히고 명예를 추구한 잘못, 미덕을 갈취하려 은혜를 판 잘못을 저질렀다고 보았다. 정직은 어떠한 흠결도 없는 순수한 동기에서 추구되는 덕목이라고 여겼기 때문이다.

타인과의 관계에서 보면 정직은 지극히 공적인 태도를 말한다. 「헌문」 제36장에서 공자는 남이 내게 원한을 품고 있는데 내 편에서 은덕을 베푼다면 이는 무언가 사사로운 뜻이 있기 때문이라고 했다. 공자는 이렇게 말했다.

정직함으로 원망을 갚고 덕으로 덕을 갚아야 한다.(以直報怨 以德報德.)

공자는 내게 원한을 품은 사람을 정직한 태도로 대하라고 했다. 사랑하고 미워함과 취하고 버림을 지극히 공평하게 하는 것이 정직이라는 것이다.

또한 정치의 장에서 보면 정직은 올바른 이념을 실현하기 위해 때로는 목숨까지 거는 일을 말한다. 「위령공」 제6장에서 공자는 사어

(史魚)라는 인물에 대해 "나라가 도가 있을 때에도 화살 같았고 나라에 도가 없을 때에도 화살 같았도다."라고 칭송했다. 사어는 위나라 대부인데, 평소 어진 거백옥(蘧伯玉)은 등용하지 못하고 모자란 미자하(彌子瑕)는 물리치지 못했다고 자책해 임종 때 빈소를 갖추지 말고 시신을 창문 아래에 두라고 유언했다. 이에 위나라 군주가 조문을 왔다가 곡절을 알고서는 뒤늦게 뉘우쳤다. 사어는 자기의 시신으로 군주에게 간언을 한 것이니, 신하로서 "군주를 속이지 않으며 군주의 안색을 거스를지라도 바른말을 해야 한다."라는 정직함을 실천한 것이다.

그런데 정직하게 살아가기 위해서는 주의해야 할 점이 둘 있다. 만일 법률상의 신의가 인륜의 도리와 충돌할 때는 인륜의 도리를 따라야 한다. 또 자기만 정직하다 여기지 않고 현실의 맥락을 두루 살피기 위해 공부를 해 나가야 한다.

「자로」제18장에 보면 초나라 섭공(葉公)이 자기 고장에 아버지가 양을 훔치자 증인으로 나선 정직한 아들이 있다고 자랑했을 때 공자는 이렇게 말했다. "우리 마을의 정직한 사람은 그와 다릅니다. 그런 일이 있다면 아버지는 아들의 죄를 덮어 주고 아들은 아버지의 죄를 덮어 줄 것이니, 정직은 그 가운데 있습니다." 부모와 자식은 인륜상 절대적 사랑의 관계이므로 자식은 부모가 법을 어기려 하면 울면서 말릴지언정 법을 어긴 부모의 죄를 따지는 것이 자식으로서의 도리는 아니라는 것이다.

한편 「양화」제8장에서 공자는 인간의 주요한 덕목으로 인(仁), 지(知), 신(信), 직(直), 용(勇), 강(剛) 여섯 가지를 들되, 이와 같은 덕목을 지니고 있다고 해도 공부를 하지 않으면 각각 우(愚), 탕(蕩), 적(賊), 교(絞), 난(亂), 광(狂)의 여섯 폐단에 빠질 수 있다고 경고했다. 이 중에서 정직하되 공부하지 않으면 빠지는 폐단인 '교'는 전체 맥락을 살피지 않고 자신만 올바르다고 주장하면서 상황을 얽히게 만드는 것을 가리킨다.

『논어』의 가르침은 인을 핵심으로 한다. 그런데 공자는 인간이 인을 실천하는 이유는 누구나 정직한 마음을 가지고 있기 때문이라고 믿었다. 정직은 곧 개인의 도덕적 주체성과 관계가 있다.

공자의 가르침을 이어 주희도 제자들에게 직에 주목하라고 가르쳤다. 주희가 71세로 죽기 직전의 일화 중에 이런 대목이 있다.

선생께서는 1층에 계셨는데, 설사를 조금 하셨다. 건양의 지사 장규(張揆)가 와서 물품을 드렸으나 선생께서는 거절하시고 이렇게 말씀하셨다. "당신이 조금만이라도 관대한 정치를 한다면 백성들은 그만큼 은혜를 더 얻을 수 있을 것이오." 장규는 재상의 위세를 믿고 가혹한 행정을 폈으므로 백성들이 큰 고통을 겪고 있었다. 이날 밤 선생께서는 횡거 선생 장재(張載)의 「서명(西銘)」에 대해 강론하셨다. 그리고 또 이렇게 말씀하셨다. "학문하는 요점은 사실 하나하나에 대해 그 시비를 분명하게 밝혀 잘못을 완전히 제거하는 데 있다. 그것이 오래 쌓이면 마음이 이(理)와 하나가 되어 그로부터 피어나는 생각이나 감정에 아무 사심이 없게 된다. 성인들이 만사에 대응하고 천지가 만물을 낳는 것은 직의 원리에 따를 따름이다."

만년의 주희는 간신 한탁주가 그의 학문을 비판하고 그의 제자들을 탄압해 상당히 위축되어 있었다. 다리에 병이 있었고 가슴은 늘 콱콱 막혔으며, 60대에는 왼쪽 눈을 완전히 실명했다. 그렇지만 주희는 인간에 대한 믿음을 버리지 않았다. 주희는 자연이 직의 원리에 따라 운행하고 성인이 직의 원칙에 따라 인간 구제 사업을 이루었듯, 공부하는 사람 또한 시비를 분명하게 밝혀서 늘 정직한 생각과 감정을 가져야 한다고 가르쳤다.

인간은 본성상 정직하며 인간이라면 누구나 정직하게 살아 나가야 한다는 공자의 가르침은 얼핏 보면 단순하고 낭만적이다. 그러나 그 음성에 담겨 있는 현실 구원의 뜻은 너무도 강렬하다.

참고 문헌

1 일차 자료

『論語古訓外傳』, 太宰純, 京都大學 所藏 小林新兵衛 延享2年(1745) 刊本(藝文
　　印書館 影印, 1966).

『論語諺解』, 고려대학교도서관 소장 목판본(戊申字本); 고려대학교도서관 소장
　　목판본(丁酉字覆刻本), 庚辰(1820) 新刊 內閣藏板.

『論語集註大全』, 朱熹 集註, 胡廣 等 奉勅纂修, 고려대학교도서관 소장 목판본
　　(丁酉字覆刻本), 庚辰(1820) 新刊 內閣藏板.

『論語集註重訂輯釋章圖通義大成』, 倪士毅 輯釋, 趙汸 訂, 王逢 通義, 고려대학
　　교도서관 소장 隆慶4年(1570) 宣賜 甲辰字本.

『四書大全』, 胡廣 等 奉勅撰, 景印文淵閣四庫全書(臺灣商務印書館, 1983~1986).

『四書章句集注』, 朱熹 撰, 新編諸子集成 第1輯(中華書局, 1983).

『十三經注疏』, 孔穎達 等撰, 淸 阮元 校, 十三經注疏整理委員會 整理(北京大學
　　出版社, 2000).

『朝鮮王朝實錄』, 國史編纂委員會 影印(探求堂, 1981).

『崔東壁遺書』, 崔述 選著(上海古籍出版社, 1983).

『通志堂經解』, 徐乾學 等輯, 納蘭成德 校刊(中文出版社, 1969).

『皇侃論語義疏』, 王謨 輯, 涂象淵 校, 嚴靈峯 編輯, 無求備齋論語集成 第29函
　　(藝文印書館, 1966).

『皇淸經解』, 阮元 撰(復興書局, 1896).

『皇淸經解續編』, 王先謙 編(復興書局, 1896).

『논어 부언해』, 문상호 결토(학민문화사, 2002).

『논어집주비지 현토 완역』, 김경국·박상택 역주(전남대학교출판부, 2010).

『동문선』, 서거정 등 찬집(한국고전번역원, 1999);『국역 동문선』, 한국고전번역
　　원 편(솔, 1998).

『정본 여유당전서 8, 9(논어고금주 Ⅰ, Ⅱ)』, 정약용, 다산학술문화재단 편(다산학
　　술문화재단, 2012);『국역 여유당전서 2, 3, 4(경집 Ⅱ, Ⅲ, Ⅳ: 논어고금주)』, 전주

대호남학연구소 옮김(여강출판사, 1989); 『역주 논어고금주』, 이지형 역주(사암, 2010).

『한국문집총간』, 한국고전번역원 편(한국고전번역원, 1988~2010).

『현토 완역 논어집주』, 성백효 역주(전통문화연구회, 1990).

『홍재전서(한국문집총간 262~267)』, 정조(한국고전번역원, 2001); 『국역 홍재전서』, 한국고전번역원 편(한국고전번역원, 1997~2003).

2 이차 자료

가이즈카 시게키, 박연호 옮김, 『공자의 생애와 사상』(서광사, 1991).

김경호, 『지하(地下)의 논어, 지상(紙上)의 논어』(성균관대학교출판부, 2012).

김성중, 『논어』(민족사, 2001).

김영호, 『조선 시대 논어 해석 연구』(심산, 2011).

김용옥, 『논어 한글 역주 1, 2, 3』(통나무, 2008).

_____, 『도올 논어 1, 2, 3』(통나무, 2001).

김학주 역주, 『논어』(서울대학교출판부, 2007).

R. 도슨, 김용헌 옮김, 『공자』(지성의샘, 1993).

서지문, 『서양인이 사랑한 공자, 동양인이 흠모한 공자』(양서원, 2012).

시라카와 시즈카, 장원철 옮김, 『사람의 마음을 움직여 세상을 바꾸리라: 전혀 다른 공자 이야기』(한길사, 2004).

신정근, 『논어: 세상을 바꾸는 것은 사랑이다』(한길사, 2012).

양백준, 이장우·박종연 옮김, 『논어 역주』(중문출판사, 1997).

이을호 역주, 『한글 논어』(박영사, 1978).

이장지, 조명준 옮김, 『인간 공자: 현대 중국은 공자를 어떻게 평가하는가?』(한겨레, 1985).

자오지빈, 조남호·신정근 옮김, 『반(反)논어: 공자의 논어 공구의 논어』(예문서원, 1996).

정요일, 『논어 강의 천, 지, 인』(새문사, 2010~2011).

채인후, 천병돈 옮김, 『공자의 철학』(예문서원, 2000).

H. G. 크릴, 이성규 옮김, 『공자: 인간과 신화』(지식산업사, 1983).

허버트 핑가레트, 송영배 옮김, 『공자의 철학: 서양에서 바라본 예에 대한 새로운 이해』(서광사, 1993).

金谷治 譯注, 『論語』(東京: 岩波書店, 1999).
吉田賢抗, 『論語』(東京: 明治書院, 1976).
James Legge, "Confucian Analects", *The Chinese Classics* Vol. 1(Hong Kong: Hong Kong Univ. Press, 1960).
Arthur Waley, *The Analects of Confucius*(New York: Vintage Books, 1938).

3 참고 웹사이트

고려대학교 도서관(http://library.korea.ac.kr).
고려대학교 민족문화연구원 문자코드연구센터(https://riks.korea.ac.kr/ccrc).
고려대학교 민족문화연구원 해외한국학자료센터(https://riks.korea.ac.kr/kostma).
국립중앙도서관 통합검색 디브러리(http://www.nl.go.kr/nl/index.jsp).
국립중앙도서관 한국고전적종합목록시스템 KORCIS(http://www.nl.go.kr/korcis).
국사편찬위원회 한국역사정보시스템(http://www.koreanhistory.or.kr).
남명학연구원(http://www.nammyung.org).
서울대학교 규장각한국학연구원(http://kyujanggak.snu.ac.kr).
성균관대학교 동아시아학술원 한국경학자료시스템(http://koco.skku.edu).
日本京都大學 蔵書検索 KULINE(http://www3.kulib.kyoto-u.ac.jp).
한국고전번역원 한국고전종합DB(http://db.itkc.or.kr).
한국국학진흥원 유교넷(http://www.ugyo.net).
한국금석문 종합영상시스템(http://gsm.nricp.go.kr).
한국학중앙연구원 한국학자료센터(http://www.kostma.net).

심경호 교수의
동양 고전
강의

논어 1

1판 1쇄 펴냄 2013년 11월 29일
1판 5쇄 펴냄 2018년 2월 14일

지은이   심경호
발행인   박근섭·박상준
펴낸곳   (주)민음사

출판등록   1966. 5. 19. 제16-490호
주소   서울특별시 강남구 도산대로1길 62(신사동)
           강남출판문화센터 5층 (우편번호 06027)
대표전화   515-2000 | 팩시밀리 515-2007
홈페이지   www.minumsa.com

ISBN 978-89-374-7261-9 04140
ISBN 978-89-374-7260-2 (세트)